信息科学技术学术著作丛书

面向数据挖掘的算法设计与分析

翟俊海　张素芳　著

科学出版社

北京

内 容 简 介

本书以数据挖掘为应用载体，按应用频率的高低，系统地介绍分治算法、贪心算法、搜索算法和动态规划算法. 同时，介绍算法分析所用的渐近符号及常用的分析方法，包括递归分析方法、非递归分析方法. 本书的特点是结合作者及其团队研究的数据挖掘问题，注重介绍算法的基本思想及算法应用的启发性.

本书可作为计算机科学与技术、软件工程、信息与计算科学、应用数学、自动化等专业本科生和研究生的教材，也可供从事相关研究的科研人员参考.

图书在版编目(CIP)数据

面向数据挖掘的算法设计与分析/翟俊海，张素芳著. —北京：科学出版社，2018.3

(信息科学技术学术著作丛书)

ISBN 978-7-03-056686-7

Ⅰ. ①面… Ⅱ. ①翟… ②张… Ⅲ. ①数据采集-算法设计②数据采集-算法分析 Ⅳ. ①TP274②TP301.6

中国版本图书馆 CIP 数据核字(2018) 第 042296 号

责任编辑：魏英杰／责任校对：桂伟利
责任印制：师艳茹／封面设计：陈　敬

科学出版社 出版
北京东黄城根北街 16 号
邮政编码：100717
http://www.sciencep.com

北京凌奇印刷有限责任公司 印刷

科学出版社发行　各地新华书店经销

*

2018 年 3 月第 一 版　开本：B5(720 × 1000)
2018 年 3 月第一次印刷　印张：12 1/2
字数：249 000

POD定价：90.00元
(如有印装质量问题，我社负责调换)

《信息科学技术学术著作丛书》序

21 世纪是信息科学技术发生深刻变革的时代，一场以网络科学、高性能计算和仿真、智能科学、计算思维为特征的信息科学革命正在兴起. 信息科学技术正在逐步融入各个应用领域并与生物、纳米、认知等交织在一起，悄然改变着我们的生活方式. 信息科学技术已经成为人类社会进步过程中发展最快、交叉渗透性最强、应用面最广的关键技术.

如何进一步推动我国信息科学技术的研究与发展；如何将信息技术发展的新理论、新方法与研究成果转化为社会发展的新动力；如何抓住信息技术深刻发展变革的机遇，提升我国自主创新和可持续发展的能力？这些问题的解答都离不开我国科技工作者和工程技术人员的求索和艰辛付出. 为这些科技工作者和工程技术人员提供一个良好的出版环境和平台，将这些科技成就迅速转化为智力成果，将对我国信息科学技术的发展起到重要的推动作用.

《信息科学技术学术著作丛书》是科学出版社在广泛征求专家意见的基础上，经过长期考察、反复论证之后组织出版的. 这套丛书旨在传播网络科学和未来网络技术，微电子、光电子和量子信息技术、超级计算机、软件和信息存储技术，数据知识化和基于知识处理的未来信息服务业，低成本信息化和用信息技术提升传统产业，智能与认知科学、生物信息学、社会信息学等前沿交叉科学，信息科学基础理论，信息安全等几个未来信息科学技术重点发展领域的优秀科研成果. 丛书力争起点高、内容新、导向性强，具有一定的原创性;体现出科学出版社“高层次、高质量、高水平”的特色和“严肃、严密、严格”的优良作风.

希望这套丛书的出版，能为我国信息科学技术的发展、创新和突破带来一些启迪和帮助. 同时，欢迎广大读者提出好的建议，以促进和完善丛书的出版工作.

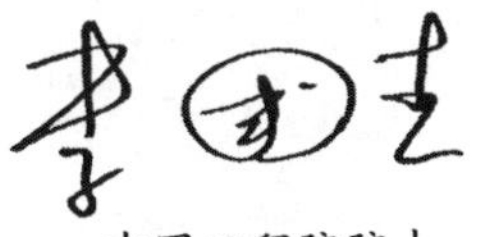

中国工程院院士

原中国科学院计算技术研究所所长

前　言

在计算机科学中, 通俗地讲, 算法是以计算机作为工具求解问题的方法步骤. 为求解具体问题而设计的算法, 最终要用某种程序设计语言 (如 C/C++ 语言、JAVA 语言、MATLAB 语言等) 编程实现, 然后到计算机上去运行, 以得到所需要的结果。显而易见, 算法在计算机科学中处于基础而又重要的地位, 没有算法就谈不上后续的程序实现及运行.

虽然已经有不少关于算法设计与分析的著作, 但这些著作基本都不是针对具体的应用撰写的, 其优点是通用性, 但缺点也是明显的, 即算法设计与分析和具体应用相脱离, 算法毕竟是为解决具体问题而设计的. 本书正是针对这一问题, 以数据挖掘应用为切入点, 结合作者及其团队多年来关于数据挖掘与算法设计的教学心得, 以及积累的研究成果撰写的. 本书以数据挖掘中常用的算法设计策略为主线, 介绍这些算法设计策略的内容、方法步骤及如何分析算法. 各章节都渗透了这样的思想: "针对具体的数据挖掘任务, 如何设计算法, 如何评估所设计的算法".

本书第 1 章介绍后续章节会用到的预备知识, 包括数据挖掘概述、算法与算法描述的基本概念、算法分析的基本方法等. 第 2 章介绍分治算法. 在这一章, 首先介绍分治算法的基本思想, 给出分治策略的方法步骤. 接下来, 第 1 节介绍归并排序, 第 2 节介绍线性时间选择, 第 3 节介绍基于分治策略的交叉样例选择, 第 4 节介绍大数据 K-近邻算法, 第 5 节介绍大数据样例选择, 第 6 节介绍基于随机上采样和分治策略的两类非平衡大数据分类. 第 3 章介绍贪心算法. 首先通过一个例子, 介绍贪心算法的基本思想和用贪心算法求解问题的步骤, 然后介绍求解背包问题、活动安排问题和旅行商问题的贪心算法. 第 5 节介绍基于贪心策略的特征选择问题, 第 6 节介绍决策树归纳算法, 第 7 节介绍数据挖掘领域应用广泛的梯度下降算法, 第 8 节介绍基于贪心策略的 ELM 网络结构选择问题. 第 4 章介绍搜索算法. 首先介绍两种群体搜索算法: 遗传算法和粒子群优化算法, 然后简单介绍两种个体策略策略: 回溯法和分支限界法. 第 5 章介绍动态规划算法. 这一章首先以多段图问题为例, 介绍动态规划算法的基本思想, 然后归纳出动态规划算法的方法步骤, 接下来介绍求解矩阵连乘问题、0-1 背包问题所有点对之间最短距离问题的动态规划算法.

感谢许宏雨、万丽艳、李塔、邵庆言、苗青、王陈希、庞晓鹤、侯少星、刘博、臧立光、张明阳、王婷婷、郝璞、沈矗和王聪等同学对本书作出的贡献. 本书得到河北大学 "计算机应用技术" 省级重点学科的资助, 也得到了河北省机器学习与计算智能重点实验室的资助. 本书的出版可为计算机应用省级重点学科从人才培养 (包括青年教师的培养、研究生培养)、科学研究、本科生和研究生教学等方面提供支撑, 为本学科的发展做出贡献. 最后, 感谢科学出版社魏英杰的帮助.

由于水平所限, 书中的不妥之处在所难免, 敬请各位同仁批评指正.

作　者
2017 年 10 月

目　录

第1章　预备知识

本章介绍后续章节将要用到的基础知识, 包括数据挖掘概述、算法与算法描术、算法分析三部分内容.

1.1　数据挖掘概述

数据挖掘 [1-4] 就是从数据中挖掘有应用价值或有潜在应用价值的规律或规则 (也称为知识) 的过程. 需要挖掘的数据具有多种类型, 可能是有结构的数据, 如组织成表结构的数据; 也可能是无结构的数据, 如文本数据; 可能是半结构化的数据, 如 Web 页面数据; 也可能是图像或视频等多媒体数据. 近几年, 随着数据存储技术、网络技术和无线传感技术等的快速发展, 需要处理或挖掘的数据呈现出海量性 (volume)、多样性 (variety)、时效性 (velocity)、准确性 (veracity) 和价值性 (value) 等特性, 满足这 5 种特性 (5V 特性) 的数据称为大数据 [5, 6]. 足够多可利用的数据, 可使数据挖掘的质量得到保障. 由于数据挖掘能发现隐藏在数据中的有用信息, 可为企业 (特别是对互联网企业、电商企业、金融企业等) 带来显著的经济效益, 这使得数据挖掘成为非常热门的研究领域, 其应用越来越广泛. 近几年, 针对大数据的数据挖掘研究已经成为学术界和企业界广泛关注的热门话题. 根据要挖掘的知识类型, 数据挖掘的任务可分为分类与回归、聚类分析、关联分析、时间序列分析和偏差检测.

1.1.1　分类与回归

为了易于理解, 同时便于描述, 假设数据挖掘的对象是组织成表结构的数据. 如果数据表中包含样例的类别信息, 则称这种数据表为决策表, 否则称为信息表. 下面先给出决策表的两种形式化定义, 然后再给出分类问题的定义.

定义 1.1.1　一个决策表是一个二元组 $DT=\{(\boldsymbol{x}_i,y_i)|\boldsymbol{x}_i\in U,y_i\in C,1\leqslant i\leqslant n\}$. 其中, $\boldsymbol{x}_i$ 表示决策表中的第 i 个样例, y_i 表示样例 $\boldsymbol{x}_i$ 所对应的类别标号, U 是决策表中 n 个样例的集合, C 是样例所属类别的集合.

定义 1.1.2　一个决策表是一个四元组 $DT=(U,A\bigcup C,V,f)$. 其中, $U=\{\boldsymbol{x}_1,\boldsymbol{x}_2,\cdots,\boldsymbol{x}_n\}$ 是 n 个样例的集合, $A=\{a_1,a_2,\cdots,a_d\}$ 是 d 个描述对象 (或样例) 的条件属性 (或特征) 集合, C 是决策属性 (或类别属性), $V=V_1\times V_2\times\cdots\times V_d$ 是 d 个属性值域的笛卡儿积, V_i 是属性 a_i 的值域, $i=1,2,\cdots,d$, f 是信息函数 :

$U \times A \to V$.

决策表的这两种形式化定义实际上是等价的, 在本书中, 我们会交替使用这两种定义, 包含 n 个样例的决策表的直观表示如表 1.1 所示. 下面给出分类问题的定义.

表 1.1　包含 n 个样例的决策表

$\boldsymbol{x}$	a_1	a_2	$\cdots$	a_d	y
$\boldsymbol{x}_1$	x_{11}	x_{12}	$\cdots$	x_{1d}	y_1
$\boldsymbol{x}_2$	x_{21}	x_{22}	$\cdots$	x_{2d}	y_2
$\vdots$	$\vdots$	$\vdots$		$\vdots$	$\vdots$
$\boldsymbol{x}_n$	x_{n1}	x_{n2}	$\cdots$	x_{nd}	y_n

定义 1.1.3　给定决策表 $DT = \{(\boldsymbol{x}_i, y_i) | \boldsymbol{x}_i \in U, y_i \in C, 1 \leqslant i \leqslant n\}$, 如果存在一个映射 $f : U \to C$, 使得对于任意的 $\boldsymbol{x}_i \in U$, 都有 $y_i = f(\boldsymbol{x}_i)$ 成立. 根据给定的决策表 DT 寻找函数 $y = f(\boldsymbol{x})$ 的问题, 称为分类问题, 函数 $y = f(\boldsymbol{x})$ 也称为分类函数.

说明:

① 在分类问题中, 因变量 y 的取值范围是一个由有限个离散值构成的集合 C, 它相当于高级程序设计语言 (如 C++ 语言) 中的枚举类型. 若 C 变为实数集 $\mathbf{R}$ 或 $\mathbf{R}$ 中的一个区间 $[a, b]$, 则这类问题称为回归问题. 显然, 分类问题是回归问题的特殊情况.

② 函数 $y = f(\boldsymbol{x})$ 不一定有解析表达式, 可以用其他的形式, 如树、图或网络来表示.

③ 如果所有的 V_i 都是实数集 $\mathbf{R}$, 此时 $V = \mathbf{R}^d$.

④ 在数据挖掘中, 分类与回归任务就是从给定的数据集中挖掘 (或发现) 分类函数 (或回归函数)$y = f(\boldsymbol{x})$. 因为在求解分类问题或回归问题时, 要用到样例的类别信息, 所以学习分类函数或回归函数的过程属于有导师学习.

下面举几个分类问题的例子.

例 1.1.1　天气分类问题　天气分类问题 [7] 是一个两类分类问题, 用来预测什么样的天气条件适宜打网球. 天气数据集是机器学习领域中的一个经典数据集, 是一个包含 14 个样例的决策表, 如表 1.2 所示.

天气分类问题数据集有 14 个样例, 即 $U = \{\boldsymbol{x}_1, \boldsymbol{x}_2, \cdots, \boldsymbol{x}_{14}\}$; 4 个条件属性, 即 $A = \{a_1, a_2, a_3, a_4\}$, 其中, a_1 =Outlook, a_2=Temperature, a_3=Humidity, a_4 =Wind, 它们都是离散值属性, 相当于高级程序设计语言中的枚举类型属性. $V = V_1 \times V_2 \times V_3 \times V_4$, V_1 = {Sunny, Cloudy, Rain}, V_2 = {Hot, Mild, Cool}, V_3 = {High, Normal}, V_4 = {Strong, Weak}. 决策属性 $C = \{y\}$, y =PlayTennis, 它只取 Yes 和 No 两个

值, 因此天气分类问题是一个两类分类问题. 显然, 从该数据集中找到的分类函数 $y=f(\boldsymbol{x})$ 不可能有解析表达式. 在第 3 章, 我们将看到 $y=f(\boldsymbol{x})$ 可用一棵树来表示.

表 1.2 天气分类问题数据集

$\boldsymbol{x}$	Outlook	Temperature	Humidity	Wind	y(PlayTennis)
$\boldsymbol{x}_1$	Sunny	Hot	High	Weak	No
$\boldsymbol{x}_2$	Sunny	Hot	High	Strong	No
$\boldsymbol{x}_3$	Cloudy	Hot	High	Weak	Yes
$\boldsymbol{x}_4$	Rain	Mild	High	Weak	Yes
$\boldsymbol{x}_5$	Rain	Cool	Normal	Weak	Yes
$\boldsymbol{x}_6$	Rain	Cool	Normal	Strong	No
$\boldsymbol{x}_7$	Cloudy	Cool	Normal	Strong	Yes
$\boldsymbol{x}_8$	Sunny	Mild	High	Weak	No
$\boldsymbol{x}_9$	Sunny	Cool	Normal	Weak	Yes
$\boldsymbol{x}_{10}$	Rain	Mild	Normal	Weak	Yes
$\boldsymbol{x}_{11}$	Sunny	Mild	Normal	Strong	Yes
$\boldsymbol{x}_{12}$	Cloudy	Mild	High	Strong	Yes
$\boldsymbol{x}_{13}$	Cloudy	Hot	Normal	Weak	Yes
$\boldsymbol{x}_{14}$	Rain	Mild	High	Strong	No

例 1.1.2 鸢尾花分类问题 鸢尾花分类问题 [2] 是一个三类分类问题, 根据花萼长 (Sepal length)、花萼宽 (Sepal width)、花瓣长 (Petal length) 和花瓣宽 (Petal width) 四个条件属性对鸢尾花进行分类. 鸢尾花数据集 Iris 包含三类 150 个样例, 每类 50 个样例, 如表 1.3 所示.

表 1.3 鸢尾花分类问题数据集

$\boldsymbol{x}$	a_1	a_2	a_3	a_4	y
$\boldsymbol{x}_1$	5.1	3.5	1.4	0.2	Iris-setosa
$\boldsymbol{x}_2$	4.9	3.0	1.4	0.2	Iris-setosa
⋮	⋮	⋮	⋮	⋮	⋮
$\boldsymbol{x}_{50}$	5.0	3.3	1.4	0.2	Iris-setosa
$\boldsymbol{x}_{51}$	7.0	3.2	4.7	1.4	Iris-versicolor
$\boldsymbol{x}_{52}$	6.4	3.2	4.5	1.5	Iris-versicolor
⋮	⋮	⋮	⋮	⋮	⋮
$\boldsymbol{x}_{100}$	5.7	2.8	4.1	1.3	Iris-versicolor
$\boldsymbol{x}_{101}$	6.3	3.3	6.0	2.5	Iris-virginica
$\boldsymbol{x}_{102}$	5.8	2.7	5.1	1.9	Iris-virginica
⋮	⋮	⋮	⋮	⋮	⋮
$\boldsymbol{x}_{150}$	5.9	3.0	5.1	1.8	Iris-virginica

Iris 数据集有 150 个样例, 即 $U = \{\boldsymbol{x}_1, \boldsymbol{x}_2, \cdots, \boldsymbol{x}_{150}\}$; 4 个条件属性, 即 $A = \{a_1, a_2, a_3, a_4\}$, 其中, a_1 =Sepal length, a_2=Sepal width, a_3=Petal length, a_4=Petal width, 它们都是连续值属性. $V = V_1 \times V_2 \times V_3 \times V_4$, $V_1 = V_2 = V_3 = V_4 = R$, 即 $V = \mathbf{R}^4$. 决策属性 $C = \{y\}$, $y \in$ {Iris-setosa, Iris-versicolor, Iris-virginica}. 由于 Iris 数据集中四个条件属性都是连续值属性, 因此该数据集是一个连续值数据集.

例 1.1.3　助教评估分类问题　助教评估分类问题 [2] 也是一个三类分类问题, 它根据母语是否是英语 (A native English speaker)、课程讲师 (Course instructor)、课程 (Course)、是否正常学期 (A regular semester) 和班级规模 (Class size) 五个条件属性对助教评估分类. 助教评估分类数据集 (teaching assistant evaluation, TAE) 包含三类 151 个样例, 第一类 (Low)49 个样例, 第二类 (Medium)50 个样例, 第三类 (High)52 个样例, 如表 1.4 所示.

表 1.4　助教评估分类问题数据集

$\boldsymbol{x}$	a_1	a_2	a_3	a_4	a_5	y
$\boldsymbol{x}_1$	2	21	2	2	42	Low
$\boldsymbol{x}_2$	2	22	3	2	28	Low
⋮	⋮	⋮	⋮	⋮	⋮	⋮
$\boldsymbol{x}_{49}$	2	2	10	2	27	Low
$\boldsymbol{x}_{50}$	2	6	17	2	42	Medium
$\boldsymbol{x}_{51}$	2	6	17	2	43	Medium
⋮	⋮	⋮	⋮	⋮	⋮	⋮
$\boldsymbol{x}_{99}$	2	22	1	2	42	Medium
$\boldsymbol{x}_{100}$	1	23	3	1	19	High
$\boldsymbol{x}_{101}$	2	15	3	1	17	High
⋮	⋮	⋮	⋮	⋮	⋮	⋮
$\boldsymbol{x}_{151}$	2	20	2	2	45	High

TAE 数据集有 151 个样例, 即 $U = \{\boldsymbol{x}_1, \boldsymbol{x}_2, \cdots, \boldsymbol{x}_{151}\}$; 5 个条件属性, 即 $A = \{a_1, a_2, \cdots, a_5\}$, 其中, a_1=A native English speaker, a_2=Course instructor, a_3=Course, a_4=A regular semester, a_5=Class size. a_1 表示母语是否是英语, 是一个二值属性; a_2 表示课程讲师, 共 25 个课程讲师, 每个课程讲师用一个符号值表示, 共 25 个值; a_3 表示助教课程, 共 26 门课程, 每门课程用一个符号值表示, 共 26 个值; a_4 表示是否正常学期, 是一个二值属性; a_5 表示班级规模, 是一个数值属性. 显然, TAE 数据集是一个混合类型数据集.

代表性的分类与回归算法包括分类与回归树、神经网络、支持向量机等 [3].

1.1.2 聚类分析

聚类分析处理的对象是没有类别信息的数据集, 即信息表. 聚类分析就是将信息表中的样例划分为若干个簇 (聚类), 使得同一个簇内的样例比不同簇内的样例更相似 [8, 9]. 实际上, 聚类也是一种分类, 只是在聚类的过程中, 没有样例的类别信息可以利用. 由于在聚类过程中没有用到样例的类别信息, 因此聚类分析是一种无导师学习. 聚类算法可分为基于划分的算法、层次算法、基于密度的算法、基于网格的算法和基于模型的算法 [3]. 在聚类分析中, 针对给定的数据集, 选择合适的相似性度量至关重要. 相似性度量可以大致分为基于距离的度量和基于相关性的度量 [10-12]. 设 $\boldsymbol{x}_i, \boldsymbol{y}_j \in \mathbf{R}^d$, 下面介绍几种常用度量 $\boldsymbol{x}_i$ 和 $\boldsymbol{y}_j$ 相似性的定义, 其他相似性度量的定义可参考文献 [10].

1. 基于距离的相似性度量

(1) 欧氏距离

在基于距离的相似性度量中, 欧氏距离是最常用的, 样例 $\boldsymbol{x}_i$ 和 $\boldsymbol{y}_j$ 之间的欧氏距离定义为

$$d(\boldsymbol{x}_i, \boldsymbol{y}_j) = \left[\sum_{k=1}^{d}(x_{ik} - y_{jk})^2\right]^{\frac{1}{2}} \tag{1.1}$$

(2) Manhattan 距离

样例 $\boldsymbol{x}_i$ 和 $\boldsymbol{y}_j$ 之间的 Manhattan 距离定义为

$$d(\boldsymbol{x}_i, \boldsymbol{y}_j) = \sum_{k=1}^{d}|x_{ik} - y_{jk}| \tag{1.2}$$

(3) Minkowski 距离

样例 $\boldsymbol{x}_i$ 和 $\boldsymbol{y}_j$ 之间的 Minkowski 距离定义为

$$d(\boldsymbol{x}_i, \boldsymbol{y}_j) = \left[\sum_{k=1}^{d}(x_{ik} - y_{jk})^p\right]^{\frac{1}{p}} \tag{1.3}$$

(4) Chebyshev 距离

样例 $\boldsymbol{x}_i$ 和 $\boldsymbol{y}_j$ 之间的 Chebyshev 距离定义为

$$d(\boldsymbol{x}_i, \boldsymbol{y}_j) = \max_{k}|x_{ik} - y_{jk}| \tag{1.4}$$

(5) Camberra 距离

样例 $\boldsymbol{x}_i$ 和 $\boldsymbol{y}_j$ 之间的 Camberra 距离定义为

$$d(\boldsymbol{x}_i, \boldsymbol{y}_j) = \frac{\sum_{k=1}^{d} |x_{ik} - y_{jk}|}{\sum_{k=1}^{d} |x_{ik} + y_{jk}|} \tag{1.5}$$

(6) Sorensen 距离

样例 $\boldsymbol{x}_i$ 和 $\boldsymbol{y}_j$ 之间的 Sorensen 距离定义为

$$d(\boldsymbol{x}_i, \boldsymbol{y}_j) = \frac{\sum_{k=1}^{d} |x_{ik} - y_{jk}|}{\sum_{k=1}^{d} (x_{ik} + y_{jk})} \tag{1.6}$$

(7) Søergel 距离

样例 $\boldsymbol{x}_i$ 和 $\boldsymbol{y}_j$ 之间的 Søergel 距离定义为

$$d(\boldsymbol{x}_i, \boldsymbol{y}_j) = \frac{\sum_{k=1}^{d} |x_{ik} - y_{jk}|}{\sum_{k=1}^{d} \max\{x_{ik}, y_{jk}\}} \tag{1.7}$$

(8) Kulczynski 距离

样例 $\boldsymbol{x}_i$ 和 $\boldsymbol{y}_j$ 之间的 Kulczynski 距离定义为

$$d(\boldsymbol{x}_i, \boldsymbol{y}_j) = \frac{\sum_{k=1}^{d} |x_{ik} - y_{jk}|}{\sum_{k=1}^{d} \min\{x_{ik}, y_{jk}\}} \tag{1.8}$$

2. 基于相关性的相似性度量

(1) Pearson 相关系数

样例 $\boldsymbol{x}_i$ 和 $\boldsymbol{y}_j$ 之间的 Pearson 相关系数定义为

$$d(\boldsymbol{x}_i, \boldsymbol{y}_j) = \frac{\sum_{k=1}^{d} (x_{ik} - \overline{x}_i)(y_{jk} - \overline{y}_j)}{\left[\sum_{k=1}^{d} (x_{ik} - \overline{x}_i)^2 \sum_{k=1}^{d} (y_{jk} - \overline{y}_j)^2\right]^{\frac{1}{2}}} \tag{1.9}$$

(2) Cosine 相关系数

样例 $\boldsymbol{x}_i$ 和 $\boldsymbol{y}_j$ 之间的 Cosine 相关系数定义为

$$d(\boldsymbol{x}_i, \boldsymbol{y}_j) = \frac{\sum_{k=1}^{d}(x_{ik} \times y_{jk})}{\left[\sum_{k=1}^{d}(x_{ik})^2\right]^{\frac{1}{2}} \left[\sum_{k=1}^{d}(y_{jk})^2\right]^{\frac{1}{2}}} \tag{1.10}$$

(3) Jaccard 相关系数

样例 $\boldsymbol{x}_i$ 和 $\boldsymbol{y}_j$ 之间的 Jaccard 相关系数定义为

$$d(\boldsymbol{x}_i, \boldsymbol{y}_j) - \frac{\sum_{k=1}^{d}(x_{ik} \times y_{jk})}{\sum_{k=1}^{d}(x_{ik})^2 + \sum_{k=1}^{d}(y_{jk})^2 - \sum_{k=1}^{d}(x_{ik} \times y_{jk})} \tag{1.11}$$

1.1.3 关联分析

关联分析 [13, 14] 是一种在大规模数据集中寻找关联关系的数据挖掘任务, 关联关系有两种体现形式, 即频繁项集和关联规则. 关联分析最成功的应用是购物篮分析, 在这一应用实例中, 频繁项集是经常被一起购买的物品的集合, 关联规则表示两种物品之间可能存在很强的关系. 下面通过一个例子来解释相关概念.

表 1.5 是某超市的一个交易清单, 集合 {尿布, 啤酒}是一个频繁项集, {尿布, 卫生纸, 啤酒}也是一个频繁项集. {尿布}→ {啤酒}, 是一条关联规则, 它表示如果某人买了尿布, 那么他很可能还买了啤酒.

表 1.5 某超市的一个交易清单

交易编号	购买物品
2015010101	尿布, 啤酒
2015010123	尿布, 卫生纸, 啤酒
2015010137	啤酒, 卫生纸, 纸巾, 尿布
2015010155	卫生纸, 尿布, 啤酒, 牙膏, 毛巾
2015010166	毛巾, 香皂, 洗衣液, 尿布

支持度是定义项集频繁程度的一种度量, 被定义为数据集中包含该项集的记录所占的比例. 在表 1.5 中, 项集 {尿布}的支持度为 $\frac{5}{5}$, 项集 {尿布, 啤酒}的支持度

为 $\frac{4}{5}$, 项集 {尿布, 卫生纸, 啤酒}的支持度为 $\frac{3}{5}$. 可以定义一个支持度阈值, 称支持度大于这个阈值的项集为频繁项集.

置信度是关联规则可信程度的一种度量, 关联规则 {尿布}→ {啤酒}的置信度定义为项集 {尿布, 啤酒}的支持度与项集 {尿布}的支持度的比值, 其置信度为 $\frac{4}{5}$. 显然, 关联规则 {尿布, 啤酒}→ {卫生纸}的置信度为 $\frac{3}{4}$.

说明: 支持度也可以从关联规则的角度来定义, 如关联规则 {尿布}→ {啤酒}的支持度定义为项集 {尿布, 啤酒}的支持度.

下面给出关联分析问题的形式化定义. 设 $I = \{I_1, I_2, \cdots, I_m\}$ 是包含 m 个项目的集合, $T = \{T_1, T_2, \cdots, T_n\}$ 是交易记录的集合, 也称为事务数据库. 其中, T_i 是 I 的非空子集. 给定 $X, Y \subseteq I$, 而且 $X \bigcap Y = \varnothing$, 关联规则是形如 $X \rightarrow Y$ 的蕴含式. 关联规则 $X \rightarrow Y$ 的支持度是指数据库 T 中包含 $X \bigcup Y$ 的百分比. 置信度是指包含 X 的记录中同时也包含 Y 的百分比, 也就是条件概率 $P(Y|X)$. 如果规则 $X \rightarrow Y$ 的置信度和支持度都高于某个阈值, 则认为项集 X 和 Y 具有关联性.

代表性的频繁项集挖掘算法包括 Apriori 算法、FP-Tree 算法、HotSpot 算法等 [3].

1.1.4 时间序列分析

时间序列分析是用已有的数据预测未来发展趋势的一种数据挖掘方法. 在时间序列分析中, 数据的属性值是随时间变化的 [3]. 回归分析不强调数据间的先后顺序, 而时间序列分析要考虑时间特性, 尤其要考虑时间周期的层次, 如天、周、月、年等. 时间序列分析在经济发展预测、股票趋势预测、公司销售额预测等方面有重要应用.

影响时间序列的变化因素包括以下四种.

① 长期趋势因素. 反映的是一个较长时间内的发展方向, 如在经济发展中, 可以在一个相当长的时间内表现为近似直线的发展趋势.

② 季节变动因素. 反映的是受季节变化的影响, 形成的一种长期或幅度固定的周期性波动.

③ 周期变动因素. 反映的是受各种因素的影响, 形成的上下起伏不定的波动.

④ 不规则变动因素. 反映的是受各种偶然因素影响, 形成的不规则变动.

常用的时间序列分析方法包括回归预测方法、趋势外推法、指数平滑法等.

1.1.5 偏差检测

偏差检测是用来发现与正常情况不同的异常和变化, 并分析这种变化是有意的欺诈行为, 还是正常的变化 [3]. 在有些数据挖掘应用中, 将这些异常信息作为噪声丢弃掉. 然而, 在一些特定应用中, 这种异常信息却非常有用, 其挖掘研究具有重要的应用价值, 如异常点挖掘、网络入侵检测、信用卡欺诈检测等. 常用的偏差检测方法大多是对已有数据挖掘算法进行改造以适应这种特定的应用需求, 如支持向量机、基于统计分析的不一致性检验方法、基于密度的方法等.

1.1.6 数据挖掘的过程

数据挖掘的过程如图 1.1 所示.

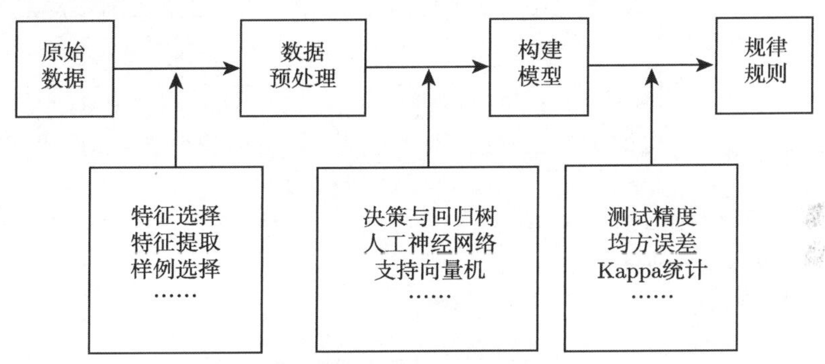

图 1.1 数据挖掘过程示意图

数据预处理就是根据特定的数据挖掘任务对原数据进行必要的预处理. 一般地, 数据挖掘模型是在预处理后的数据上构建的. 下面以分类任务为例, 介绍特征选择、特征提取和样例选择的概念.

给定决策表 $DT = (U, A \bigcup C, V, f)$, 特征选择就是从特征全集 A(也称为属性全集) 中, 按某种启发式把对分类重要的属性选择出来的过程. 设选择出的子集为 A', 显然 $A' \subseteq A$.

特征提取就是对 d 维特征空间作一个变换, 把它变换到一个 l 维特征空间. 一般地, $l < d$. 因为是从高维特征空间变换到低维特征空间, 所以常称这种技术为投影子空间技术. 例如, 主成分分析 (principle component analysis, PCA) 和线性判别分析 (linear discriminant analysis, LDA) 就是两种常用的投影子空间技术, 即两种常用的特征提取方法.

样例选择就是从论域 U 中, 按某种启发式把对分类重要的样例选择出来的过程. 设选择出的子集为 U', 显然 $U' \subseteq U$.

在第 3 章, 我们将介绍用贪心策略设计特征选择和样例选择的算法.

以预处理数据为输入, 设计数据挖掘算法的过程称为构建模型. 构建的模型可以是一个数学公式, 例如支持向量机、多层前馈神经网络等方法构建的模型都可以用数学公式描述. 构建的模型也可以用其他形式表示, 例如决策树算法 ID3 构建的模型就是一颗树. 需要注意的是, 有的数据挖掘方法没有构建模型这一步, 如

KNN(K-nearest neighbors) 算法. 在第 3 章, 我们将以 ID3 算法为例, 介绍如何用贪心策略设计数据挖掘算法.

模型评价就是根据某种度量指标对模型的性能进行评价, 下面以两类分类问题为例介绍常用的评价指标 [2]. 这些指标是在混淆矩阵概念的基础上提出的. 两类分类问题的混淆矩阵如表 1.6 所示.

表 1.6　两类分类问题的混淆矩阵

真实类别 \ 预测类别	Yes	No
Yes	正确的肯定 (true positive, TP)	错误的否定 (false negative, FN)
No	错误的肯定 (false positive, FP)	正确的否定 (true negative, TN)

(1) 真正类率 (true positive rate, TPR)、假正类率 (false positive rate, FPR) 和真负类率 (true negative rate, TNR)

真正类率 TPR 定义为

$$\mathrm{TPR} = \frac{\mathrm{TP}}{\mathrm{TP} + \mathrm{FN}} \tag{1.12}$$

真正类率 TPR 刻画的是分类器正确分类的正类样例占总正类样例的比例.

假正类率 FPR 定义为

$$\mathrm{FPR} = \frac{\mathrm{FP}}{\mathrm{FP} + \mathrm{TN}} \tag{1.13}$$

假正类率 FPR 刻画的是分类器错误分类的负类样例占总负类样例的比例.

真负类率 TNR 也称为 Specificity, 其定义为

$$\mathrm{TNR} = \frac{\mathrm{TN}}{\mathrm{FP} + \mathrm{TN}} = 1 - \mathrm{FPR} \tag{1.14}$$

真负类率 TNR 刻画的是分类器正确分类的负类样例占总负类样例的比例.

(2) 精确率 (Precision)、召回率 (Recall)、F1 指标、综合评价指标 (F-measure) 和几何均值 (G-mean)

精确率 (正确率) 和召回率是广泛用于信息检索和统计学分类领域的两个度量指标, 用来评价检索结果或分类结果的质量. 精确率是检索出相关文档数与检索出的文档总数的比率, 衡量的是检索系统的查准率. 召回率是指检索出的相关文档数和文档库中所有的相关文档数的比率, 衡量的是检索系统的查全率. 一般来说, Precision 就是检索出来的条目 (如文档、网页等) 有多少是准确的, Recall 就是所有准确的条目有多少被检索出来了. 两者的定义为

$$\mathrm{Precision} = \frac{\text{提取出的正确信息条数}}{\text{提取出的信息条数}} \tag{1.15}$$

$$\text{Recall} = \frac{\text{提取出的正确信息条数}}{\text{样本中的信息条数}} \tag{1.16}$$

F1 指标是在 Precision 和 Recall 的基础上, 对模型进行整体评价. F1 的定义为

$$\text{F1} = \frac{2 \times \text{正确率} \times \text{召回率}}{\text{正确率} + \text{召回率}} \tag{1.17}$$

说明: 我们当然希望检索结果 Precision 越高越好, 同时 Recall 也越高越好. 事实上, 这两者在某些情况下是矛盾的. 例如, 极端情况下, 如果只搜索出了一个结果, 而且是准确的, 那么 Precision 就是 100%，但是 Recall 很低. 如果把所有结果都返回, 那么 Recall 是 100%, 但是 Precision 很低. 因此, 在不同的场合需要综合判断是希望 Precision 比较高, 还是 Recall 比较高.

Precision 和 Recall 指标有时候会出现矛盾的情况, 这就需要综合考虑它们. F-Mcasurc(也称为 F-Score) 是 Precision 和 Recall 加权平均, 即

$$\text{F-measure} = \frac{(1+\alpha^2)\text{Precision} \times \text{Recall}}{\alpha^2(\text{Precision}+\text{Recall})} \tag{1.18}$$

其中, α 是参数, 当 $\alpha = 1$ 时, F-measure 就是 F1.

F-measure 是常用的度量类别非平衡数据挖掘算法的性能指标, 另一个常用的度量指标是 G-mean, 其定义为

$$\text{G-mean} = \sqrt{\frac{\text{TP}}{\text{TP}+\text{FN}} \times \frac{\text{TN}}{\text{TN}+\text{FP}}} \tag{1.19}$$

(3) ROC 曲线和 AUC 面积

根据前面的分析, 我们知道 TPR 和 FPR 之间有一定的关系. 以 TPR 为纵轴, FPR 为横轴的二维平面称为 ROC 平面, 如图 1.2 所示. 在 ROC 平面上绘制的曲线, 称为 ROC 曲线. ROC 是 receiver operating characteristic 的缩写, 因此 ROC 曲线也称为接受者操作特性曲线.

在图 1.2 中, A 点对应的分类为完美分类, B 点对应的分类为较好分类, C 点对应的分类为随机猜想分类, D 点对应的分类为较坏分类. 显然, 对于一个可接受的分类算法, 它对应的 ROC 曲线应该在对角线的左上方. 如果算法 1 和算法 2 对应的 ROC 曲线如图 1.3 所示, 那么我们说算法 1 优于算法 2.

ROC 曲线覆盖的区域面积称为 AUC 面积. 显然, AUC 面积越大, 分类器分类效果越好. 如果两个分类器的 ROC 曲线相交, 那么可用它们的 AUC 面积来比较它们的分类性能.

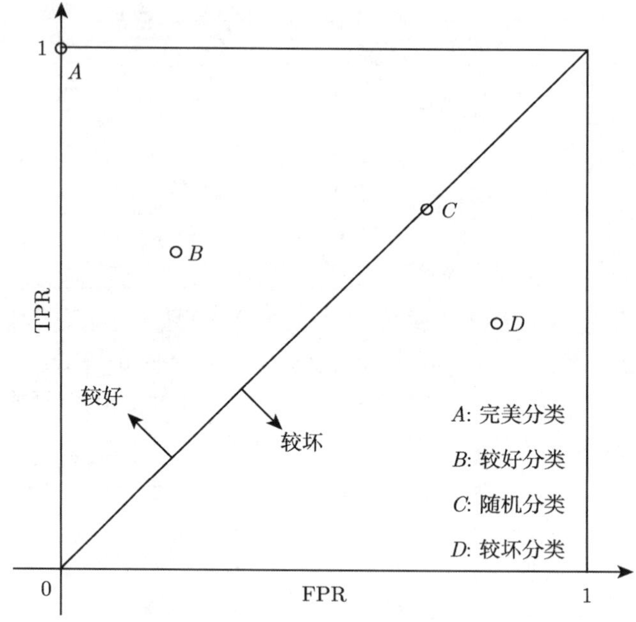

图 1.2　ROC 平面

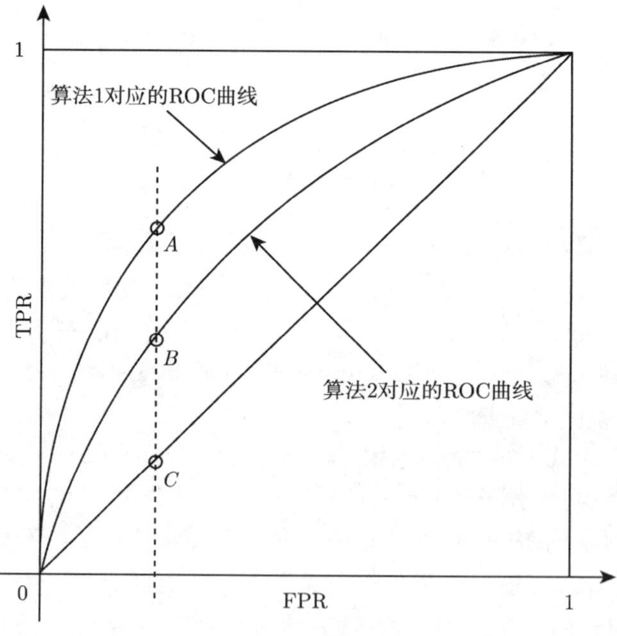

图 1.3　ROC 曲线

1.2 算法与算法描述

1.2.1 算法概念

通俗地讲, 算法是以计算机为工具求解问题的方法步骤. 严格地讲, 算法是满足下面条件, 求解问题的若干指令序列 [15-17].

① 算法必须有输入.

② 算法必须有输出.

③ 算法的每条指令是清晰无歧义的.

④ 算法中每条指令的执行次数及每次执行的时间都是有限的.

程序是算法用某种高级语言的实现, 程序与算法的不同主要体现在条件④上.

1.2.2 算法描述

算法描述的方法有多种, 如流程图、类语言 (类 C 语言、类 C++ 语言、类 Pascal 语言等)、伪代码等. 流程图具有简单直观的特点, 但它只能表示中小型算法. 图 1.4 是遗传算法流程图, 我们将在第 4 章介绍遗传算法. 类语言是某种高级语言的

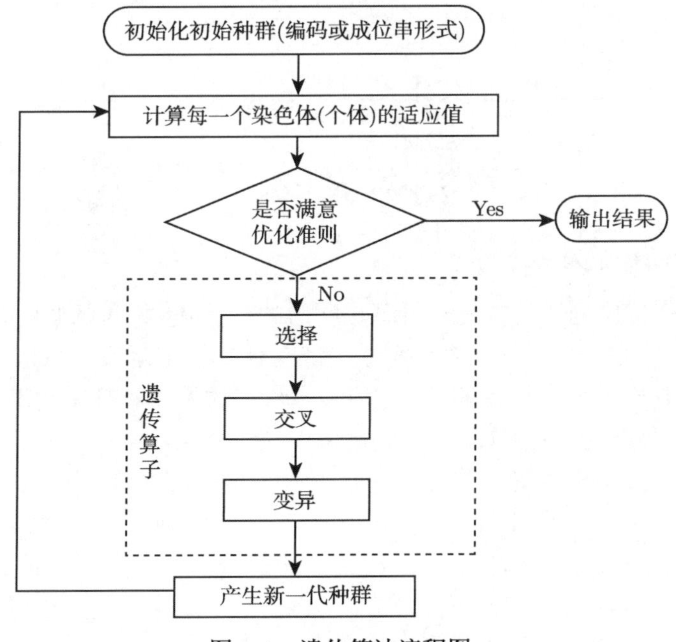

图 1.4 遗传算法流程图

简化, 不严格要求符合高级语言的语法. 其优点是用相应的高级语言编程比较容易实现, 缺点是对不熟悉相应高级语言的人员, 可能对语言的理解反倒影响了对算法的理解, 造成喧宾夺主的情况. 伪代码是最合适的算法表示方法, 它不倾向于任何程序设计语言, 但又吸收了类语言的优点, 算法描述自然, 有助于算法的理解. 算法 1.1 是二分查找算法的伪代码表示. 本书大多数情况下用伪代码描述算法, 有时也用流程图描述.

算法 1.1: BinarySearch(A, 1, n)

输入: 包含n个元素且已按非降序排序的数组A和要查找的元素x.
输出: 如果$x = A[j](1 \leqslant j \leqslant n)$, 则输出$j$; 否则, 输出0.

```
m = ⌊(1+n)/2⌋;
if (x = A[m]) then
    return m;
else
    if (x < A[m]) then
        return BinarySearch(A, 1, m − 1);
    else
        return BinarySearch(A, m + 1, n);
    end
end
```

1.3 算 法 分 析

1.3.1 算法分析概述及渐近符号

算法分析是指用理论的方法分析算法所用的计算资源, 包括时间、空间、通信等, 并用定量的方法进行描述. 由于算法不能在计算机上运行, 因此分析算法是在一个抽象的计算机模型上进行的近似分析. 定量描述用微积分中的渐近符号进行, 下面以计算时间复杂度为例介绍相关的概念.

设抽象的计算机模型提供的元运算有 k 种, 分别记为 $O_1, O_2, \cdots, O_k$, 执行一次元运算 $O_i(1 \leqslant i \leqslant k)$ 所需时间为 $t_i(1 \leqslant i \leqslant k)$. 一般地, 一个算法的计算时间复杂度 T 与求解问题的规模 N 成正比, 也与算法的输入 I 有关. T 可抽象地表示为 $T = T(N, I)$.

给定一个算法, 设它用到元运算 $O_i(1 \leqslant i \leqslant k)$ 的次数为 $n_i(1 \leqslant i \leqslant k)$. 显然, n_i 与问题的规模及算法的输入有关, 可表示成 $n_i = n_i(N, I)$. 因此, T 可进一步表示为

$$T = T(N, I) = \sum_{i=1}^{k} t_i n_i(N, I) \tag{1.20}$$

显然, 在分析一个算法的计算时间复杂度时, 不可能对规模 N 的每一种合法输入 I 都去统计 $n_i(1 \leqslant i \leqslant k)$. 常用的策略是在规模为 N 的某些或某类具有代表性的合法输入中统计相应的 n_i. 下面分别针对最坏情况、最好情况和平均情况, 给出相应计算时间复杂度的抽象表示.

最坏时间复杂度记为 $T_{\max}$, 可抽象地表示为

$$\begin{aligned} T_{\max}(N) &= \max_{I \in D_N} T(N, I) \\ &= \max_{I \in D_N} \sum_{i=1}^{k} t_i n_i(N, I) \\ &= \sum_{i=1}^{k} t_i n_i(N, I^*) \\ &= T(N, I^*) \end{aligned} \tag{1.21}$$

最好时间复杂度记为 $T_{\min}$, 可抽象地表示为

$$\begin{aligned} T_{\min}(N) &= \min_{I \in D_N} T(N, I) \\ &= \min_{I \in D_N} \sum_{i=1}^{k} t_i n_i(N, I) \\ &= \sum_{i=1}^{k} t_i n_i(N, I') \\ &= T(N, I') \end{aligned} \tag{1.22}$$

平均时间复杂度记为 T_{avg}, 可抽象地表示为

$$T_{\text{avg}}(N) = \sum_{I \in D_N} P(I) T(N, I) = \sum_{I \in D_N} P(I) \sum_{i=1}^{k} t_i n_i(N, I) \tag{1.23}$$

其中, D_N 是规模为 N 的合法输入的集合; $P(I)$ 是输入 I 出现的概率.

设 $T(N)$ 是一个算法的计算时间复杂度. 一般地, $\lim\limits_{N \to \infty} T(N) = \infty$.

对于 $T(N)$, 若存在 $T'(n)$, 使得 $\lim\limits_{N \to \infty} \dfrac{T(N) - T'(N)}{T(N)} = 0$, 则称 $T'(N)$ 为 $T(N)$ 的渐近复杂度. 下面介绍 3 种表示渐近复杂度的符号.

(1) 渐近上界记号 O

定义 1.3.1 设 $T(n)$ 是一个算法的时间复杂度, $g(n)$ 是一个非负实函数, n 是自然数. 我们说 $T(n)$ 属于集合 $O(g(n))$(或 $T(n)$ 是 $O(g(n))$ 量级), 如果存在一个自然数 n_0 和一个正常数 c, 使得对所有 $n \geqslant n_0$, 都有 $T(n) \leqslant cg(n)$ 成立.

渐近上界记号 O 的几何解释如图 1.5 所示.

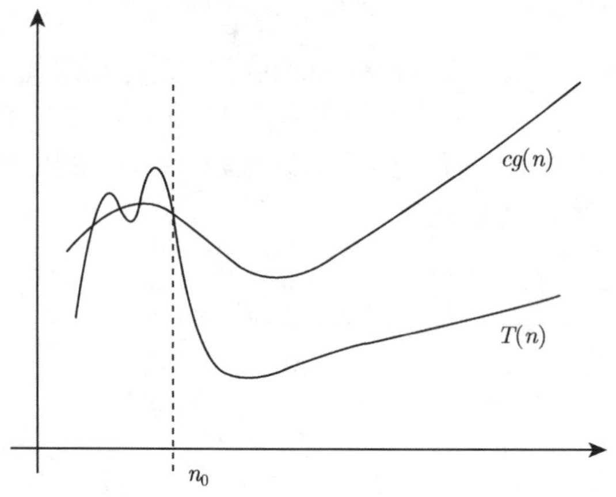

图 1.5　渐近上界记号 O 的几何解释

(2) 渐近下界记号 Ω

定义 1.3.2　设 $T(n)$ 是一个算法的时间复杂度, $g(n)$ 是一个非负实函数, n 是自然数. 我们说 $T(n)$ 属于集合 $\Omega(g(n))$(或 $T(n)$ 是 $\Omega(g(n))$ 量级), 如果存在一个自然数 n_0 和一个正常数 c, 使得对所有 $n \geqslant n_0$, 都有 $T(n) \geqslant cg(n)$ 成立.

渐近下界记号 Ω 的几何解释如图 1.6 所示.

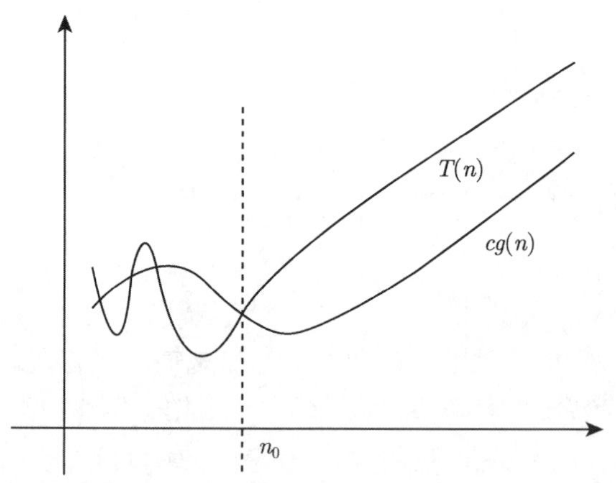

图 1.6　渐近下界记号 Ω 的几何解释

(3) 紧渐近界记号 Θ

定义 1.3.3　设 $T(n)$ 是一个算法的时间复杂度, $g(n)$ 是一个非负实函数, n 是自然数. 我们说 $T(n)$ 属于集合 $\Theta(g(n))$(或 $T(n)$ 是 $\Theta(g(n))$ 量级), 如果存在一个自然数 n_0 和两个正常数, c_1 和 c_2, 使得对所有 $n \geqslant n_0$, 都有 $c_1g(n) \leqslant T(n) \leqslant c_2g(n)$

成立.

紧渐近界记号 Θ 的几何解释如图 1.7 所示.

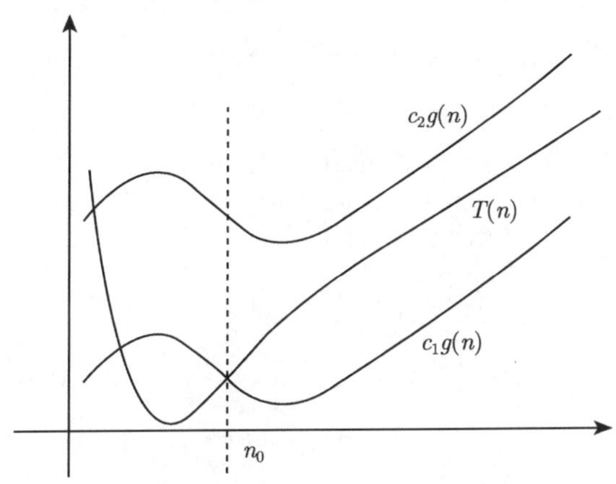

图 1.7 紧渐近界记号 Θ 的几何解释

说明:

① $O(g(n))$、$\Omega(g(n))$ 和 $\Theta(g(n))$ 都是集合, 满足相应定义中条件的非负实函数, 都是这三个集合中的元素.

② $O(g(n))$ 描述的是算法的最坏时间复杂度, 是一种最常用的渐近符号.

③ $\Omega(g(n))$ 描述的是算法的最好时间复杂度, 是一种不常用的渐近符号.

④ $\Theta(g(n))$ 的定义中, 不等式两边的非负实函数都是 $g(n)$, 只是常数不同, 一边是 c_1, 一边是 c_2. 对于有些算法, $\Theta(g(n))$ 不一定存在. 在下一节的算法分析中, 我们会给出一个这样的例子 1.3.2 来说明.

1.3.2 算法分析方法

这一节以计算时间复杂度为例, 简要介绍算法分析的方法. 实际上, 算法分析就是通过理论分析的方法, 确定一个算法的计算时间复杂度 $T(n)$ 所属的量级 $O(g(n))$、$\Omega(g(n))$ 和 $\Theta(g(n))$. 下面介绍递归算法和非递归算法的计算时间复杂度分析方法.

(1) 递归算法计算时间复杂度分析

递归算法计算时间复杂度分析相对容易, 下面通过二分查找算法 (算法 1.1), 介绍最坏计算时间复杂度分析方法.

从算法 1.1 容易看出, 二分查找算法基本操作是比较运算. 设包含 n 个元素的二分查找算法的计算时间复杂度为 $T(n)$. 显然, 如果 $n=1$, 那么 $T(n)=1$; 如果 $n\geqslant 1$, 那么有两种情况.

① 如果 $x=A[m]$(算法 1.1 中的第 4 步), 那么只需一次比较, 即 $T(n)=O(1)$.

② 否则, 比较的次数等于 1 加上在一个子数组上递归调用该算法的计算时间复杂度 (算法 1.1 中的第 8 步或第 10 步). 从而, 可得关于 $T(n)$ 的递归方程 (1.24), 即

$$T(n) \leqslant \begin{cases} 1, & \text{if } n = 1 \\ 1 + T(\lfloor \frac{n}{2} \rfloor), & \text{if } n \geqslant 2 \end{cases} \tag{1.24}$$

设 k 是满足条件 $2^{k-1} \leqslant n \leqslant 2^k$ 的正整数. 展开递归方程 (1.24), 可得

$$\begin{aligned} T(n) &\leqslant 1 + T\left(\left\lfloor \frac{n}{2} \right\rfloor\right) \\ &\leqslant 2 + T\left(\left\lfloor \frac{n}{2^2} \right\rfloor\right) \\ &\ \ \vdots \\ &\leqslant (k-1) + T\left(\left\lfloor \frac{n}{2^{k-1}} \right\rfloor\right) \\ &= (k-1) + 1 \\ &= k \end{aligned}$$

由 $2^{k-1} \leqslant n \leqslant 2^k$, 可得 $k = \lfloor \log_2 n \rfloor + 1$, 从而 $T(n) = O(\log_2 n)$.

(2) 非递归算法计算时间复杂度分析

非递归算法计算时间复杂度分析的关键是确定算法的基本操作及其执行次数. 下面通过一个简单的例子, 说明非递归算法计算时间复杂度分析的方法.

例 1.3.1　下面的算法 1.2 是一个统计计数算法 1[16], 分析该算法的计算时间复杂度.

算法 1.2: 统计计数算法1

```
1  输入: n = 2^k, k是正整数.
2  输出: 第4步执行的次数count.
3  count ← 0;
4  while n ⩾ 1 do
5  |   for j ← 1 to n do
6  |   |   count ← count + 1;
7  |   end
8  |   n ← n/2;
9  end
10 return count.
```

解: 这个算法的计算时间复杂度主要由第 4 步的 while 循环和第 5 步的 for 循环决定. 因为 while 循环的执行次数为 $\log_2(n+1)$, 而第 5 步的 for 循环执行的次数依次为 $\frac{n}{2^0}, \frac{n}{2^1}, \frac{n}{2^2}, \cdots, 1$, 第 5 步的 for 循环执行的总次数为 $\sum_{j=0}^{k} \frac{n}{2^j} = 2n-1$. 所以, 算法 1.2 的计算时间复杂度为 $\Theta(n)$.

例 1.3.2　**算法 1.3[16] 是用蛮力法判断一个自然数 n 是否为素数的算法, 分析该算法的最坏时间复杂度和最好时间复杂度, 并考虑对于这个算法, 是否存在紧渐近界?**

算法 1.3: 蛮力法判断一个自然数是否是素数

```
1 输入: 大于等于2的正整数n.
2 输出: 如果n是素数, 输出"true"; 否则, 输出"false".
3 s ← ⌊√n⌋;
4 for (j ← 2 to s) do
5 |   if (j divides n) then
6 |   |   return "false";
7 |   end
8 end
9 return "true".
```

解: 假设计算第 3 步的 $\lfloor\sqrt{n}\rfloor$ 所需时间为 $O(1)$. 显然, 在最好情况下, 即当 n 为偶数时, 因为第 4 步的 for 循环只需执行 1 次, 所以算法 1.3 的最好计算时间复杂度为 $\Omega(1)$. 在最坏情况下, 即当 n 为素数时, 因为第 4 步的 for 循环执行的次数为 $\lfloor\sqrt{n}\rfloor - 1$, 所以算法 1.3 的最坏计算时间复杂度为 $O(\sqrt{n})$.

因为算法 1.3 的最好时间复杂度和最坏时间复杂度是不同的, 所以该算法不存在紧渐近界.

习　题

1. 设 $T(n) = 3n^2 + 2n + 1$ 属于集合 $O(g(n))$, $T'(n) = 3n^2$ 属于集合 $O(g(n))$ 吗? 若将 $O(g(n))$ 换成 $\Omega(g(n))$ 和 $\Theta(g(n))$, 结论又如何?

2. 证明下面三个结论成立.

① 如果 $T(n) \in O(g(n))$, 那么 $g(n) \in \Omega(T(n))$.

② $\Theta(g(n)) = O(g(n)) \bigcap \Omega(g(n))$.

③ $O(f(n)) + O(g(n)) = O(f(n) + g(n))$.

3. 下面的算法 1.4 是一个统计计数算法 2, 分析该算法的计算时间复杂度, 要求给出分析的过程.

算法 1.4: 统计计数算法2

```
1  输入: 正整数n.
2  输出: 第7步执行的次数count.
3  count ← 0;
4  for (i ← 1 to n) do
5      m ← ⌊n/i⌋;
6      for (j ← 1 to m) do
7          count ← count + 1;
8      end
9  end
10 return count
```

第2章　分治算法

分治算法 [15,16] 的基本思想非常简单, 就是将大规模问题分解为小规模问题, 然后分而治之. 理想的分治算法要求分解的子问题相互独立, 规模大致相同, 并和原问题具有相同的类型. 分治算法的步骤包括三步.

① 将原问题 P 分解为 k 个类型相同的子问题: $P_1, P_2, \cdots, P_k$.

② 递归地求解各个子问题 $P_i(1 \leqslant i \leqslant k)$.

③ 由各个子问题 P_i 的解, 归并得到原问题 P 的解.

分治算法的一般框架如算法 2.1 所示.

算法 2.1: Divide-and-conquer(P, n)

```
1  输入: 大规模问题P, 阈值参数n_0.
2  输出: 问题P的解y.
3  // n为问题P的规模;
4  if (n ⩽ n_0) then
5  |  直接求解问题P, 得到解y, 转第13步;
6  end
7  Partition P into P_1, P_2, ···, P_k;
8  // n_i为子问题P_i的规模(1 ⩽ i ⩽ k);
9  for (i = 1; i ⩽ k; i = i + 1) do
10 |  y_i=Divide-and-conquer(P_i, n_i)
11 end
12 y=Merge(y_1, y_2, ···, y_k);
13 return y.
```

分治算法是一种递归算法, 其计算时间复杂度的分析相对容易. 下面给出分析的一般框架. 我们知道理想的分治算法是将原问题 P 分解为 k 个规模相同的子问题. 但是, 在实际应用中, 有时不一定能做到这一点. 不失一般性, 假设分治算法将规模为 n 的原问题分解成 k 个规模为 $\dfrac{n}{m}$ 的子问题. 设分解阈值 $n_0 = 1$, 且直接求解规模为 1 的子问题耗费 1 个单位时间. 再设将原问题分解为 k 个子问题以及用 Merge 将 k 个子问题的解合并为原问题的解需用 $f(n)$ 个单位时间. 用 $T(n)$ 表示

用分治算法求解规模为 n 的问题所需的计算时间, 则有

$$T(n) = \begin{cases} 1, & \text{if } n = 1 \\ kT(\dfrac{n}{m}) + f(n), & \text{if } n \geqslant 1 \end{cases} \tag{2.1}$$

通过迭代方法, 可得式 (2.1) 的解为

$$T(n) = n^{\log_m k} + \sum_{i=0}^{\log_m(n-1)} k^i f\left(\frac{n}{m^i}\right) \tag{2.2}$$

对于任意一个给定的递归算法, 其计算时间复杂度的分析只需应用式 (2.2) 即可完成.

2.1 归并排序

归并排序问题是一个非常适合用分治算法求解的问题 [15,16]. 为描述方便, 假设待排序数组 $A[n]$ 所含元素个数 n 是偶数. 根据分治算法的步骤, 首先将数组 $A[n]$ 划分为两个子数组 $A_1[\frac{n}{2}]$ 和 $A_2[\frac{n}{2}]$. 然后, 递归地对两个子数组进行归并排序. 最后, 将排好序的两个子数组归并成一个有序数组. 归并排序的分治算法如算法 2.2 所示.

算法 2.2: MergeSort(A, n)

输入: 包含n个元素的数组$A[n]$.
输出: 元素按非降序排列的数组$A[n]$.
if $(n > 0)$ **then**
    Partition $A[n]$ into $A_1\left[\left\lfloor\frac{n}{2}\right\rfloor\right]$ and $A_2\left[\left\lceil\frac{n}{2}\right\rceil\right]$;
end
MergeSort$(A_1, \left\lfloor\frac{n}{2}\right\rfloor)$;
MergeSort$(A_2, \left\lceil\frac{n}{2}\right\rceil)$;
Merge$(A_1\left[\left\lfloor\frac{n}{2}\right\rfloor\right], A_2\left[\left\lceil\frac{n}{2}\right\rceil\right], A[n])$;
return $A[n]$.

在算法 2.2 中, Merge 的伪代码如算法 2.3 所示. 图 2.1 给出了一个归并排序的例子.

算法 2.3: Merge(A_1, p; A_2, q; A, $p+q$)

```
输入: 已按非降序排好序的数组A1[p]和A2[q].
输出: 元素按非降序排列的数组A[p+q].
i ← 1; j ← 1; k ← 1;
while ((i ⩽ p) and (j ⩽ q)) do
    if (A1[i] ⩽ A2[j]) then
        A[k] ← A1[i];
        i = i + 1;
    else
        A[k] ← A2[j];
        j = j + 1;
    end
    k = k + 1;
end
if (i = p + 1) then
    copy A2[j : q] to A[k : p + q];
else
    copy A1[i : p] to A[k : p + q];
end
return A[p + q].
```

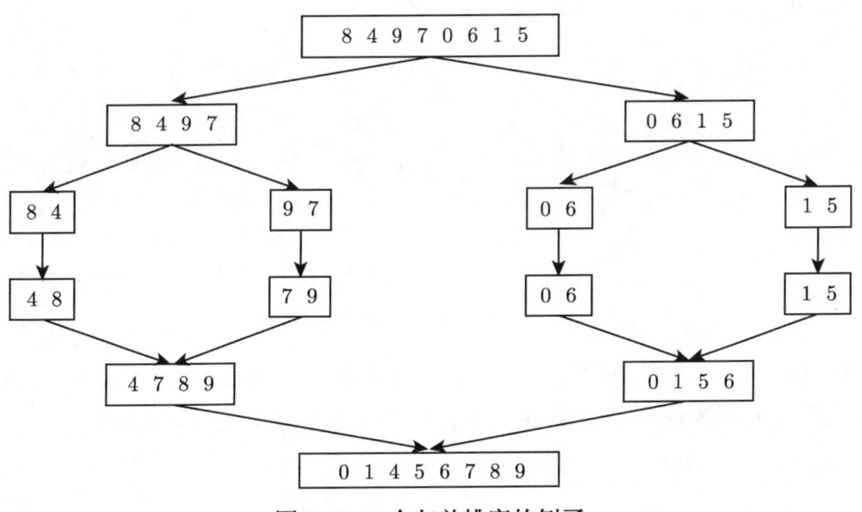

图 2.1 一个归并排序的例子

2.2 线性时间选择

线性时间选择问题 [15,16] 是给定一个包含 n 个元素的数组 A 和一个正整数 $k(1 \leqslant k \leqslant n)$, 要求在线性时间内找出数组 A 的 n 个元素中第 k 小的元素. 显然, 用基于排序的方法不能解决这个问题, 必须寻找其他的方法. 受二分查找算法的启发, 我们发现用分治算法解决问题时, 只要划分出的子问题的规模大致相同, 算法的计算时间复杂度就可以达到线性级 $O(n)$, 甚至低于线性级. 例如, 二分查找算法的计算时间复杂度为 $O(\log_2 n)$. 用中位数的中位数进行划分, 能够使划分出的子问题规模大致相同, 下面介绍这种方法.

首先, 将数组 A 的 n 个输入元素划分成 q 个组, 每组 p 个元素. p 一般取较小的素数, 如 5、7、11 等. 下面以 $p=5$ 为例介绍算法的基本思想. 这样共有 $q=\lceil \frac{n}{5} \rceil$ 组, 且只可能有一组不是 5 个元素. 找中位数的中位数时, 丢弃这一组, 但不会影响最终结果. 然后, 用任意一种排序算法, 对每组中的元素排序, 并取出每组的中位数, 共 q 个. 最后, 再找这 q 个中位数的中位数 mm, 并以 mm 作为划分的基准划分数组 A. 如果 q 是偶数, 就取 2 个中位数中任意一个作为划分基准.

下面看一个例子, 设 $A=\{\{8,33,17,51,57\},\{49,35,11,25,37\},\{14,3,2,13,52\},\{12,6,29,32,54\},\{5,16,22,23,7\}\}$, 数组 A 包含 25 个元素. 首先, 将数组 A 分成 5 组, 每组 5 个元素. 然后, 对每组元素由小到大排序, 再按每组的中位数由小到大排序, 得到如图 2.2 所示的数据方阵. 由各组中位数组成一个中位数数组, 如图 2.2 中中间长条矩形中的元素. 取中位数数组的中位数, 得到中位数的中位数 $mm=29$. 最后, 以 29 为基准, 将数组 A 划分成三部分: $A_1=\{a|a<mm\}$, $A_2=\{a|a=mm\}$ 和 $A_3=\{a|a>mm\}$.

52	23	54	57	49
14	22	32	51	37
13	16	29	33	35
03	07	12	17	25
02	05	06	08	11

图 2.2 一个线性时间选择的例子

从图 2.2 可以看出, 图中左下角矩形中的元素均小于等于中位数的中位数 $mm(29)$, 而右上角矩形中的元素均大于等于中位数的中位数 $mm(29)$.

令 $A_1'=\{a|a\leqslant mm\}$, $A_3'=\{a|a\geqslant mm\}$. 则有

$$|A_1'| \geqslant 3\left\lceil \left(\left\lfloor \frac{n}{5} \right\rfloor\right)/2 \right\rceil \geqslant \frac{3}{2}\left\lfloor \frac{n}{5} \right\rfloor \tag{2.3}$$

从而可得

$$|A_3| \leqslant n - \frac{3}{2}\left\lfloor \frac{n}{5} \right\rfloor \leqslant \frac{7}{10}n + 1.2 \tag{2.4}$$

类似可得

$$|A_3'| \geqslant \frac{3}{2}\left\lfloor \frac{n}{5} \right\rfloor \tag{2.5}$$

和

$$A_1 \leqslant \frac{7}{10}n + 1.2 \tag{2.6}$$

实际上, 对于一般情况, 结论 (2.3)-(2.6) 也成立.

基于中位数的线性时间选择算法的伪代码如算法 2.4 所示.

算法 2.4: LinearTimeSelect(A, 1, n, k)

```
输入: 含有n个元素的数组A和正整数k(1 ≤ k ≤ n).
输出: 数组A的第k小元素.
if (n ≤ n_0) then
    对数组A排序;
    return A[k];
end
q = ⌊n/5⌋;
划分A为q组, 每组包含5个元素. 如果n不能被5整除, 则丢弃剩余元素;
对q组中的每一组排序, 得到q个中位数, 构成数组M;
mm ← LinearTimeSelect(M, 1, q, ⌈q/2⌉);
划分A为3个子数组: A_1 = {a|a < mm}, A_2 = {a|a = mm} 和
A_3 = {a|a > mm};
if (|A_1| ≥ k) then
    return LinearTimeSelect(A_1, 1, |A_1|, k);
end
if (|A_1| + |A_2| ≥ k) then
    return mm;
end
if (|A_1| + |A_2| ≤ k) then
    return LinearTimeSelect(A_3, 1, |A_3|, k − |A_1| − |A_2|).
end
```

下面通过算法的计算时间复杂度分析, 证明算法 2.4 是线性时间算法, 而且对于 $p=5$, n_0 可取 44.

如果对含有 n 个元素的数组调用算法 LinearTimeSelect 的计算时间复杂度为 $T(n)$, 那么算法 2.4 第 10 步的计算时间复杂度为 $T(\left\lfloor \frac{n}{5} \right\rfloor)$. 当 $n \geqslant 44$ 时, 不等式 $\frac{7n}{10}+1.2 \leqslant \left\lfloor \frac{3n}{4} \right\rfloor$ 成立 [16]. 从而, 根据结论 (2.3)-(2.6) 可知, 算法 2.4 的第 12-20 步的计算时间复杂度为 $T(\left\lfloor \frac{3n}{4} \right\rfloor)$. 此外, 显然算法第 3-6 步的计算时间复杂度为 $O(1)$; 算法第 7 步的计算时间复杂度为 $O(1)$; 算法第 8 步和第 9 步的计算时间复杂度均为 $O(n)$. 从而可得下列关于 $T(n)$ 的递归方程, 即

$$T(n) \leqslant \begin{cases} c, & \text{if } n < 44 \\ T(\left\lfloor \frac{n}{5} \right\rfloor) + T(\left\lfloor \frac{3n}{4} \right\rfloor) + cn, & \text{if } n \geqslant 44 \end{cases} \tag{2.7}$$

解递归方程 (2.7), 可得 $T(n)=O(n)$. 因此, 有下面的定理.

定理 2.2.1 *算法 2.4 的计算时间复杂度为 $O(n)$.*

2.3 基于分治策略的交叉样例选择

2.3.1 样例选择概述

样例选择是从给定的数据集中选择一个重要的子集, 代替原数据集进行数据挖掘, 如抽取分类规则. 因为数据集中的样例对数据挖掘任务不是同等重要的, 以分类问题为例, 有的样例对分类贡献大, 有的贡献小, 有的可能没有贡献. 此外, 数据集中有的样例是冗余的. 因此, 从原数据集中把重要的样例选择出来, 把冗余的样例去掉是解决大数据集挖掘问题的一种有效方法.

样例选择可以从有类标的样例集合中选择, 也可以从无类标的样例集合中选择. 前者处理的对象是有类标的样例集合, 要解决的问题是降低数据挖掘算法的计算复杂度. 目的是用选择的样例训练满足性能要求的分类器; 后者处理的对象是大量无类标的样例集合, 要解决的问题是降低标注样例的代价. 目的是用标注样例训练满足性能要求的分类器. 在机器学习领域, 后者也称为主动学习, 是一个迭代选择样例的过程, 如图 2.3 所示. 本书只考虑前者, 即从有类别的样例集合中选择样例. 对主动学习感兴趣的读者, 可参考文献 [18].

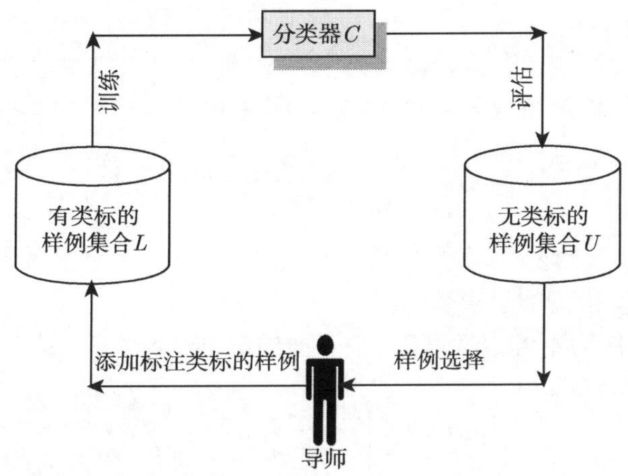

图 2.3 主动学习框架示意图

2.3.2 样例选择准则

在分类规则的数据挖掘中, 大多数样例选择算法倾向于选择靠近分类边界的样例, 这样的样例容易被分错, 包含的不确定性信息量大. 常用的样例选择准则包括不确定性准则、期望误差减少准则和一致性准则.

1. 不确定性准则

样例选择的不确定性准则是选择包含不确定性信息量大的样例. 不确定性的度量方法不同, 可得到不同的准则, 下面介绍几种常用的不确定性样例选择准则.

(1) 最小置信度准则

这种准则用概率学习模型计算或估计样例的后验概率, 并按下面的最小置信度准则 [19] 选择样例, 即

$$x^* = \underset{x}{\operatorname{argmax}}\{1 - P_\theta(\hat{y}|x)\} \tag{2.8}$$

其中, θ 是某种概率学习模型; $\hat{y} = \underset{y}{\operatorname{argmax}}\{P_\theta(y|x)\}$, 即 $\hat{y}$ 是用概率学习模型 θ 得到的具有最大后验概率的类标.

(2) 最大熵准则

这种准则用信息熵度量样例的不确定性, 并按下面的最大熵准则 [18] 选择样例, 即

$$x^* = \underset{x}{\operatorname{argmax}}\left\{-\sum_i P_\theta(y_i|x)\log_2 P_\theta(y_i|x)\right\} \tag{2.9}$$

其中, y_i 表示样例的类标.

(3) 投票熵准则

这种准则用投票熵 [20] 度量样例的不确定性, 也可以用 K-L 散度 [21] 度量. 以投票熵作为不确定性度量, 按下面的准则选择样例, 即

$$x^* = \underset{x}{\mathrm{argmax}}\left\{ -\sum_i \frac{V(y_i)}{|C|}\log_2 \frac{V(y_i)}{|C|} \right\} \tag{2.10}$$

其中, C 表示由若干个概率学习模型组成的委员会; $|C|$ 表示委员会中的委员数; $V(y_i)$ 表示类标 y_i 得到的投票数.

以 K-L 散度作为不确定性度量, 按下面的准则选择样例, 即

$$x^* = \underset{x}{\mathrm{argmax}}\left\{ \frac{1}{|C|}\sum_{c=1}^{|C|} D\left(P_{\theta^{(c)}} \parallel P_C\right) \right\} \tag{2.11}$$

其中

$$D\left(P_{\theta^{(c)}} \parallel P_C\right) = \sum_i P_{\theta^{(c)}}(y_i|x)\log_2 \frac{P_{\theta^{(c)}}(y_i|x)}{P_C(y_i|x)} \tag{2.12}$$

式 (2.11) 中, $\theta^{(c)}$ 表示委员会中第 c 个模型.

在式 (2.12) 中, $P_C(y_i|x)$ 的定义为

$$P_C(y_i|x) = \frac{1}{|C|}\sum_{c=1}^{|C|} P_{\theta^{(c)}}(y_i|x) \tag{2.13}$$

2. 期望误差减少准则

期望误差减少准则 [18] 的基本思想是估计学习模型在测试集 T 上的期望误差, 设 D 是训练集, $D\bigcup(x,y)$ 是在 D 中加入样例 (x,y) 得到的新的训练集. 期望误差减少准则按下面的公式选择样例, 即

$$x^* = \underset{x}{\mathrm{argmax}}\left\{ \sum_i P_\theta(y_i|x)\sum_{t=1}^{|T|}\left(1 - P_{\theta^{+(x,y_i)}}\left(\hat{y}|x^{(t)}\right)\right) \right\} \tag{2.14}$$

其中, $|T|$ 表示测试集中包含的样例个数; $\theta^{+(x,y_i)}$ 表示将样例 (x,y_i) 加入训练集 D 后, 重新训练得到的概率学习模型.

3. 一致性准则

这种准则是以样例对一致性的贡献作为样例重要性的度量, 其核心概念是最近异类近邻子集 (nearest unlike neighbor subset, NUNS)[22]. 给定数据集 $D = \left\{(x_i,y_i)|x_i \in \mathbf{R}^d, y_i \in \{1,2,\cdots,k\}\right\}(i=1,2,\cdots,n)$, x_i 的最近异类近邻子集 NUNS (x_i) 定义为

$$\mathrm{NUNS}(x_i) = \left\{ x_j | j = \underset{j}{\mathrm{argmin}}\{d(x_i,x_j)\}, j \neq i, y_j \neq y_i \right\} \tag{2.15}$$

其中, $d(x_i, x_j)$ 表示样例 x_i 和 x_j 之间的欧氏距离.

样例 x_i 到它的最近异类近邻子集 $\mathrm{NUNS}(x_i)$ 之间的距离 NUNSdis 定义为

$$\mathrm{NUNSdis}(x_i) = d(x_i, \mathrm{NUNS}(x_i)) \tag{2.16}$$

样例 x_i 比距离 $\mathrm{NUNS}(x_i)$ 中的样例更近的近邻定义为

$$\mathrm{neighbor}(x_i) = \{x_j | d(x_i, x_j) < \mathrm{NUNSdis}(x_i), j = 1, 2, \cdots, n\} \tag{2.17}$$

容易看出, 集合 $\mathrm{neighbor}(x_i)$ 中的样例都与 x_i 具有相同的类别. 例如, 如图 2.4 所示是一个有 6 个样例两类问题的例子, 其中正类和负类各有 3 个样例, 分别用符号 “+” 和 “_” 表示.

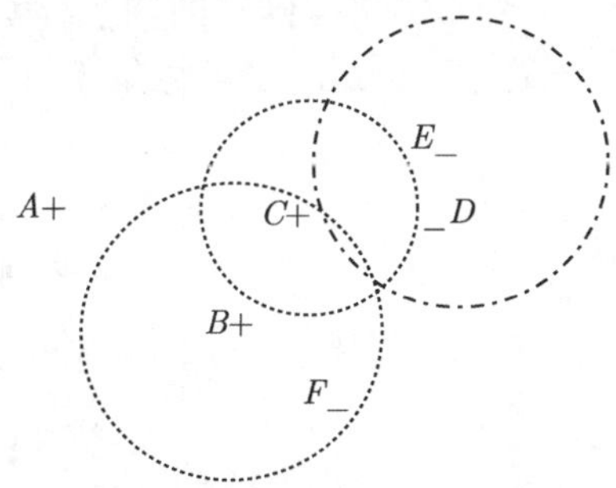

图 2.4 样例的异类近邻子集

显然, 6 个样例的最近异类近邻分别为

$$\mathrm{NUNS}(A) = \{D\}, \quad \mathrm{NUNS}(B) = \{F\}, \quad \mathrm{NUNS}(C) = \{D\}$$
$$\mathrm{NUNS}(D) = \{C\}, \quad \mathrm{NUNS}(E) = \{C\}, \quad \mathrm{NUNS}(F) = \{B\}$$

相应地, 6 个样例的比距离最近异类近邻子集中的样例更近的近邻分别为

$$\mathrm{neighbor}(A) = \{A, B, C\}, \quad \mathrm{neighbor}(B) = \{B, C\}, \quad \mathrm{neighbor}(C) = \{C\}$$
$$\mathrm{neighbor}(D) = \{D, E\}, \quad \mathrm{neighbor}(E) = \{D, E\}, \quad \mathrm{neighbor}(F) = \{F\}$$

样例 x_i 的重要度定义为

$$\mathrm{significance}(x_i) = |\mathrm{voter}(x_i)| \tag{2.18}$$

其中, $\mathrm{voter}(x_i) = \{x_j | x_i \in \mathrm{neighbor}(x_j)\}$.

对于上面的例子, 相应的 $\mathrm{voter}(x_i)$ 分别为

$$\mathrm{voter}(A) = \{A\}, \quad \mathrm{voter}(B) = \{A, B\}, \quad \mathrm{voter}(C) = \{A, B, C\}$$
$$\mathrm{voter}(D) = \{D, E\}, \quad \mathrm{voter}(E) = \{D, E\}, \quad \mathrm{voter}(F) = \{F\}$$

显然, 样例 C 的重要度最大, 它最重要. 最小一致子集样例选择算法 (minimal consistent subset, MCS)[22] 就是用这种度量标准来选择样例, 生成最小一致子集.

基于最近异类近邻子集的概念, 还可以定义另一种样例重要性的度量. 这种度量的核心概念是可达集和覆盖集.

样例 x_i 的可达集 reacherable(x_i) 的定义为

$$\text{reacherable}(x_i) = \{x_j | d(x_i, x_j) < \text{NUNSdis}(x_i)\} \tag{2.19}$$

样例 x_i 的覆盖集 coverage(x_i) 的定义为

$$\text{coverage}(x_i) = \{x_j | d(x_j, x_i) < \text{NUNSdis}(x_j)\} \tag{2.20}$$

如图 2.5 所示是一个有 5 个样例两类问题的例子, 其中空心圆表示的 A, B, C 是一类, 实心圆表示的是另一类. 图 2.5(a) 是可达集示意图, 图 2.5(b) 是覆盖集示意图.

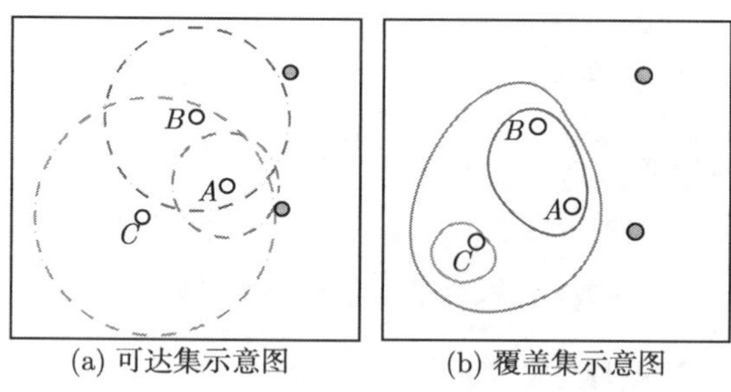

(a) 可达集示意图 (b) 覆盖集示意图

图 2.5 可达集和覆盖集示意图

对图 2.5(a), 有

$$\text{reacherable}(A) = \{A\}$$
$$\text{reacherable}(B) = \{A, B\}$$
$$\text{reacherable}(C) = \{A, B, C\}$$

对图 2.5(b), 有

$$\text{coverage}(A) = \{A, B, C\}$$
$$\text{coverage}(B) = \{B, C\}$$
$$\text{coverage}(C) = \{C\}$$

样例 x_i 的重要性可用 $|\text{reacherable}(x_i)|$ 度量, $|\text{reacherable}(x_i)|$ 的值越大, 样例 x_i 越重要. 样例 x_i 的重要性也可用 $|\text{coverage}(x_i)|$ 度量, $|\text{coverage}(x_i)|$ 的值越小, 样例 x_i 越重要.

2.3.3 算法的基本思想

交叉样例选择算法 [23] 是一种典型的分治算法, 它是受 n 折交叉验证方法的启发提出的. 其基本思想可描述如下: 首先, 将数据集 S 随机划分为 n 个子集 $S_1, S_2, \cdots, S_n$, 对于每一个子集 $S_i(1 \leqslant i \leqslant n)$, 用其他的 $n-1$ 个子集分别训练分类器, 组成一个委员会 C. 然后, 用该委员会评判子集 S_i 中样例的重要性, 并从 S_i 中选择样例. 将各个子集选择的样例合并在一起, 是一次交叉选择得到的样例子集. 如果选择的样例子集满足预定义的停止条件, 则算法停止; 否则, 重复此过程. 从子集 S_i 中选择样例的过程如图 2.6 所示.

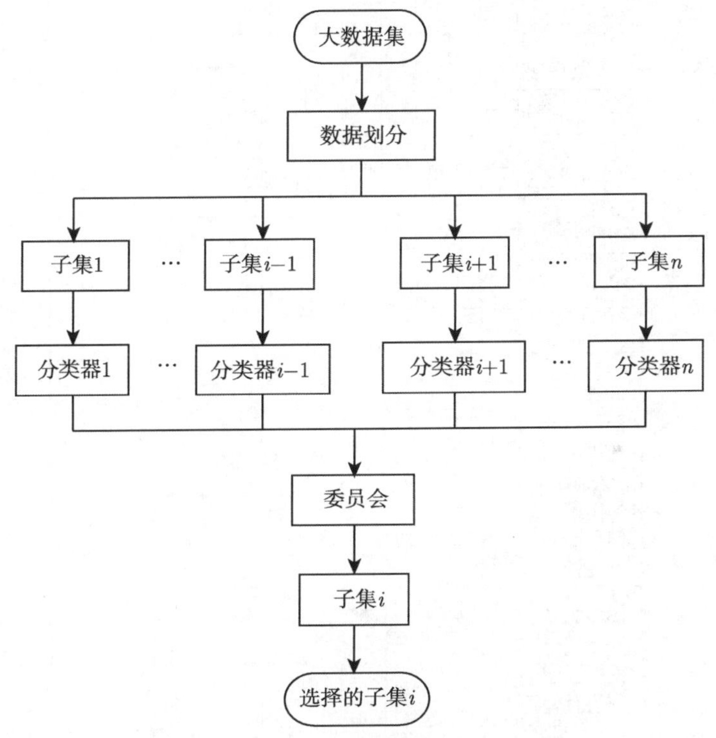

图 2.6 从子集 S_i 中选择样例的示意图

例 2.3.1 试举一个示意性的例子说明算法的执行过程.

下面通过一个示意性的例子, 说明交叉样例选择算法的执行过程. 设 $S = \{01, 02, \cdots, 50\}$, $n = 5$, 则一次交叉样例选择要循环 5 次. 每一次循环, 首先随机将 S 划分成 5 个子集; 然后用其中的 4 个子集训练 4 个分类器; 4 个训练好的分类器组成一个委员会, 并用某种样例选择准则 (如投票熵、K-L 散度) 从另外一个子集中选择重要的样例. 一次交叉样例选择完成后, 算法从 S 中选择出一个样例子集. 一次交叉样例选择的过程如图 2.7 所示.

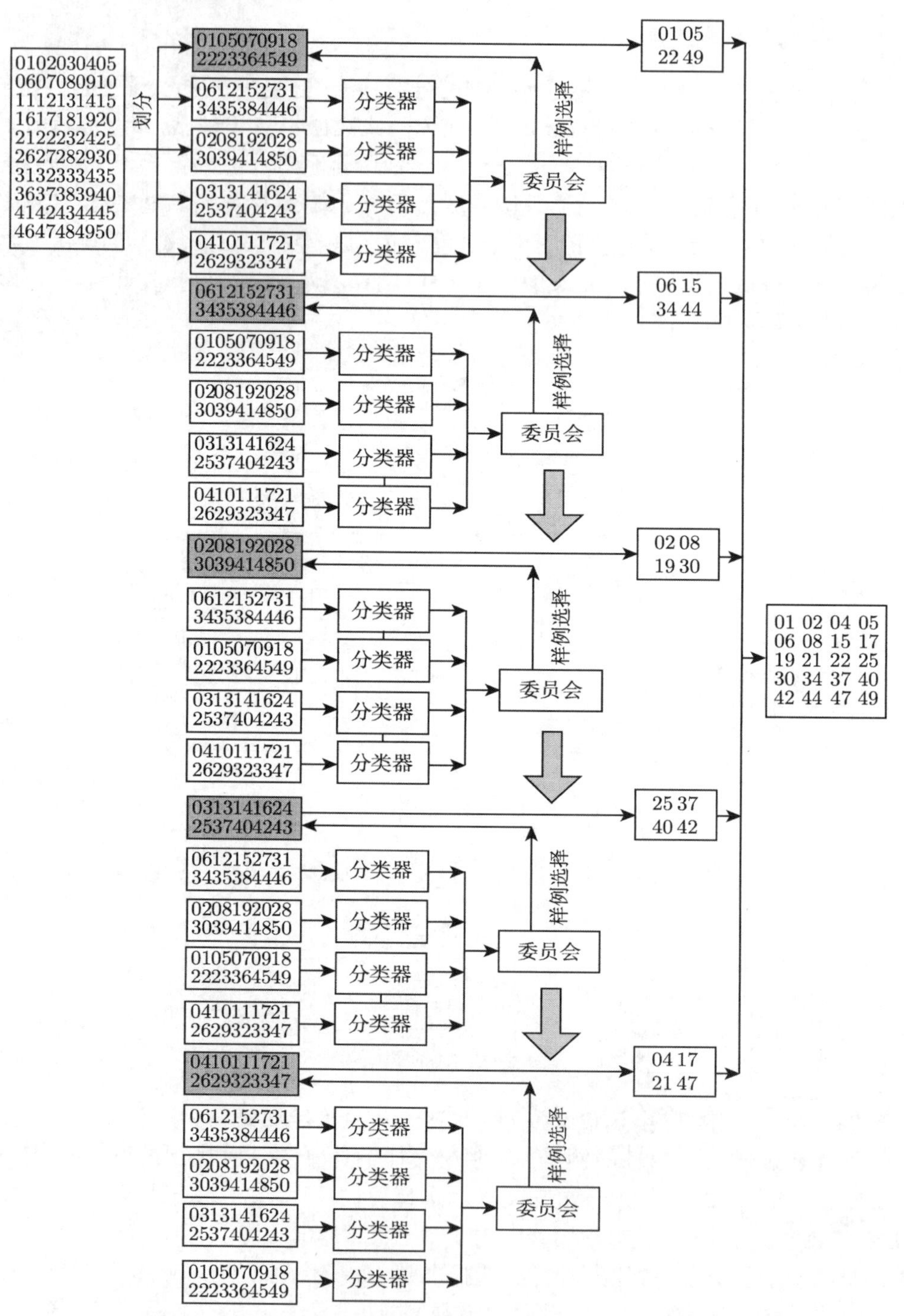

图 2.7　一次交叉样例选择过程的示意图

2.3.4 交叉样例选择算法

本节详细介绍这一算法, 包括分类器与样例选择准则的选择和算法的停止条件及算法描述.

1. 分类器与样例选择准则的选择

分类器选择与样例选择准则紧密相关. 因为交叉样例选择算法是用委员会选择样例, 所以样例选择准则可以选择投票熵, 也可以选择 K-L 散度. 如果选择投票熵作为样例选择准则, 那么任何一种分类器都可以用于该算法. 如果选择 K-L 散度作为样例选择准则, 那么必须选择输出为后验概率的分类器. 下面以概率极限学习机网络作为分类器, K-L 散度作为样例选择准则, 详细介绍交叉样例选择算法.

(1) 极限学习机

极限学习机 (extreme learning machine, ELM)[24-26] 是一种训练单隐含层前馈神经网络 (single-hidden layer feed-forward neural networks, SLFNs) 的算法. SLFNs 的结构如图 2.8 所示.

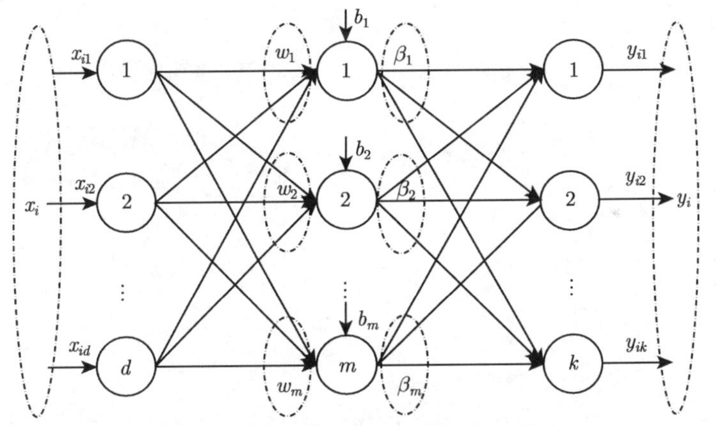

图 2.8 单隐含层前馈神经网络

在图 2.8 中, 输入层结点只接收外部的输入, 所有结点都没有求和功能, 也没有激活函数. 如果输入数据 (样例)$\boldsymbol{x} \in R^d$, 那么输入层包含 d 个结点, 每一个结点对应输入向量 $\boldsymbol{x}$ 的一个分量.

隐含层结点接收输入层结点的输出, 所有结点都有求和功能, 也都有激活函数和偏置. 而且激活函数 $g(\cdot)$ 一般是 Sigmoid 函数, 即 $g(x) = \dfrac{1}{1+\mathrm{e}^x}$. 隐含层结点个数 m 的确定没有明确的方法, 但是通常 $m > d$. 隐含层第 j 个结点的结构如图 2.9 所示, 若输入为 $\boldsymbol{x}_i$, 则输出为 $h_{ij} = g\left(\sum\limits_{s=1}^{d} x_{is} w_{js} + b_j\right)$.

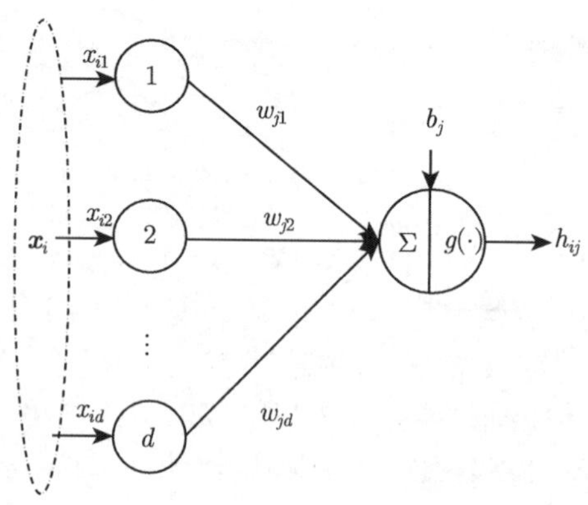

图 2.9 隐含层第 j 个结点的结构示意图

输出层结点接收隐含层结点的输出, 所有结点都有求和功能, 但都没有激活函数, 也没有偏置. 如果 SLFNs 用于解决 k 类分类问题, 那么输出层包含 k 个结点, 每一个结点对应一个类别. 输出层第 j 个结点的结构如图 2.10 表示, 若输入为 $\boldsymbol{x}_i$, 则输出为 $y_{ij} = \sum_{t=1}^{m} h_{it}\beta_{jt}$.

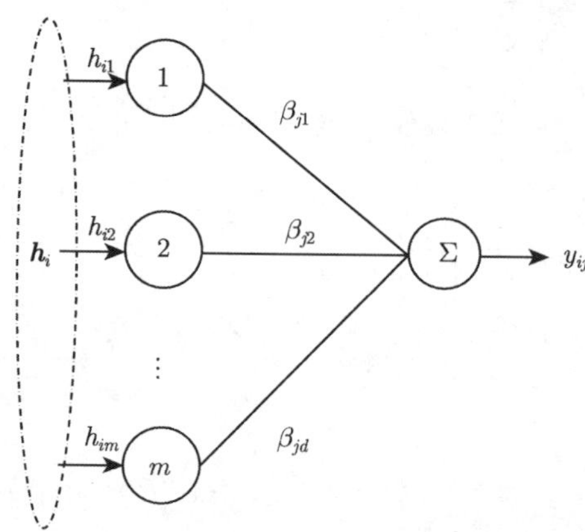

图 2.10 输出层第 j 个结点的结构示意图

SLFNs 的训练算法就是通过给定的数据 (样例), 按着某种原则, 如均方误差最小化原则, 确定输入层和隐含层之间及隐含层和输出层之间的权值和隐含层结点的偏置. ELM 就是一种训练 SLFNs 的算法, 其思想简单、易于理解、容易实现. 用 ELM 算法训练的单隐含层前馈神经网络, 也称为极限学习机网络. 用极限学习机网络解决 k 类分类问题时, 网络的输出层有 k 个结点. 用训练好的极限学习机网络对新样例 x 进行分类时, 将 x 输入到极限学习机网络中, 得到 k 个结点的输出值, 它们均是 [0, 1] 中的值. 如果第 $j(1 \leqslant j \leqslant k)$ 个结点的值最大, 那么就将 x 分为第

j 类. 下面简单介绍极限学习机网络的训练, 即 ELM 算法. ELM 随机生成输入层的权值和隐含层结点的偏置, 用分析的方法确定输出层的权值.

给定训练集 $S=\{(\boldsymbol{x}_i,\boldsymbol{y}_i)|\boldsymbol{x}_i\in\mathbf{R}^d,\boldsymbol{y}_i\in\mathbf{R}^k,i=1,2,\cdots,n\}$. $\boldsymbol{x}_i$ 是 d 维输入向量, $\boldsymbol{y}_i$ 是 k 维目标向量. 具有 m 个隐含层结点的 SLFNs 可表示为

$$f(\boldsymbol{x}_i)=\sum_{j=1}^{m}\boldsymbol{\beta}_j g(\boldsymbol{w}_j\cdot\boldsymbol{x}_i+b_j),\quad i=1,2,\cdots,n \tag{2.21}$$

其中, $\boldsymbol{w}_j=(w_{j1},w_{j2},\cdots,w_{jd})^{\mathrm{T}}$ 是输入层结点到隐含层第 j 个结点的权向量; b_j 是隐含层第 j 个结点的偏置, 在 ELM 中 $\boldsymbol{w}_j$ 和 b_j 是随机生成的; $\boldsymbol{\beta}_j=(\boldsymbol{\beta}_{j1},\boldsymbol{\beta}_{j2},\cdots,\boldsymbol{\beta}_{jm})^{\mathrm{T}}$ 是隐含层第 j 个结点到输出层结点的权向量, $\boldsymbol{\beta}_j$ 可通过给定的训练集用最小二乘拟合来估计, $\boldsymbol{\beta}_j$ 应满足下式, 即

$$f(\boldsymbol{x}_i)-\sum_{j=1}^{m}\boldsymbol{\beta}_j g(\boldsymbol{w}_j\cdot\boldsymbol{x}_i+b_j)-y_i \tag{2.22}$$

可写成如下紧凑的形式, 即

$$\boldsymbol{H}\boldsymbol{\beta}=\boldsymbol{Y} \tag{2.23}$$

其中

$$\boldsymbol{H}=\begin{bmatrix} g(\boldsymbol{w}_1\cdot\boldsymbol{x}_1+b_1) & \cdots & g(\boldsymbol{w}_m\cdot\boldsymbol{x}_1+b_m)\\ \vdots & & \vdots\\ g(\boldsymbol{w}_1\cdot\boldsymbol{x}_n+b_1) & \cdots & g(\boldsymbol{w}_m\cdot\boldsymbol{x}_n+b_m)\end{bmatrix} \tag{2.24}$$

$$\boldsymbol{\beta}=(\boldsymbol{\beta}_1^{\mathrm{T}},\cdots,\boldsymbol{\beta}_m^{\mathrm{T}})^{\mathrm{T}} \tag{2.25}$$

$$\boldsymbol{Y}=(\boldsymbol{y}_1^{\mathrm{T}},\cdots,\boldsymbol{y}_n^{\mathrm{T}})^{\mathrm{T}} \tag{2.26}$$

$\boldsymbol{H}$ 是 SLFNs 的隐含层输出矩阵, 第 j 列是隐含层第 j 个结点相对于输入 $\boldsymbol{x}_1$, $\boldsymbol{x}_2,\cdots,\boldsymbol{x}_n$ 的输出, 它的第 i 行是隐含层相对于输入 $\boldsymbol{x}_i$ 的输出. 如果 SLFNs 的隐含层结点个数等于样例的个数, 那么矩阵 $\boldsymbol{H}$ 是可逆方阵. 此时, 用 SLFNs 能零误差逼近训练样例. 但一般情况下, SLFNs 的隐含层结点个数远小于训练样例的个数. 此时, $\boldsymbol{H}$ 不是一个方阵, 线性系统 (2.23) 也没有精确解, 但可以通过求解下列优化问题的最小范数最小二乘解来代替 (2.23) 的解, 即

$$\min_{\boldsymbol{\beta}}\|\boldsymbol{H}\boldsymbol{\beta}-\boldsymbol{r}\| \tag{2.27}$$

式 (2.27) 的最小范数最小二乘解可通过下式求得, 即

$$\hat{\boldsymbol{\beta}}=\boldsymbol{H}^{\dagger}\boldsymbol{r} \tag{2.28}$$

其中, $\boldsymbol{H}^{\dagger}$ 是矩阵 $\boldsymbol{H}$ 的 Moore-Penrose 广义逆矩阵.

ELM 算法的伪代码如算法 2.5 所示.

算法 2.5: ELM算法

输入: 训练集$S=\{(\boldsymbol{x}_i,\boldsymbol{y}_i)|\boldsymbol{x}_i\in\mathbf{R}^d,\boldsymbol{y}_i\in\mathbf{R}^k,i=1,2,\cdots,n\}$, 激活函数$g(\cdot)$, 隐含层结点个数$m$.

输出: 权矩阵$\boldsymbol{\beta}$.

for $(j=1;j\leqslant m;j++)$ **do**

　　随机生成输入层权值$\boldsymbol{w}_j$和隐含层结点的偏置b_j;

end

for $(i=1;i\leqslant n;i++)$ **do**

　　for $(j=1;j\leqslant m;j++)$ **do**

　　　　计算隐含层输出矩阵$\boldsymbol{H}$;

　　end

end

利用式(2.28)计算输出层权矩阵$\hat{\boldsymbol{\beta}}$;

输出$\hat{\boldsymbol{\beta}}$.

对极限学习机网络的输出进行软最大化处理, 得到的结果可以看作后验概率, 这种极限学习机网络称为概率极限学习机网络 (probabilistic ELM networks, PELMNs). 软最大化处理可表示为

$$p(w_k|x_i)=\frac{e^{y_{ij}}}{\sum\limits_{j=1}^{k}e^{y_{ij}}} \tag{2.29}$$

(2) 样例选择准则

交叉选择样例算法用 K-L 散度度量样例的重要性, 它是一个随机变量的两个概率分布之间相似性的度量. 设 $p(x)$ 和 $q(x)$ 是随机变量 X 的两个概率密度函数, $p(x)$ 和 $q(x)$ 之间的 K-L 散度定义为

$$D(p|q)=\sum_{x\in V}p(x)\log\frac{p(x)}{q(x)} \tag{2.30}$$

在 K-L 散度的计算中, 假定 $0\log_2\frac{0}{0}=0$, $0\log_2\frac{0}{q}=0$, $p\log_2\frac{p}{0}=\infty$.

设 $\mathrm{PELMN}_1,\mathrm{PELMN}_2,\cdots,\mathrm{PELMN}_n$ 是训练好的 n 个分类器, 它们构成一个

委员会 C, 则样例选择的准则可描述为

$$x^* = \underset{x}{\operatorname{argmax}} \{\operatorname{avg}(D(P_{\mathrm{PELMN}_i}|P_C))\} \tag{2.31}$$

其中

$$\operatorname{avg}(D(P_{\mathrm{PELMN}_i}|P_C)) = \frac{1}{n}\sum_{i=1}^{n} D(P_{\mathrm{PELMN}_i}|P_C) \tag{2.32}$$

$$D(P_{\mathrm{PELMN}_i}|P_C) = \sum_{j=1}^{k} P_{\mathrm{PELMN}_i}(w_j|x)\log_2 \frac{P_{\mathrm{PELMN}_i}(w_j|x)}{P_C(w_j|x)} \tag{2.33}$$

$$P_C(w_j|x) = \frac{1}{n}\sum_{i=1}^{n} P_{\mathrm{PELMN}_i}(w_j|x) \tag{2.34}$$

2. 算法的停止条件及算法描述

算法的停止条件是用独立的验证集, 验证用选择的样例子集训练出的分类器的验证精度, 当验证精度达到给定阈值时, 算法停止.

以概率极限学习机作为分类器, 以 K-L 散度作为样例重要性度量的交叉选择样例算法的伪代码如算法 2.6 所示.

算法 2.6: 交叉选择样例算法ELM-KL

输入: 原始数据集S, 划分数n, 每次循环选择的样例数q, 阈值n_0.
输出: 选择的样例子集S'.
划分数据集S为训练集T, 验证集V;
划分训练集T为n个互不相交的子集$S_1, S_2, \cdots, S_n$;
令$\text{count} = 0$, $S' = \varnothing$;
for (each $S_i (1 \leqslant i \leqslant n)$) **do**
  用其他的$n-1$个样例子集分别训练概率极限学习机网络$\mathrm{PELMN}_j (j \neq i)$, $n-1$个概率极限学习机网络组成一个委员会C;
end
for (each $x \in S_i (1 \leqslant i \leqslant n)$) **do**
  for (each $\omega_j (1 \leqslant j \leqslant k)$) **do**
    用式(2.34)计算样例x关于委员会C属于类别j的后验概率$P_C(w_j|x)$;
  end
end
for (each $\mathrm{PELMN}_i \in C$) **do**

　　用式(2.33)计算K-L散度$D(P_{\text{PELMN}_i}|P_C)$;
end
用式(2.32)计算委员会的平均K-L散度$\text{avg}(D(P_{\text{PELMN}_i}|P_C))$;
用式(2.31)选择q个具有最大K-L散度的样例, 组成子集S_t;
用样例子集$S' \cup S_t$训练一个极限学习机网络分类器;
计算极限学习机网络分类器在验证集V上的验证精度$V_a(S' \cup S_t)$;
if $(V_a(S' \cup S_t) > V_a(S'))$ **then**
　　$S' = S' \cup S_t$;
　　$\text{count} = 0$;
else
　　$\text{count} = \text{count} + 1$;
end
计算$T = T - S_t$;
if $(\text{count} \geqslant n_0)$ **then**
　　输出S';
else
　　转4;
end

2.4　大数据 K-近邻算法

众所周知, 人类已经进入大数据时代. 大数据给传统的数据挖掘带来巨大的挑战, 传统的数据挖掘算法都属于内存算法. 换句话说, 从数据中挖掘规律和规则时, 需要把数据加载到内存中. 但是, 大数据的大小远超过内存的容量, 内存容纳不下大数据. 因此, 面对大数据环境, 传统的数据挖掘算法变得不可行. 分治策略是解决这一问题的有效手段, 本节介绍基于分治策略的大数据 K-近邻算法. 内容包括大数据概述 [27-30]、大数据处理系统 Hadoop 简介 [31-33]、K-近邻算法及基于分治策略的大数据 K-近邻算法 [34].

2.4.1　大数据概述

狭义地讲, 大数据就是海量数据, 是指大小超过一定量级 (如超过计算机内存容量) 的数据. 美国著名的麦肯锡咨询公司, 也是较早研究大数据的公司之一, 给出的大数据定义为: “大数据是指大小超出常规软件获取、存储、管理和分析能力的数据”. 上面的定义只考虑大数据的量级, 没有考虑大数据的其他特征. 广义地讲, 大数据不只是量大的数据, 还有其他的特征. IBM 公司给出的大数据定义为 [29]: “大数据是指具有数据量大 (volume)、类型多样 (variety)、时效性高 (velocity)、价值密度低 (value) 和具有真实性 (veracity)‘5V’ 特征 (图 2.11) 的数据”.

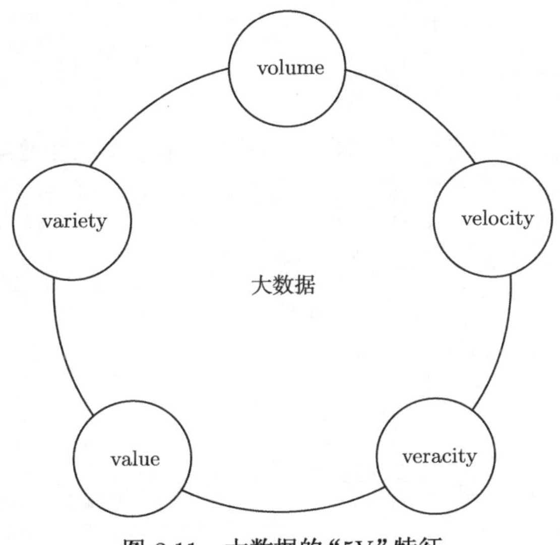

图 2.11 大数据的“5V”特征

比较详细的 “5V” 特征的含义描述如下.

volume是指数据量大, 即所谓的海量. 数据的量级已从 TB(2^{10}GB) 级别转向 PB(2^{10}TB) 量级, 正在向 ZB(2^{10}PB) 量级转变.

variety是指数据类型多种多样. 数据可能是结构化数据 (如表结构的数据), 也可能是无结构化数据 (如文档数据), 还可能是半结构化数据 (如 Web 网页数据). 数据的表现形式呈现为多种模态, 如音频、视频、日志等.

velocity是指数据时效性高. 随着数据存储、计算机网络、云计算等技术的快速发展, 数据呈爆炸式快速增长, 新数据不断涌现, 快速增长的数据量要求数据处理的速度也要快. 这样才能使大量的数据得到有效的利用; 否则, 数据就会失去其应用价值. 很多大数据都需要在一定时间内及时处理, 如电子商务大数据.

value是指数据的价值密度低. 以监控视频大数据为例, 在连续不间断的视频中, 对特定应用 (如跟踪罪犯) 有用的数据可能只是其中的一两帧. 显而易见, 应用数据挖掘技术, 从价值密度低的大数据中, 挖掘出有价值的知识具有重要的应用价值.

veracity是指数据的真实性. 数据的重要性体现在其应用价值, 数据的规模并不能决定其是否有应用价值. 数据的真实性是保证能挖掘到具有应用价值或潜在应用价值的规律或规则的重要因素.

本书不是大数据的专著, 我们只关注大数据的海量特征, 介绍分治策略在大数据挖掘中的应用及作者所在团队提出的一种大数据样例选择算法. 实际上, 大数据处理系统 Hadoop 的重要组件之一 MapReduce 的设计思想就是“分而治之”. 下面简单介绍大数据处理系统 Hadoop.

2.4.2 大数据处理系统 Hadoop 简介

Hadoop 是 Apache 软件基金会旗下的一个开源分布式计算平台 [33], 是目前应用最广泛的大数据处理系统. Hadoop 由许多组件构成, 用于完成不同的大数据处理功能, 如图 2.12 所示.

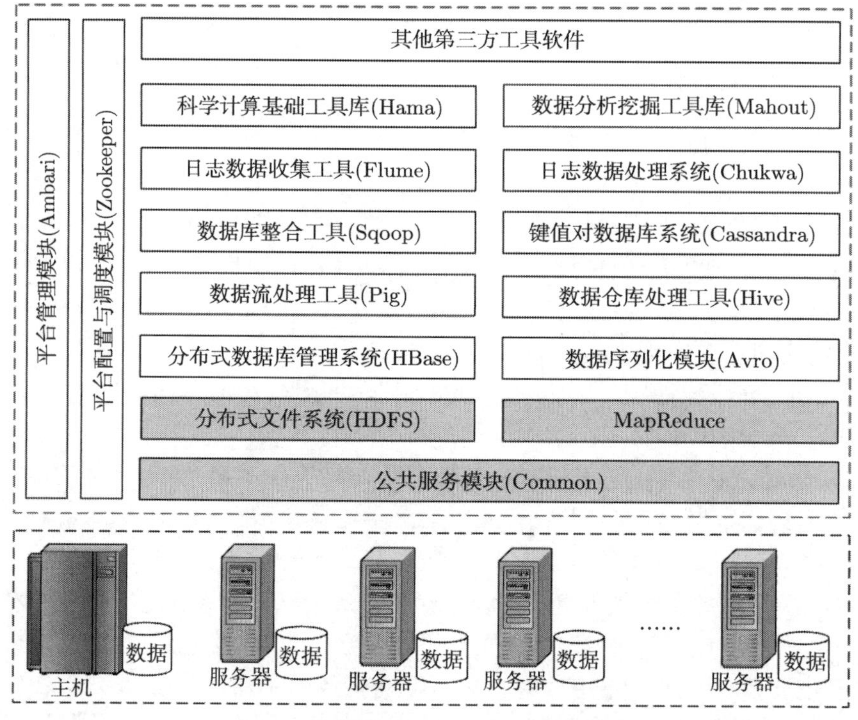

图 2.12 Hadoop 系统的构成组件

Hadoop 功能强大, 能够让用户轻松架构和使用. Apache 的官方网站为用户提供了丰富的开源资源 (http://hadoop.apache.org/), 2016 年 8 月 25 日 Apache 发布了Hadoop 2.7.3 版本. 用户可以轻松地在 Hadoop 上开发处理海量数据的应用程序, 当然必须以大数据处理算法为基础. Hadoop 具有以下特点 [33].

① 高可靠性. Hadoop 存储和处理数据的能力非常强.

② 高扩展性. Hadoop 是在可用的计算机组成的集群间分配数据, 完成计算任务. 这些集群可以方便地扩展到数以千计的计算节点中.

③ 高效率性. Hadoop 能够在节点之间动态地移动数据, 以保证各个节点的动态平衡, 因此处理速度非常快.

④ 高容错性. Hadoop 能够自动保存数据的多个副本, 并且能够自动将失败的任务重新分配.

从图 2.12 可以看出, Hadoop 的基本构成组件包括公共服务模块、分布式文件系统 (hadoop distributed file system, HDFS) 和 MapReduce. 下面仅介绍与本节内容紧密相关的 MapReduce, 其他内容有兴趣的读者可参考文献 [33].

MapReduce[33] 是针对大数据处理的一种并行编程框架, 基本思想包括以下三个方面.

① MapReduce 采用分治策略自动地将大数据集划分为若干子集, 并将这些子集部署到不同的云计算节点上, 并行地对数据子集进行处理.

② 基于函数编程语言 LISP 的思想, MapReduce 提供了两个简单易行的并行编程方法: Map 和 Reduce, 用它们去实现基本的并行计算.

③ 许多系统级的处理细节 MapReduce 能自动完成, 包括如下细节.

第一, 计算任务的自动划分和自动部署.

第二, 自动分布式存储处理的数据.

第三, 处理数据和计算任务的同步.

第四, 对中间处理结果数据的自动聚集和重新划分.

第五, 云计算节点之间的通信.

第六, 云计算节点之间的负载均衡和性能优化.

第七, 云计算节点的失效检查和回复.

MapReduce 处理数据的流程如图 2.13 所示.

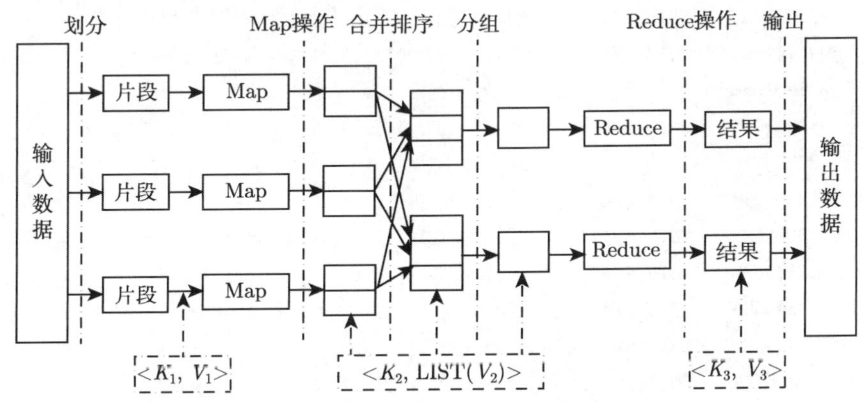

图 2.13 MapReduce 处理数据的流程图

从 MapReduce 的名称和图 2.13 可以看出, MapReduce 由 Map 和 Reduce 两个阶段构成. 用户只需完成这两个函数的设计, 即可完成相应的任务.

Map 函数的输入是一系列键值对, 用 $< K_1, V_1 >$ 表示. 其输出也是一系列键值对, 把每一个键及与之关联的值组成一个列表, 这一过程称为数据重排 (Shuffle), 重排的结果用 $< K_2, \mathrm{List}(V_2) >$ 表示.

Reduce 函数的输入是 $< K_2, \mathrm{List}(V_2) >$, 其输出是另一系列键值对, 用 $< K_3, V_3 >$ 表示.

下面通过一个例子, 说明 MapReduce 数据处理的分治过程及不同键值对的含义.

例 2.4.1 给定移动通信大数据, 表 2.1 是这种大数据的一个片段, 统计服务号码的流量.

表 2.1 移动通信流量数据片段

序号	服务号码	日期	起始时间	网络类型	时长	流量/KB
01	13833009718	2016/8/1	0:04:14	LTETD	8 小时 0 分 0 秒	44
02	13833009718	2016/8/1	7:04:14	LTETD	16 小时 8 分 16 秒	110
03	13833009718	2016/8/2	0:12:30	LTETD	8 小时 0 分 0 秒	52
04	13733395639	2016/8/2	7:12:30	LTETD	16 小时 19 分 38 秒	30674
05	13733395639	2016/8/3	0:49:11	LTETD	8 小时 28 分 32 秒	113
06	13733395639	2016/8/3	7:49:11	LTETD	13 小时 36 分 45 秒	160
07	13733395639	2016/8/4	0:31:49	LTETD	6 小时 32 分 12 秒	50
08	13833009718	2016/8/4	7:04:01	LTETD	30 分 3 秒	339
09	13833009718	2016/8/4	7:34:04	GSM	4 分 42 秒	1
10	15931261966	2016/8/4	7:43:00	GSM	6 分 0 秒	84
11	15931261966	2016/8/4	7:49:21	LTETD	13 分 19 秒	1
12	15931261966	2016/8/4	8:15:11	LTETD	4 小时 42 分 27 秒	10145
13	15931261966	2016/8/4	12:57:38	LTETD	1 小时 12 分 27 秒	10439
14	15931261966	2016/8/4	13:18:33	TD	5 分 21 秒	6
15	15931261966	2016/8/4	14:16:34	LTETD	3 分 55 秒	311
16	13833009718	2016/8/4	14:20:29	GSM	2 分 12 秒	20
17	13833009718	2016/8/4	14:20:46	LTETD	3 分 7 秒	631
18	13733395639	2016/8/4	14:28:26	LTETD	35 分 23 秒	96
19	13733395639	2016/8/4	15:03:49	TD	1 分 49 秒	18
20	13733395639	2016/8/4	15:05:38	LTETD	8 小时 2 分 40 秒	121
21	13733395639	2016/8/4	23:20:14	LTETD	41 分 53 秒	2
22	13833009718	2016/8/5	0:02:07	LTETD	7 小时 31 分 30 秒	160
23	13833009718	2016/8/5	7:33:37	LTETD	5 小时 0 分 38 秒	212

续表

序号	服务号码	日期	起始时间	网络类型	时长	流量/KB
24	13833009718	2016/8/5	12:34:56	LTETD	3 小时 13 分 24 秒	57
25	13733395639	2016/8/5	15:48:20	GSM	22 秒	1
26	13733395639	2016/8/5	15:58:06	LTETD	5 小时 31 分 45 秒	51
27	15931261966	2016/8/5	23:29:51	LTETD	38 分 39 秒	6
28	15931261966	2016/8/6	0:08:30	LTETD	7 小时 25 分 30 秒	40
29	13733395639	2016/8/6	7:34:00	LTETD	13 小时 55 分 57 秒	105
30	13833009718	2016/8/7	0:00:00	LTETD	6 小时 0 分 0 秒	32

下面我们通过这个例子, 详细解释用 MapReduce 如何解决流量统计问题. 首先, 将大数据集划分为若干子集, 这一过程实际上是分治. 为描述方便, 我们假定将表 2.1 所示的数据集按序号顺序划分成 3 个子集, 每个子集 10 条记录. 3 个子集并行地由 3 个 Map 节点处理, Map 函数的输入是键值对. 在这个例子中, K_1 是每条记录的字节偏移量, V_1 是每一条记录的内容. Map 函数的功能是从每一条记录中分割出服务号码 (K_2) 及对应的流量 (V_2). 接下来, 对得到的这些 $< K_2, V_2 >$ 进行合并、排序和分组, 这些操作都由 MapReduce 自动完成, 不需要用户参与. 这一步完成后, 得到按 K_2 分组的 $< K_2, \mathrm{List}(V_2) >$, 分组个数决定了 Reduce 节点的个数. 假定有 3 个 Reduce 节点, 3 个 Reduce 节点并行地对同一服务号码对应的流量求和, 求和完成后, 就可以得到最终的结果. MapReduce 的执行过程如图 2.14 所示.

下面给出 Map 和 Reduce 这两个函数的伪代码.

算法 2.7: Map(k_1, v_1)

输入: $< k_1, v_1 >$.
输出: $< k_2, v_2 >$.
// 获取一个字符串数组;
String[] splited = v_1.toString().split(" ");
// 获取服务号码;
String str1 = splited[1];
// 获取流量;
String str2 = splited[8];
// 结果输出到HDFS中;
context.write(new Text(str1), new LongWritable(Long.parseLong(str2)));
输出 $< k_2, v_2 >$.

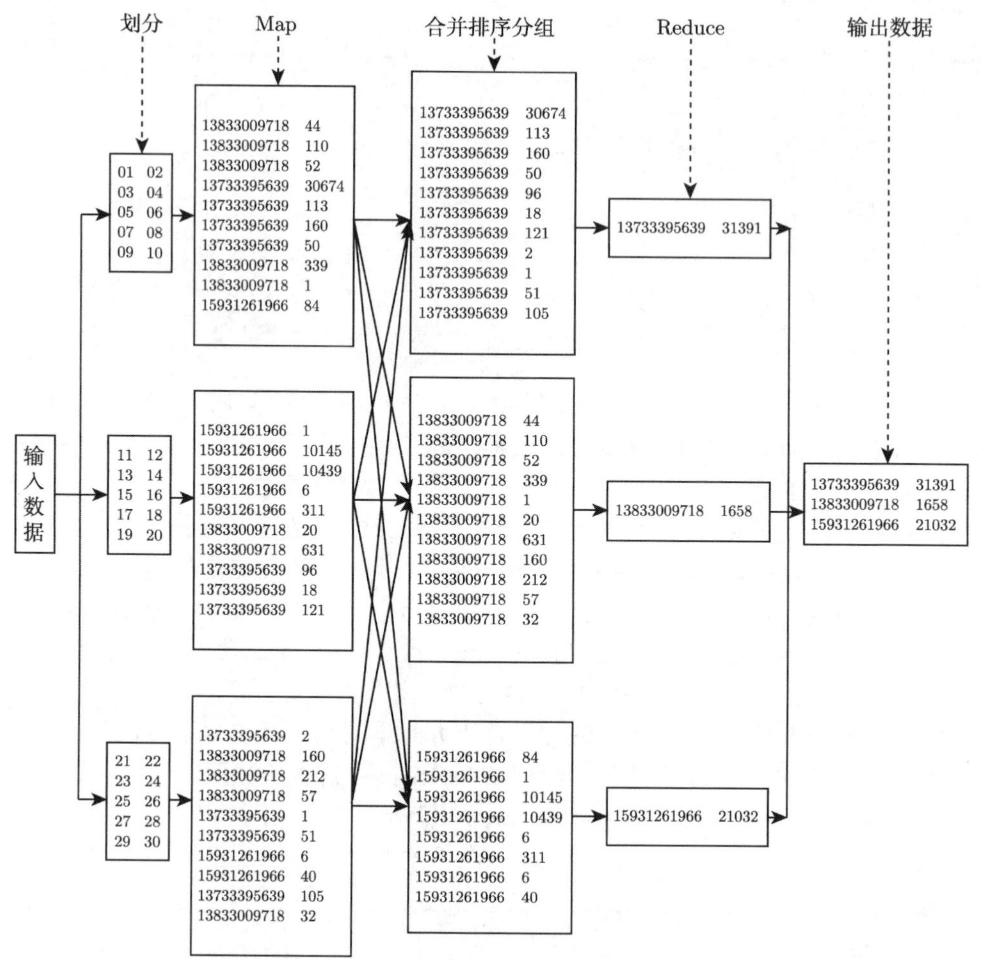

图 2.14　MapReduce 的执行过程示意图

2.4.3　K-近邻算法

K-近邻算法是著名的数据挖掘算法[8]. KNN 算法的思想非常简单, 对于给定的待分类样例 $\boldsymbol{x}$, 首先在训练集中寻找距离 $\boldsymbol{x}$ 最近的 K 个样例, 这 K 个样例也就是 $\boldsymbol{x}$ 的 K 个最近邻. 然后, 统计这 K 个样例的类别, 类别数最多的即为 $\boldsymbol{x}$ 的类别. 图 2.15 是 KNN 算法思想示意图.

在图 2.15 中, $K=9$, 训练集由二维空间的点 (样例) 构成, 每个点用两个属性 (或特征)a_1 和 a_2 描述. 这些样例分成两类, 正类样例用符号 “+” 表示, 负类样例用符号 “–” 表示. 实心的小圆是待分类样例 $\boldsymbol{x}$, 圆内的其他点是 $\boldsymbol{x}$ 的 9 个最近邻. 从图 2.15 可以看出, 在 $\boldsymbol{x}$ 的 9 个最近邻中, 有 7 个属于正类, 2 个属于负类, 所以

$\boldsymbol{x}$ 被分类为正类. KNN 算法的伪代码在算法 2.9 中给出.

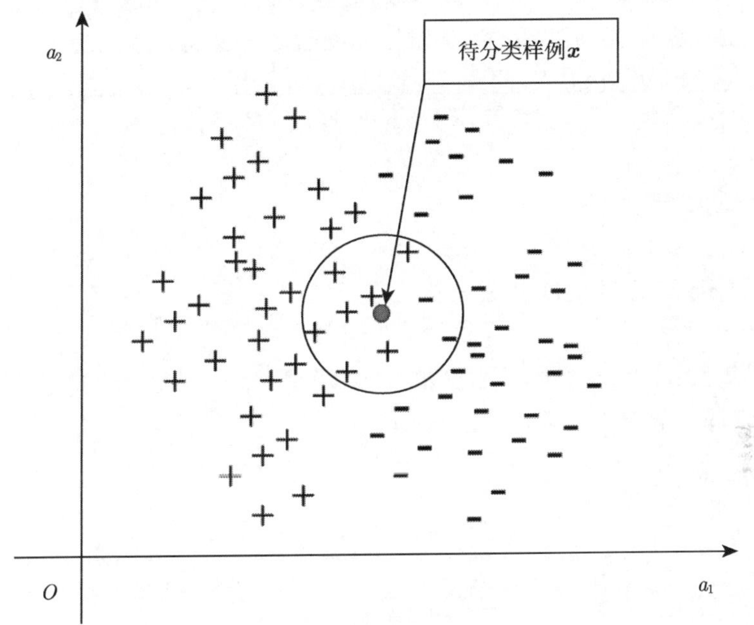

图 2.15 KNN 算法思想示意图

算法 2.8: Reduce(k_2, List(v_2))

输入: $< k_2, \text{List}(v_2) >$.
输出: $< k_3, v_3 >$.
long sum = 0;
// 本阶段中相同key的value放到了同一个集合中;
for (LongWritable v_2 : List(v_2)) **do**
  // 迭代相加;
  sum=sum+v_2.get();
end
// 结果输出到HDFS中;
context.write(k2, new LongWritable(sum));
输出$< k_3, v_3 >$.

下面我们分析 KNN 算法的计算时间复杂度. 从算法 2.9 可以看出, KNN 算法的计算代价主要体现在计算 $\boldsymbol{x}$ 与训练集 T 中每一个样例之间的距离上, 即算法 2.9

中的第 3-5 步, 这个 for 循环的计算时间复杂度为 $O(n)$. 显然, 第 6 步和第 7 步的计算时间复杂度均为 $O(1)$. 因此, KNN 算法的计算时间复杂度为 $O(n)$.

算法 2.9: KNN($\boldsymbol{x}, T, K$)

1 **输入:** 测试样例$\boldsymbol{x}$, 训练集$T = \{(\boldsymbol{x}_i, y_i) | \boldsymbol{x}_i \in R^d, y_i \in Y, 1 \leqslant i \leqslant n\}$, 参数$K$.
2 **输出:** $\boldsymbol{x}$的类标$y \in Y$.
3 **for** $(i = 1; i \leqslant n; i = i + 1)$ **do**
4 　计算$\boldsymbol{x}$到$\boldsymbol{x}_i$之间的距离$d(\boldsymbol{x}, \boldsymbol{x}_i)$;
5 **end**
6 在训练集T中选择$\boldsymbol{x}$的K个最近邻, 构成子集N;
7 计算$y = \underset{l \in Y}{\operatorname{argmax}} \sum_{\boldsymbol{x} \in N} I(l = \text{class}(\boldsymbol{x}))$;
8 //$I(\cdot)$是特征函数.
9 return y.

2.4.4　基于分治策略的大数据 K-近邻算法

可以看到, KNN 算法是计算时间复杂度为线性级的算法, 对于中小型数据集, 其效率是非常高的. 对于大数据集, 因为要计算待分类样例与训练集中每一个样例之间的距离, 其计算效率会急剧下降, 甚至变得不可行. 针对这一问题, 研究人员提出许多改进 KNN 算法性能的方法. 这些方法大致可分为降低训练集大小 (如样例选择、样例约简) 和加速近邻搜索两类 [34].

降低训练集大小的方法, 也称为样例选择或样例约简的方法. 压缩近邻算法 (condensed nearest neighbor, CNN)[35] 是第一个降低训练集大小的方法. CNN 算法的核心概念是一致样例子集. 给定训练集 T, 其样例子集 T' 是一致子集, 如果 T' 能正确分类 T 中所有的样例. 包含样例数最少的一致子集称为最小一致子集. CNN 算法试图寻找训练集的最小一致子集, 以降低训练集的大小. 但是, 用 CNN 算法选择的样例子集未必是最小一致子集. 此外, CNN 算法对噪声非常敏感, 其输出也与样例选择的顺序有关. 在 CNN 算法的基础上, 人们提出许多改进的算法. 例如, Gates[36] 提出约简近邻算法, Wilson[37] 提出的编辑近邻算法, Brighton 等 [38] 提出的迭代过滤算法等. 文献 [39] 对样例选择算法进行了全面综述, 很有参考价值.

在加速近邻搜索的方法中, 经典的方法是用近似最近邻方法代替精确最近邻, 简称近似最近邻方法. 顾名思义, 近似最近邻方法是在整个训练集的一个子集中搜索目标样例的近似近邻. 在这类方法中, 有基于层次数据结构的方法和基于哈希技术的方法. 一般地, 基于层次数据结构的方法利用树型结构 (如 KD 树 [40]、VP 树 [41] 等) 改进近邻搜索的效率. 基于哈希技术的方法 [42] 利用哈希变换将样例空间映射到海明空间, 并在海明空间中搜索目标样例的近似近邻. 因为在海明空间中, 每一个样例都用 0-1 串表示, 距离计算变成了简单的异或运算, 这样可以加速近邻搜索的速度. 近几年, 由于 MapReduce 的出现, 提出一种新的加速 KNN 算法的方法. 即将 KNN 算法用编程模型 MapReduce 实现, 以加速对待分类样例 KNN 计算的速度, 下面介绍这种方法.

用 MapReduce 加速 KNN 的方法, 实际上是一种基于分治策略的方法. 它将大数据集划分成 m 个子集, 并部署到 m 个云计算节点上, 然后并行地寻找待分类样例 $\boldsymbol{x}$ 在 m 个子集上的 K 个最近邻. 这样得到 $\boldsymbol{x}$ 的 $m \times K$ 个最近邻, 最后从中寻找 $\boldsymbol{x}$ 的 K 个最近邻. 如果忽略云计算节点之间通信的开销, 那么显然这种方法的计算时间复杂度为 $\dfrac{1}{m}O(n)$. 用 MapReduce 加速 KNN 方法的基本思想如图 2.16 所示 [43].

相应的 Map 和 Reduce 函数的伪代码如算法 2.10 和算法 2.11 所示.

算法 2.10: Map(k_1, v_1)

```
输入: < k1, v1 >.
输出: < k2, v2 >.
// 利用setup函数进行资源的初始化,将训练样例添加到容器trainSet中;
trainSet.add(trainInstance);
// 计算待分类样例x与训练样例之间的距离;
for (i = 1; i < trainSet.size(); i = i + 1) do
    distance-EuclideanDistance(x, trainSet.get(i));
    // 对于待分类样例x, 将与其前K个欧氏距离最近的样例添加
    // 到容器中;
    trainLable.add(Knear-trainLable) ;
end
//输出待分类样例x及其K个最近邻样例的类标
for (i = 0; i < k; i = i + 1) do
    context.write(x, trainLable.get(i));
end
输出< k2, v2 >.
```

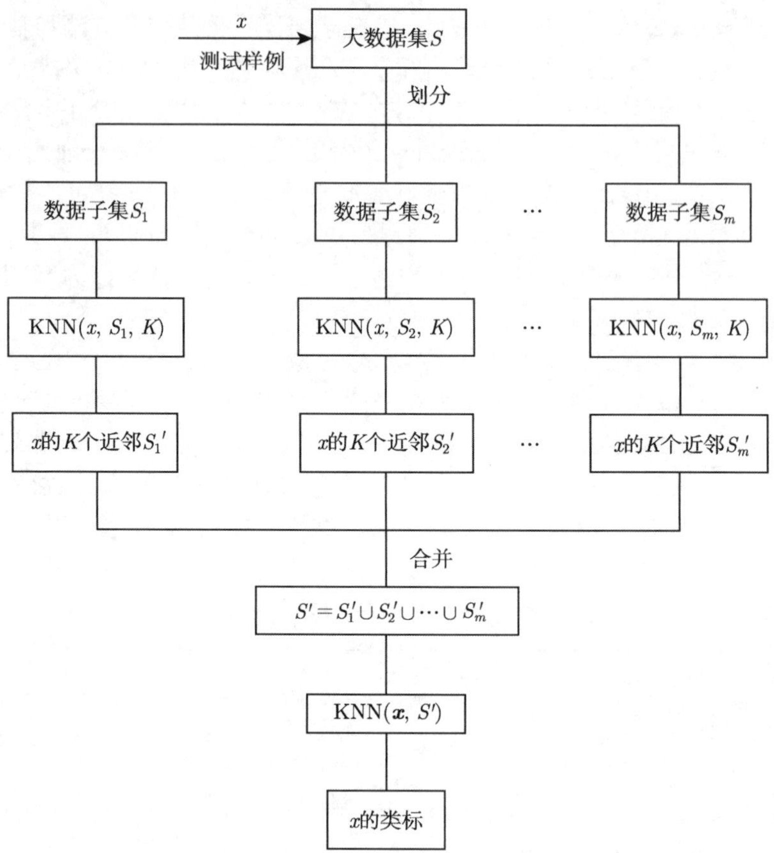

图 2.16　用 MapReduce 加速 KNN 方法的示意图

算法 2.11: Reduce(k_2, List(v_2))

输入: $< k_2, \text{List}(v_2) >$.

输出: $< k_3, v_3 >$.

// 对于待分类样例$\boldsymbol{x}$，将与其前K个欧氏距离最近的样例的类标添加到
// 容器中;

ArrayList.add(Knear-trainLable);

// 应用KNN算法对样例$\boldsymbol{x}$进行分类;

predictLable=MostFrequent(ArrayList);

// 将待分类样例$\boldsymbol{x}$与相应的类标进行输出;

context.write($\boldsymbol{x}$, predictLable);

输出$< k_3, v_3 >$.

在文献 [43] 中, 我们对这两种加速 KNN 的方法 (基于 CNN 的加速方法和基于 MapReduce 的加速方法) 进行了实验比较研究, 得出一些有意义的结论.

① CNN 算法有压缩的优势, MapReduce 框架有并行的优势, 人们期望的是 MapReduce 框架下的 KNN 运行效率更高, 但是对于中小型的数据集, 结果恰好相反.

② 一个 MapReduce 任务的运行往往需要经历很多步骤, 如 split 数据片的划分、mapper 任务的分配、reducer 任务的分配、各种运行资源的分配、数据在网络中传输时间的消耗等. 此时的 MapReduce 就不如单机版程序的运行.

③ 随着数据集的增大或计算复杂性的提高, MapReduce 的并行处理机制所带来的优势将超过 CNN, 而且这一优势相当明显.

2.5 大数据样例选择

2.3 节介绍了样例选择问题. 本节介绍一种求解大数据样例选择问题的分治算法, 即基于 MapReduce 和投票策略的大数据样例选择算法 [44]. 下面先介绍这一算法的基本思想.

2.5.1 算法的基本思想

算法也是基于分而治之的思想. 首先, 利用 MapReduce 的 Map 机制, 将大数据集划分为 m 个子集, 并部署到 m 个云计算节点上. 然后, 在 m 个云计算节点上, 用一种样例选择算法从对应的子集上选择样例. 第 3 步, 利用 MapReduce 的 Reduce 机制, 合并 m 个云计算节点选择的样例子集, 得到一次选择的样例子集. 重复上述过程 p 次, 得到 p 个选出的样例子集. 最后, 投票选出最重要的样例子集, 算法的基本思想可用图 2.17 表示.

2.5.2 基于 MapReduce 和投票策略的大数据样例选择算法

从上一节我们可以看出, 算法涉及 3 个参数: 划分子集的个数 m、迭代次数 p、投票阈值 λ. 当一个样例的得票数超过 λ 时, 才被最终选择. 用选择的样例代替原来的大数据集解决分类问题时, 我们实验研究了这些参数对测试精度的影响, 这里不再列出. 有兴趣的读者参考文献 [44]. 基于 MapReduce 和投票策略的大数据样例选择算法的伪代码在算法 2.12 中给出.

下面分析算法 2.12 的计算时间复杂度, 算法 2.12 包括 16 步. 显然, 算法的第 3 步、第 8-12 步 (for 循环)、第 13-15 步 (if 语句) 的计算时间复杂度均为 $O(1)$. 因为训练集包含 n 个样例, 所以第 4 步的计算时间复杂度为 $O(n)$. 假如算法 2.12 中使用的样例选择算法是 CNN[35], 因为 CNN 算法的计算时间复杂度为

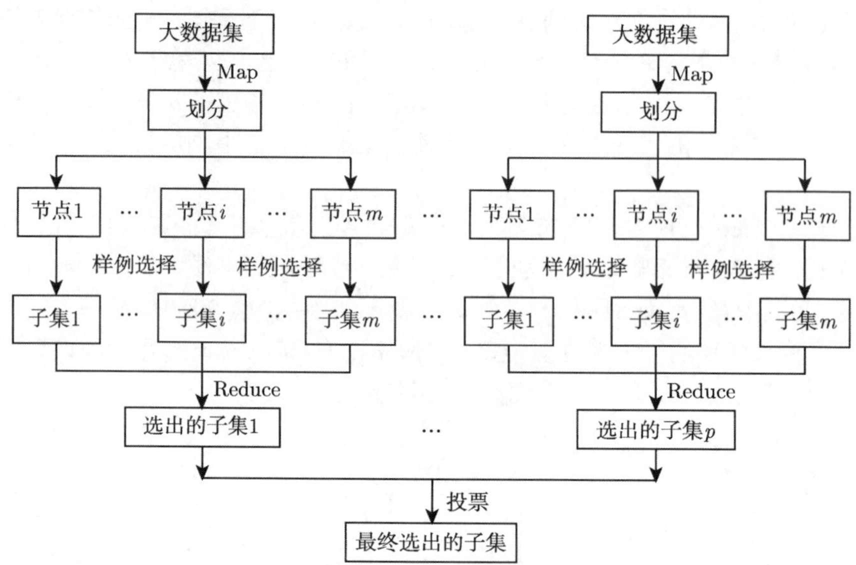

图 2.17　大数据投票样例选择思想示意图

算法 2.12: 基于MapReduce和投票策略的大数据样例选择算法

1 **输入:** 训练集$S=\{(\boldsymbol{x}_i,\boldsymbol{y}_i)|\boldsymbol{x}_i\in R^d,\boldsymbol{y}_i\in R^k,i=1,2,\cdots,n\}$, 划分子集的个数$m$, 迭代次数$p$, 投票阈值$\lambda$.

2 **输出:** 选出的样例子集S'.

3 初始化$S'=\phi$;

4 划分大数据集为m个子集, 并部署到m个云计算节点上;

5 在m个云计算节点上, 用一种样例选择算法从对应的子集上选择样例;

6 合并m个云计算节点选择的样例子集, 得到一次选择的样例子集;

7 重复步骤 3-6 p次, 得到p个选择的样例子集$S_1,S_2,\cdots,S_p$;

8 **for** $(i=1;i\leqslant p;i=i+1)$ **do**

9 　　**if** $(\boldsymbol{x}\in S_i)$ **then**

10 　　　　$\mathrm{vote}(\boldsymbol{x})=\mathrm{vote}(\boldsymbol{x})+1$;

11 　　**end**

12 **end**

13 **if** $(\mathrm{vote}(\boldsymbol{x})\geqslant\lambda)$ **then**

14 　　$S'=S'\cup\{\boldsymbol{x}\}$;

15 **end**

16 Return S'.

$O(ksn^2)$(k 为近邻数, s 为选择的样例数), 那么算法 2.12 的第 5 步和第 6 步的计算时间复杂度分别为 $O(\frac{1}{m}ksn^2)$ 和 $O(ms)$. 因此, 算法 2.12 的计算时间复杂度为 $3\times O(1)+O(n)+O(\frac{1}{m}ksn^2)+O(ms)$. 容易得到, 算法 2.12 的最坏计算时间复杂度为 $O(\frac{1}{m}ksn^2)$.

用 CNN 作为选择样例算法, 相应的 Map 函数和 Reduce 函数的伪代码在算法 2.13 和算法 2.14 中给出, 这里不在赘述.

算法 2.13: 用 CNN 选择样例的 mapper 函数

输入: key, value.
输出: 选择的样例子集 S'.
用mapper函数接收的数据初始化样例集S;
从 S 中随机选择一个样例 $\boldsymbol{x}_i$;
$S'=\{\boldsymbol{x}_i\}$;
$S=S-\{\boldsymbol{x}_i\}$;
repeat
    append = False
    for (each $\boldsymbol{x}\in S$) **do**
        在 S' 中寻找一个样例 $\boldsymbol{s}$, 使得 $d(\boldsymbol{x},s)=\min\limits_{s_j\in S'} d(\boldsymbol{x},s_j)$;
        if (Class ($\boldsymbol{x}$) $\neq$ Class (s)) **then**
            $S'=S'\cup\{\boldsymbol{x}\}$;
            $S=S-\{\boldsymbol{x}\}$;
            append = Ture;
        end
    end
until append = False;
return S'.

例 2.5.1 试举一个示意性的例子说明算法的执行过程.

下面通过一个示意性的例子, 说明基于 MapReduce 和投票策略的大数据样例选择算法的执行过程. 在这个例子中, $m=5$, $p=3$, $\lambda=3$. 具体地, 把大数据集分成 5 个子集, 部署到 5 个云计算节点上进行样例选择, 重复执行 3 次, 得到 3 个样例子集. 得票数超过 3 的样例, 被最终选出. 算法的执行过程如图 2.18 所示.

算法 2.14: 用CNN选择样例reducer函数

```
输入: key, value.
输出: key, value.
for (从每一个 mapper 接收的所有样例) do
    排序键值对;
    将结果输出到HDFS;
end
```

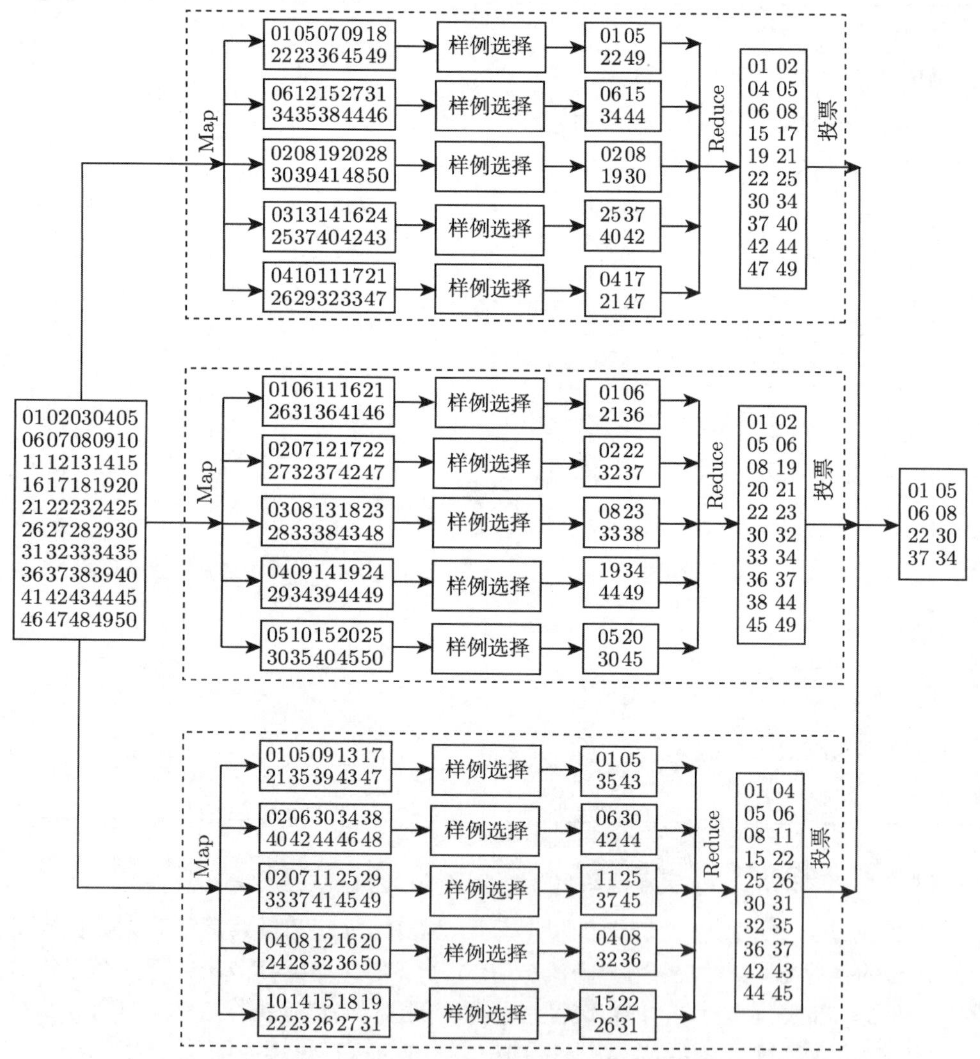

图 2.18　基于 MapReduce 和投票策略的大数据样例选择算法执行过程示意图

2.6 基于随机上采样和分治策略的两类非平衡大数据分类

在现实生活中, 许多实际问题都属于两类非平衡大数据分类问题. 例如, 医疗大数据分类问题、极端天气大数据分类问题、信用卡欺诈大数据分类问题等. 非平衡大数据分类使传统的分类算法面临新的挑战, 如何解决非平衡大数据分类问题已成为机器学习和数据挖掘领域的研究热点. 本节介绍一种基于随机上采样和分治策略的两类非平衡大数据分类算法 [45,46]. 在介绍该算法之前, 首先介绍两类非平衡数据分类问题, 然后介绍算法的基本思想, 最后介绍该算法.

2.6.1 两类非平衡数据分类问题

在第 1 章, 我们介绍了什么是分类问题 (定义 1.1.3). 两类非平衡数据分类问题 [47,48] 是其特殊情况. 在这种分类问题中, 待分类的样例分为两类, 其中一类 (称为负类) 包含的样例数远远多于另一类 (称为正类) 包含的样例数. 例如, 在一个包含 100 个样例的数据集中, 如果负类样例有 97 个, 而正类样例数只有 3 个, 那么这样数据集的分类问题就是不平衡分类问题. 在下面的讨论中, 我们用符号 S^+ 和 S^- 分别表示正类样例集合和负类样例集合, 下面给出两类非平衡数据分类问题的定义.

定义 2.6.1 *给定分类数据集 $S=S^+\bigcup S^-$, 如果 $|S^+|\ll|S^-|$, 则称针对这种数据集的分类问题为两类非平衡数据分类问题. 其中, $|S^+|$ 和 $|S^-|$ 分别表示正类样例集合和负类样例集合包含的样例数.*

定义 2.6.2 *给定分类数据集 $S=S^+\bigcup S^-$, 如果 $|S^-|$ 是一个大数据集, 则称针对这种数据集的分类问题为两类非平衡大数据分类问题.*

从上面的定义可以看出, 在两类非平衡大数据分类问题中, 大数据特征主要体现在负类样例集合是一个大数据集合.

说明: 对于解决两类非平衡数据分类问题的算法, 其性能不能再用分类精度进行度量, 理由是显然的. 例如, 对于上面包含 100 个样例的数据集分类问题, 随机猜测分类精度都能达到 97%. 常用的度量指标包括 F-measure、G-mean、ROC 曲线和 AUC 面积 (1.1.6 节).

2.6.2 算法的基本思想

算法的基本思想可归纳为用随机上采样增加正类样例的个数, 用分治策略划分负类样例子集, 用上采样得到的正类样例子集和划分得到的负类样例子集构造平衡数据子集, 并行训练分类器构造委员会, 用多数投票法确定测试样例的类别. 下面详细介绍算法的各个步骤.

(1) 对正类样例随机上采样

对正类样例随机上采样是为了增加正类样例的个数, 降低数据非平衡化的程度. 具体地, 对于每一个正类样例 $\boldsymbol{x} \in S^+$, 在负类样例 S^- 中寻找其异类最近邻, 然后在异类最近邻超球内, 按均匀分布随机采样若干正类样例点, 采样的个数用户可以根据数据非平衡化的程度定义. 在二维空间中, 对正类样例随机上采样的示意图如图 2.19 所示. 在图 2.19 中, 两个圆表示两个正类样例的异类最近邻圆, 两个圆中较大粗体的 "+" 表示用均匀分布随机采样的正类样例点 (大圆内 5 个, 小圆内 4 个).

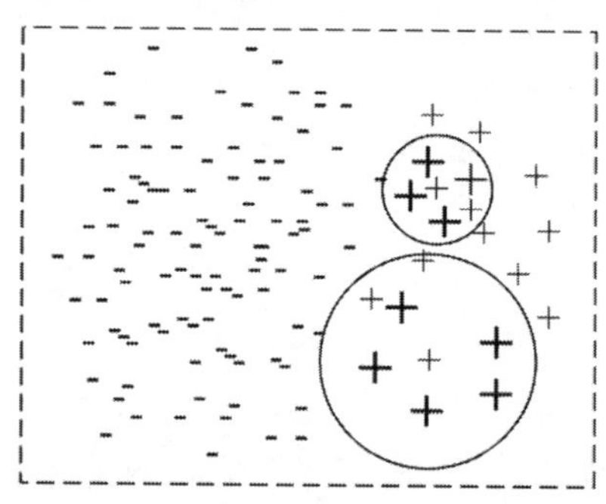

图 2.19　正类样例上采样示意图

在对正类样例上采样时, 需要计算每一个正类样例的异类 (负类) 最近邻. 因为 S^- 是大数据集, 需要用 MapReduce 的 Map 机制 (分治策略), 将 S^- 划分为若干子集, 并部署到不同的云计算节点上, 并行地寻找 $\boldsymbol{x}$ 在每一个异类子集上的最近邻. 最终经过 MapReduce 的 Reduce 机制找到 $\boldsymbol{x}$ 在 S^- 上的异类最近邻. 在 2.4.4 中, 详细介绍了基于分治策略的大数据 K-近邻算法, 算法 2.10 和 2.11 分别给出了 Map 和 Reduce 函数的伪代码, 这里不再重述.

(2) 构造平衡数据子集

对正类样例随机上采样结束后, 得到上采样的正类样例子集 S_{up}^+. 然后, 以其为标准构造平衡数据子集. 具体地, 首先用分治策略将 S^- 划分为 p 个子集: $S^- = S_1^- \bigcup S_2^- \bigcup \cdots \bigcup S_p^-$. 其中, $p = \lfloor |S^-|/|S_{\text{up}}^+| \rfloor$, $|S^-|$ 和 $|S_{\text{up}}^+|$ 分别表示负类样例集合 S^- 和上采样后的正类样例集合包含的样例数. 然后, 用负类样例子集和正类样例子集, 构造 p 个平衡数据子集 $S_i = S_{\text{up}}^+ \bigcup S_i^- (1 \leqslant i \leqslant p)$.

(3) 确定测试样例的类别

测试样例 $\boldsymbol{x}$ 的类别 $y(\boldsymbol{x})$ 是通过集成方法确定的. 首先, 用构造好的 p 个平衡数据子集, 并行地训练 p 个分类器 $L_1, L_2, \cdots, L_p$, p 个分类器构成一个分类委员会 $\mathbb{C}$. 然后, 委员会中的成员投票确定 $\boldsymbol{x}$ 的类别 $y(\boldsymbol{x})$, 即 $\boldsymbol{x}$ 的类别用式 (2.35) 确定. 需要说明的是, 这里对分类器没有限制, 可以是任何类型的分类器, 如神经网络、决策树、支持训练集等.

$$y(\boldsymbol{x}) = \underset{l\in\{+1,-1\}}{\text{argmax}} \sum_{L_i\in\mathbb{C}} I\left(l = L_i(\boldsymbol{x})\right) \tag{2.35}$$

其中, $I(\cdot)$ 是特征函数, 当自变量的值为真时, 返回值为 1; 否则, 返回值为 0.

算法流程如图 2.20 所示.

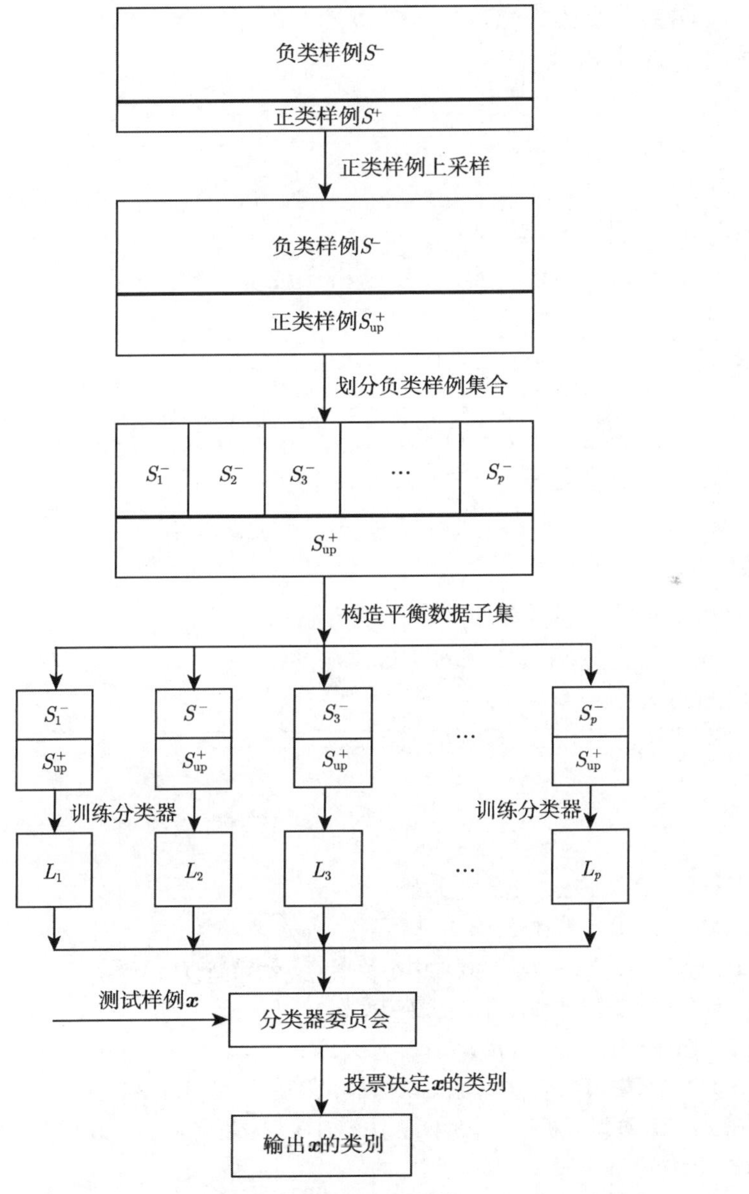

图 2.20 算法流程示意图

2.6.3　基于 MapReduce 和上采样的两类非平衡大数据分类算法

上一节已经详细介绍了算法的基本思想, 这里只给出基于 MapReduce 和上采样的两类非平衡大数据分类算法的伪代码, 如算法 2.15 所示.

算法 2.15: 基于MapReduce和上采样的两类非平衡大数据分类算法

输入: 两类非平衡大数据集$D = S^+ \cup S^-$, $|S^+| = n^+$, $|S^-| = n^-$, $n^+ \ll n^-$；测试样例$\boldsymbol{x}$.
输出: $\boldsymbol{x}$的类标.
for $(i = 1; i \leqslant n^+; i = i + 1)$ **do**
　　对于每一个正类样例$\boldsymbol{x}_i^+ \in S^+$, 在$S^-$中用MapReduce大数据处理技术寻找其异类最近邻$\boldsymbol{x}_i^-$;
　　在$\boldsymbol{x}_i^+$的异类最近邻超球内, 随机生成若干个服从均匀分布的正类样例点;
end
划分负类样例集合S^-为p个子集$S_1^-, S_2^-, \cdots, S_p^-$;
for $(i = 1; i \leqslant p; i = i + 1)$ **do**
　　构造p个平衡数据子集$D_i = S^+ \cup S_i^-$;
　　在D_i上, 用极限学习机算法训练一个分类器L_i;
end
用多数投票法集成p个训练好的分类器L_i;
用集成系统预测测试样例$\boldsymbol{x}$的类标;
输出$\boldsymbol{x}$的类标.

习　题

1. 简述分治算法的基本思想和步骤.
2. 大数据的 “5V” 特征是什么?
3. 处理大数据的分治策略和处理中小数据的分治策略有何不同?
4. 如何分析递归算法的计算时间复杂度?
5. 分析归并排序算法 2.2 的计算时间复杂度.
6. 在例 2.4.2 中, 键 K_1 是每条记录的字节偏移量, 如何理解其含义?
7. 在 2.4 节, 通过分析得出 KNN 算法的时间复杂度为 $O(n)$. 试分析 KNN 算法的空间复杂度.
8. 设计一个分治算法, 计算 x^n, 其中 n 是正整数.

9. 设计一个计算时间复杂度为 $O(n)$ 的算法, 对一个包含 n 个整数的数组进行排序, 使得所有负整数都在非负整数的左侧.

10. 给定一个包含 n 个整数的数组, 设计一个算法找出其最大元素所在的位置, 并分析算法的计算时间复杂度, 要求给出分析的步骤.

第3章　贪心算法

贪心算法 [15,16] 在数据挖掘领域应用最广泛, 许多数据挖掘算法都是贪心算法. 本章首先通过一个例子介绍贪心算法的基本思想和用贪心算法求解问题的步骤. 然后, 结合具体的数据挖掘问题, 介绍贪心算法的设计. 最后, 讨论设计贪心算法应注意的问题.

3.1　贪心算法的基本思想

在日常生活中, 我们解决问题经常用到贪心策略的思想. 例如, 给顾客找零钱问题: 假设要找给顾客 0.63 元, 有 4 种面值的硬币可用, 分别是 0.25 元、0.10 元、0.05 元和 0.01 元. 问应如何给顾客找零钱, 才能使所用的硬币数最少? 找钱时, 我们会不假思索地拿出 2 个 0.25 元的硬币, 1 个 0.1 元的硬币和 3 个 0.01 元的硬币交给顾客. 这里我们下意识地使用了贪心算法: 首先, 从当前可用面值的硬币中, 选出一个面值不超过 0.63 元的最大硬币, 即 0.25 元; 然后从 0.63 元中减去 0.25 元, 剩下 0.38 元; 再从可用面值的硬币中, 选出一个面值不超过 0.38 元的最大硬币, 即又一个 0.25 元, 如此一直做下去. 这个找硬币的思想实际上就是贪心思想, 这种找硬币方法就是贪心算法.

贪心算法总是作出在当前看来最好的选择. 也就是说贪心算法并不从整体最优考虑, 它所作出的选择只是在某种意义上的局部最优选择. 当然, 希望贪心算法得到的最终结果也是整体最优的. 虽然贪心算法不能对所有问题都能够得到整体最优解, 但对许多问题它能产生整体最优解, 如活动安排问题、单源最短路径问题、最小生成树问题等. 在一些情况下, 即使贪心算法不能得到整体最优解, 其最终结果却是最优解的很好近似, 在 3.4 节我们将看到这样的例子.

用贪心算法解决问题的步骤分为 3 步.

① 根据实际问题, 选择贪心选择标准.

② 按此标准对输入对象排序.

③ 按序一次选择一个对象. 如果这个对象和当前的部分最优解加在一起不能产生一个可行解, 则不把此对象加到这个部分解中; 否则, 把此对象加到这个部分解中.

3.2 背包问题

3.2.1 问题描述

背包问题 [15,16]: 有 n 件物品和一个容量为 C 的背包, n 件物品的重量和价值分别为 w_i 和 $v_i(1 \leqslant i \leqslant n)$. 背包问题就是如何选择物品装入背包, 使得装入背包中的物品可以获得最大的价值.

背包问题可以用如下的数学模型表示, 即

$$
\begin{aligned}
\max \ & \sum_{i=1}^{n} v_i x_i \\
\text{s.t.} \ & \sum_{i=1}^{n} w_i x_i \leqslant C \\
& x_i \in [0,1], \quad w_i > 0, \quad v_i > 0
\end{aligned}
\tag{3.1}
$$

3.2.2 求解背包问题的贪心算法

根据贪心算法求解问题的步骤, 首先确定贪心选择的标准, 不同的标准会得到不同的解, 有的是最优解, 而有的可能只是可行解. 下面通过一个具体的例子来说明贪心选择标准确定的重要性.

例 3.2.1 考虑下列情况的背包问题: $n=3$, $C=20$, $v[3]=\{25,24,15\}$, $w[3]=\{18,15,10\}$.

解: 考虑如下的贪心选择的标准.

(1) 用目标函数作为贪心选择的标准

每放入一件物品就使背包获得最大的效益值增量, 在这种贪心选择标准下, 贪心算法按效益值的非增次序将物品一件件放到背包中去. 物品 1 有最大的效益值 25, 因此首先将物品 1 放入背包, 这时 $x_1=1$, 且获得 25 的效益. 背包容量只剩下 2 个单位. 物品 2 有次大的效益值 24, 但 $w_2=15$, 背包已装不下物品 2, 但可以装下物品 2 的 $\dfrac{2}{15}$, 而且背包装满. 此时, $x_2=\dfrac{2}{15}$, $x_3=0$, 得到一个解 $\boldsymbol{a}=\left(1,\dfrac{2}{15},0\right)$. 如表 3.1 所示, 这个解对应的总效益值是 28.2, 它是一个次优解. 显然, 按物品效益值的非增次序装包, 即用目标函数作为贪心选择的标准, 不能得到最优解, 原因是背包可用容量消耗过快.

(2) 容量作为贪心选择的标准

让背包容量尽可能慢地被消耗. 表 3.1 中的解 $\boldsymbol{b}=\left(0,\dfrac{2}{3},1\right)$, 就是使用这种贪

心选择标准得到的. 显然, 它也是一个次优解. 原因是虽然背包的容量消耗得慢了, 但效益值增加的也不快.

(3) 单位容量最大收益值作为贪心选择的标准

物品按 $\dfrac{v_i}{w_i}$ 的非增次序装入背包. 在这种贪心选择标准下, 是按已装入物品的累计效益值与所用容量之比来选择装入背包的物品. 这种标准每次装入要使累计效益值与所用容量的比值有最大的增加或最小的减小. 表 3.1 中的解 $c=\left(0,1,\dfrac{1}{2}\right)$, 就是使用这种贪心选择标准得到的. 它是一个最优解.

表 3.1　一个背包问题的解

No.	(x_1,x_2,x_3)	$\sum\limits_{i=1}^{3} w_i x_i$	$\sum\limits_{i=1}^{3} v_i x_i$
a	$\left(1,\dfrac{2}{15},0\right)$	20	28.2
b	$\left(0,\dfrac{2}{3},1\right)$	20	31.0
c	$\left(0,1,\dfrac{1}{2}\right)$	20	31.5
d	$\left(\dfrac{1}{2},\dfrac{1}{3},\dfrac{1}{4}\right)$	16.5	24.25

注意: 不能使背包装满的解, 肯定不是问题的最优解. 例如, 表 3.1 中的解 $d=\left(\dfrac{1}{2},\dfrac{1}{3},\dfrac{1}{4}\right)$, 就是一个这样的解.

从上面的例子可以看出, 用贪心算法求解问题时, 贪心选择标准的设计最重要. 如果贪心选择标准的设计是正确的, 那么用贪心算法求解问题得到的解一定是问题的整体最优解. 如果一个问题的最优解可以通过一系列贪心选择得到, 我们称该问题具有贪心选择性质. 贪心选择性质是判别一个问题是否适宜用贪心算法求解的重要因素, 其关键是正确的贪心选择标准的设计. 求解背包问题的贪心算法的伪代码如算法 3.1 所示.

算法 3.1: 求解背包问题的贪心算法

输入: 物品数n, 物品价值数组 $v[n]$, 物品重量数组 $w[n]$, 背包容量C.
输出: 背包问题的解 $x[n]$.
for $(i=1; i\leqslant n; i=i+1)$ **do**
　　将n件物品按 $\frac{v_i}{w_i}$ 非增序排序;

```
end
// 将解向量x[n]初始化为0向量;
x[n] = 0[n];
// 将背包剩余容量cu初始化为C;
cu= C;
for (i = 1; i ⩽ n; i = i + 1) do
    if (w[i] > cu) then
        exit;
    end
    x[i] = 1;
    cu = cu − w[i];
cnd
if (i < n) then
    x[i] = cu / w[i];
end
for (i = 1; i ⩽ n; i = i + 1) do
    output x[i];
end
```

3.3 活动安排问题

3.3.1 问题描述

活动安排问题 [15,16]: 给定 n 个活动的集合 $E = \{e_1, e_2, \cdots, e_n\}$. 其中, 每个活动 $e_i(1 \leqslant i \leqslant n)$ 都要求使用同一资源, 而在同一时间内只能有一个活动能使用这个资源. 每个活动 e_i 都有一个要求使用该资源的起始时间 s_i 和一个结束时间 f_i, 且 $s_i < f_i$. 如果选择了活动 e_i, 则它在时间段 $[s_i, f_i)$ 占用资源, 这个时间段不能再安排其他活动. 活动安排问题就是如何安排活动? 使得安排的活动最多.

定义 3.3.1 *给定两个活动 $e_i, e_j \in E$, 如果区间 $[s_i, f_i)$ 与 $[s_j, f_j)$ 不相交, 那么称活动 e_i 和活动 e_j 是相容的; 否则, 称活动 e_i 和活动 e_j 是不相容的.*

从定义 3.3.1 可以看出, 当 $f_i \leqslant s_j$ 或 $f_j \leqslant s_i$ 时, 活动 e_i 与活动 e_j 是相容的, 如图 3.1 所示.

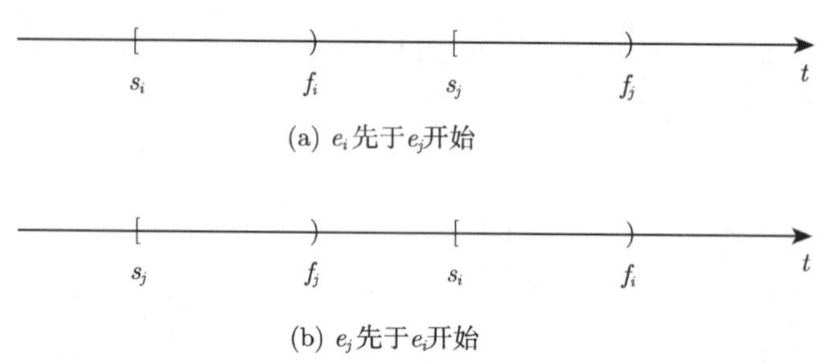

图 3.1 两个活动相容的示意图

3.3.2 求解活动安排问题的贪心算法

3.1 节给出了用贪心算法求解问题的步骤, 关键的步骤是第 1 步, 即贪心选择标准的设计.

针对活动安排问题, 在教学和研究工作中, 人们提出 3 种贪心选择标准.

① 以活动的开始时间作为贪心选择的标准.

② 以活动的结束时间作为贪心选择的标准.

③ 以活动占用资源的时间作为贪心选择的标准.

下面通过一个例子来看哪种贪心选择标准合理.

例 3.3.1 给定如表 3.2 所示的一个活动安排问题, 分别用以上 3 种贪心选择的标准求解该问题.

表 3.2 一个活动安排问题

活动	e_1	e_2	e_3	e_4	e_5	e_6	e_7	e_8	e_9	e_{10}	e_{11}
s_i	1	3	0	5	3	5	7	8	8	2	12
f_i	4	5	6	7	8	9	10	11	12	13	14

解: (1) 以活动的开始时间作为贪心选择的标准

将 11 个活动按开始时间由小到大排序. 开始时间相同, 结束早的活动排在前面, 结果列于表 3.3 中.

表 3.3 按活动开始时间由小到大排序

活动	e_3	e_1	e_{10}	e_2	e_5	e_4	e_6	e_7	e_8	e_9	e_{11}
s_i	0	1	2	3	3	5	5	7	8	8	12
f_i	6	4	13	5	8	7	9	10	11	12	14

按这种标准对排好序的活动依次进行贪心选择. 首先, 将 e_3 加入相容活动集合 A 中; 然后, 选择活动 e_1. 因为 $s_1 = 1 < f_3 = 6$, 所以活动 e_1 和 e_3 不相容, 丢弃 e_1. 接着, 选择 e_{10}, 因为它和 e_3 也不相容, 所以丢弃它. 接下来要选择的 e_2、e_5、e_4

和 e_6 都和 e_3 不相容, 这 4 个活动都不能加入 A 中. 下一个要选择的活动是 e_7, 因为 $s_7 = 7 > f_3 = 6$, 所以活动 e_7 和 e_3 相容, 将 e_7 加入到 A 中. 此时, $A = \{e_3, e_7\}$. 下一个要选择的活动是 e_8, 易得它和 e_7 不相容 (注意: 不是和 e_3 比较), 因此丢弃它. 类似地, e_9 也被丢弃. 最后, 要选择的活动是 e_{11}, 它和 e_7 相容, 将其加入 A 中, 得到一个解 $A = \{e_3, e_7, e_{11}\}$. 为便于比较, 我们将其列于表 3.4 中, 解 A 包含 3 个活动.

表 3.4 活动安排问题的 3 个解

贪心选择标准	活动安排问题的解
标准 (1)	$A = \{e_3, e_7, e_{11}\}$
标准 (2)	$B = \{e_1, e_4, e_8, e_{11}\}$
标准 (3)	$C = \{e_2, e_4, e_7\}$

(2) 以活动的结束时间作为贪心选择的标准

将 11 个活动按结束时间由小到大排序. 实际上表 3.2 中的活动就是这样排序的. 按这种标准进行贪心选择, 得到的解为表 3.4 中的 $B = \{e_1, e_4, e_8, e_{11}\}$, 包含 4 个活动.

(3) 以活动占用资源的时间作为贪心选择的标准

将 11 个活动按占用资源的时间由小到大排序. 占用资源时间相同的, 结束早的活动排在前面, 结果列于表 3.5 中.

按这种标准进行贪心选择, 得到的解为表 3.4 中的 $C = \{e_2, e_4, e_7\}$, 包含 3 个活动.

表 3.5 按活动占用资源的时间由小到大排序

活动	e_2	e_4	e_{11}	e_1	e_7	e_8	e_6	e_9	e_5	e_3	e_{10}
s_i	3	5	12	1	7	8	5	8	3	0	2
f_i	5	7	14	4	10	11	9	12	8	6	13

因为解 $B = \{e_1, e_4, e_8, e_{11}\}$, 包含的活动最多, 所以它是这个活动安排问题的最优解. 就是说, 在这三种贪心选择标准中, 标准 2 是合理的.

假定活动安排问题已按结束时间由小到大排序, 求解活动安排问题的贪心算法的伪码如算法 3.2 所示.

说明: 贪心算法并不总能求得问题的整体最优解. 但对于活动安排问题, 贪心算法 3.2 却总能求得问题的整体最优解, 即它最终所确定的相容活动集合的规模最大. 这个结论可以用数学归纳法证明, 参考文献 [15] 的第 4 章中给出了证明, 有兴趣的读者可以参考.

算法 3.2: 求解活动安排问题的贪心算法

```
输入: s[], f[], n.
输出: a[], m.
// 数组a用于存储问题的解，m记录解中包含的活动个数;
a[1] = True;
int j = 1;
int m = 1;
for (i = 2; i ⩽ n; i = i + 1) do
    if (s[i] > f[j]) then
        a[i] = True;
        j = i;
        m = m + 1;
    else
        a[i] = False;
    end
end
输出a[]和m.
```

3.4　旅行售货员问题

3.4.1　问题描述

有一个售货员从其驻地 (一个城市) 出发, 到其他 $n-1$ 个城市去推销产品. 请为该售货员设计一个巡回推销的线路, 使得巡回推销的线路距离最短, 要求每个城市经过且仅经过一次.

实际上, 旅行售货员问题是一个图论问题. 用图论的语言来描述旅行售货员问题就是: 给定一个赋权无向图 $G=(V,E)$, 其中, V 是顶点的集合, E 是边的集合. 求 G 的一个回路, 使得这个回路边的权值之和最小, 且要求这个回路包括 G 的所有顶点, 即所求的回路不但距离最短, 而且所求的回路包括 V 中所有的顶点, 每个顶点的度都是 2. 下面看一个例子.

例 3.4.1　对于给定的如图 3.2 所示的赋权无向图, 假定售货员住在 1 号城市. 求解旅行售货员问题, 就是找出图 3.2 中包含 5 个顶点的距离最短的回路.

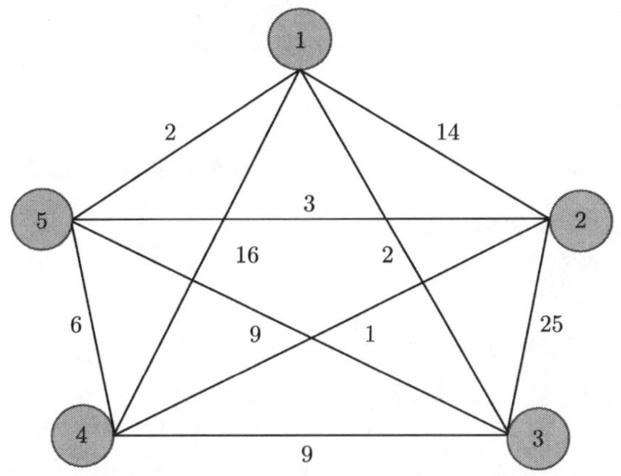

图 3.2 包含 5 个城市的旅行售货员问题

从图论的角度看, 图 3.2 是一个完全图, 它有许多包含 5 个顶点的回路. 例如, ② $\xrightarrow{1}$ ④ $\xrightarrow{6}$ ⑤ $\xrightarrow{2}$ ① $\xrightarrow{2}$ ③ $\xrightarrow{25}$ ② 和 ① $\xrightarrow{2}$ ③ $\xrightarrow{9}$ ④ $\xrightarrow{1}$ ② $\xrightarrow{3}$ ⑤ $\xrightarrow{2}$ ① 就是两个包含 5 个顶点的回路. 前者边上的权值之和为 36, 后者边上的权值之和为 17. 显然, 这两个回路相比, 后者比前者优.

3.4.2 求解旅行售货员问题的贪心算法

用贪心算法解决问题的第 1 步是设计贪心选择的标准, 对于旅行售货员问题, 我们用边的长度作为贪心选择的标准. 第 2 步是对边按长度由小到大排序. 第 3 步按序一次选择一条边, 并判断新加入的边是否违背下述条件.

① 顶点的度大于 2.

② 形成小的回路, 即回路包含的边数小于 n.

求解旅行售货员问题的贪心算法的伪代码如算法 3.3 所示.

算法 3.3: 求解旅行售货员问题的贪心算法

```
输入: 赋权无向图G = (V, E).
输出: 具有最小权值的回路E′ ⊆ E.
// |V| = n, |E| = m;
E′ = ∅;
for (i − 1; i ⩽ m; i = i + 1) do
    对E中的边e_i按长度由小到大排序, 设排序后的边为e_{i_1}, e_{i_2}, ··· , e_{i_m};
```

```
end
E' = E' ∪ {e_{i_1}};
for (j = 2; j ⩽ m; j = j + 1) do
    if {e_{i_j}} ∪ E'没有形成小的回路, 即回路中的边的数目小于n, 也没有
    顶点的度大于2 then
        E' = E' ∪ {e_{i_j}};
    else
        丢弃e_{i_j};
    end
end
输出E'.
```

下面给出例 3.4.1 的求解过程.

第 1 步: 设计贪心选择的标准.

按边的长度作为贪心选择的标准, 边的长度小的先选择, 大的后选择.

第 2 步: 对图 3.2 中的边按长度由小到大排序.

排序的结果为 $e_{24}, e_{13}, e_{15}, e_{25}, e_{45}, e_{35}, e_{34}, e_{12}, e_{14}, e_{23}$. 其中, 下标表示顶点的编号. 例如, e_{24} 表示连接顶点 2 和顶点 4 的边.

第 3 步: 按序一次选择一条边.

首先, 选择 e_{24} 加入到 E' 中. 此时, $E' = \{e_{24}\}$. 然后, 选择 e_{13}. 它和 E' 中的边并没有形成小的回路, 也没有度大于 2 的顶点, 将其加入到 E' 中. 此时, $E' = \{e_{24}, e_{13}\}$.

类似地, 选择边 e_{15} 和 e_{25} 加入 E' 中, 都不会形成小的回路, 也没有顶点的度大于 2. 此时, $E' = \{e_{24}, e_{13}, e_{15}, e_{25}\}$.

下一条要选择的边是 e_{45}, 因为加入它会使顶点 5 的度大于 2, 所以不能加入这条边.

接下来选择 e_{35}, 加入它也会使顶点 5 的度大于 2, 所以也不能加入这条边.

下一条要选择的边是 e_{34}, 加入它不会违背两个条件, 将其加入. 此时, $E' = \{e_{24}, e_{13}, e_{15}, e_{25}, e_{34}\}$.

因为 E' 中已包含 5 条边, 当然也包含全部的 5 个顶点, 所以 E' 是用贪心算法求得的一个解 ① $\xrightarrow{2}$ ③ $\xrightarrow{9}$ ④ $\xrightarrow{1}$ ② $\xrightarrow{3}$ ⑤ $\xrightarrow{2}$ ①.

实际上, 这个解也是这个旅行售货员问题的最优解.

3.5 特征选择

3.5.1 问题描述

特征选择 [49-51] 是数据挖掘中常用的数据预处理步骤, 把对数据挖掘任务 (如分类、回归、时间序列分析等) 重要的特征从特征集中选择出来, 而把不重要或冗余的特征去掉, 得到一个特征子集, 这一过程称为特征选择. 特征也称为属性. 与特征选择相反, 把对数据挖掘任务不重要或冗余的属性去掉, 而把重要的属性保留下来的过程称为属性约简. 实际上, 特征选择和属性约简是相同的, 是从两个不同的角度对同一过程的描述. 在分类的框架下, 下面给出特征选择问题的形式化定义.

定义 3.5.1 特征选择问题 给定一个决策表 $DT=(U,A\bigcup C,V,f)$. 从 A 中选择一个子集 $A'\subseteq A$, 使得 $\gamma(A',C)$ 的值最大. $\gamma(A',C)$ 是属性子集 A' 与决策 (类别) 属性的相关性度量.

3.5.2 特征子集评价准则

特征选择是从原始特征集合选择一个子集, 代替原始特征集合进行数据挖掘. 在进行特征选择时, 特征子集的评价准则起着至关重要的作用, 它直接决定选择的特征子集的质量. 特征子集评价准则大致可分为类别可分离性准则、一致性准则和分类错误率准则 [50]. 第三种准则以分类器的错误率作为特征子集的评价准则, 依赖于所用的分类器, 这种准则易于理解、容易实现, 但要反复进行分类器的训练, 计算复杂度高, 应用相对较少.

类别可分离性准则和线性判别分析 [52] 选择投影方向的准则类似, 只是不对原始特征进行变换, 而是从原始特征中选择可分离性好的特征. 这种准则适用于连续值属性的特征选择问题, 可描述为选择的特征子集应使类内散度尽可能小, 而使类间散度尽可能大.

设 $\boldsymbol{x}_p^{(i)}$ 和 $\boldsymbol{x}_q^{(j)}$ 分别为第 i 类和第 j 类中的 l 维特征向量, $\delta(\boldsymbol{x}_p^{(i)},\boldsymbol{x}_q^{(j)})$ 为这两个向量间的距离, 第 i 类和第 j 类的先验概率分别为 P_i 和 P_j, 则类间平均距离为

$$J_l=\frac{1}{2}\sum_{i=1}^{k}P_i\sum_{j=1}^{k}P_j\frac{1}{n_in_j}\sum_{p=1}^{n_i}\sum_{q=1}^{n_j}\delta(\boldsymbol{x}_p^{(i)},\boldsymbol{x}_q^{(j)}) \tag{3.2}$$

其中, 距离度量 $\delta(\cdot,\cdot)$ 通常采用欧氏距离 $\delta(\boldsymbol{x}_p,\boldsymbol{x}_q)=(\boldsymbol{x}_p-\boldsymbol{x}_q)^{\mathrm{T}}(\boldsymbol{x}_p-\boldsymbol{x}_q)$.

类均值向量和总均值向量分别为

$$\boldsymbol{m}_i=\frac{1}{n_i}\sum_{p=1}^{n_i}\boldsymbol{x}_p^{(i)} \tag{3.3}$$

和

$$\boldsymbol{m}=\sum_{i=1}^{k}P_i\boldsymbol{m}_i \tag{3.4}$$

类间散度矩阵 $\boldsymbol{S}_b$ 的估计为

$$\tilde{\boldsymbol{S}}_b=\sum_{i=1}^{k}P_i(\boldsymbol{m}_i-\boldsymbol{m})(\boldsymbol{m}_i-\boldsymbol{m})^{\mathrm{T}} \tag{3.5}$$

类内散度矩阵 $\boldsymbol{S}_w$ 的估计为

$$\tilde{\boldsymbol{S}}_w=\sum_{i=1}^{k}P_i\frac{1}{n_i}\sum_{p=1}^{n_i}\left(\boldsymbol{m}_p^{(i)}-\boldsymbol{m}_i\right)\left(\boldsymbol{m}_p^{(i)}-\boldsymbol{m}_i\right)^{\mathrm{T}}=\sum_{i=1}^{k}P_i\boldsymbol{\Sigma}_i \tag{3.6}$$

其中, $\boldsymbol{\Sigma}_i$ 为第 i 类协方差矩阵.

J_l 可描述为

$$J_l=\mathrm{tr}\left(\tilde{\boldsymbol{S}}_w+\tilde{\boldsymbol{S}}_b\right) \tag{3.7}$$

其中, tr 是矩阵的迹.

这种准则的特点是简单直观、易于实现 (用样本计算), 是一种常用的特征子集评价准则. 但这种准则不能确切表明各类分布重叠情况, 与错误率无直接联系. 当各类协方差相差不大时, 用这种准则较好. 下面重点介绍不一致性准则.

3.5.3　不一致性准则

不一致性和一致性是相对的, 知道了不一致性, 也就知道了一致性. 不一致性准则适用于离散值特征选择问题. 该准则根据特征子集上取值不一致 (或一致) 的样例数来描述特征子集的优劣. 数据集中不一致的样例是指这样的样例, 它们在特征子集上的值相等, 但类别不同或目标概念的值不同. 特征选择的不一致性 (或一致性) 度量由 Almualliam 和 Dietterich[53] 于 1994 年首次提出, 他们提出的第一个基于不一致性 (一致性) 的特征选择算法是 FOCUS 算法 [53]. 他们用最小特征偏置 (min-features bias) 定义特征子集的不一致性 (或一致性), 这种不一致性 (或一致性) 和特征子集的搜索过程相关, 计算较复杂. 比较有影响的特征子集的不一致性 (或一致性) 度量包括 Dash 等于 1997 年提出的独立于特征搜索过程的一致性度量 [51] 和基于粗糙集的一致性度量 [54]. 下面分别介绍这两种一致性度量.

1. Liu 定义的不一致性度量

下面介绍一些基本概念.

定义 3.5.2 给定离散值决策表 $DT=(U,A\bigcup C,V,f)$, 设 $A'\subseteq A$, 特征子集 A' 对论域 U 形成的划分为 $U/A'=\{X_1,X_2,\cdots,X_m\}$. 对于任意的等价类 $X_i(1\leqslant i\leqslant m)$, 定义其不一致样例数为

$$IC_{A'}(X_i)=|X_i|-\max_j\{|X_i(j)|\} \tag{3.8}$$

其中, $|X_i|$ 表示等价类 X_i 中包含的样例总数; $X_i(j)(1\leqslant j\leqslant k)$ 表示等价类 X_i 中属于第 j 类的样例.

定义 3.5.3 给定离散值决策表 $DT=(U,A\bigcup C,V,f)$, 设 $A'\subseteq A$, 则特征子集 A' 的不一致率定义为

$$IR(A')=\frac{\sum\limits_{X_i\in U/A'}IC_{A'}(X_i)}{|U|} \tag{3.9}$$

相应地, 特征子集 A' 的一致率 $CR(A')$ 定义为 $CR(A')=1-IR(A')$.

说明: 不一致性度量具有单调性，设 A_1 和 A_2 是两个特征子集，若 $A_1\subseteq A_2$，则 $IR(A_1)\geqslant IR(A_2)$.

例 3.5.1 给定如表 3.6 所示的天气分类问题数据集, 设 $A_1=\{\text{Outlook}\}$, $A_2=\{\text{Outlook, Temperature}\}$. 计算 A_1 和 A_2 的不一致率.

表 3.6 天气分类问题决策表

$\boldsymbol{x}$	Outlook	Temperature	Humidity	Wind	PlayTennis
$\boldsymbol{x}_1$	Sunny	Hot	High	Weak	No
$\boldsymbol{x}_2$	Sunny	Hot	High	Strong	No
$\boldsymbol{x}_3$	Cloudy	Hot	High	Weak	Yes
$\boldsymbol{x}_4$	Rain	Mild	High	Weak	Yes
$\boldsymbol{x}_5$	Rain	Cool	Normal	Weak	Yes
$\boldsymbol{x}_6$	Rain	Cool	Normal	Strong	No
$\boldsymbol{x}_7$	Cloudy	Cool	Normal	Strong	Yes
$\boldsymbol{x}_8$	Sunny	Mild	High	Weak	No
$\boldsymbol{x}_9$	Sunny	Cool	Normal	Weak	Yes
$\boldsymbol{x}_{10}$	Rain	Mild	Normal	Weak	Yes
$\boldsymbol{x}_{11}$	Sunny	Mild	Normal	Strong	Yes
$\boldsymbol{x}_{12}$	Cloudy	Mild	High	Strong	Yes
$\boldsymbol{x}_{13}$	Cloudy	Hot	Normal	Weak	Yes
$\boldsymbol{x}_{14}$	Rain	Mild	High	Strong	No

解: A_1 对论域 U 的划分为 $U/A_1=\{X_1,X_2,X_3\}$.

等价类 $X_1=\{\boldsymbol{x}_1,\boldsymbol{x}_2,\boldsymbol{x}_8,\boldsymbol{x}_9,\boldsymbol{x}_{11}\}$, 包含第一类 (PlayTennis = Yes) 的样例 2 个，第二类 (PlayTennis = No) 的样例 3 个, 因此 $\max\limits_{j=1,2}\{|X_1(j)|\}=3$. 从而, 等价类 X_1 包含的不一致样例数为 2.

类似可得, 等价类 X_2 和 X_3 包含的不一致样例数分别为 0 和 2.

因此, 根据式 (3.9), 可得特征子集 A_1 的不一致率为 $\dfrac{4}{14}=0.29$.

A_2 对论域的划分为 $U/A_2=\{X_1,X_2,\cdots,X_8\}$.

等价类 $X_1=\{\boldsymbol{x}_1,\boldsymbol{x}_2\}$ 包含的不一致样例数为 0, 等价类 $X_2=\{\boldsymbol{x}_3,\boldsymbol{x}_{13}\}$ 包含的不一致样例数为 0, 等价类 $X_3=\{\boldsymbol{x}_4,\boldsymbol{x}_{10},\boldsymbol{x}_{14}\}$ 包含的不一致样例数为 1, 等价类 $X_4=\{\boldsymbol{x}_5,\boldsymbol{x}_6\}$ 包含的不一致样例数为 1, 等价类 $X_5=\{\boldsymbol{x}_7\}$ 包含的不一致样例数为 0, 等价类 $X_6=\{\boldsymbol{x}_8,\boldsymbol{x}_{11}\}$ 包含的不一致样例数为 1, 等价类 $X_7=\{\boldsymbol{x}_9\}$ 包含的不一致样例数为 0, 等价类 $X_8=\{\boldsymbol{x}_{12}\}$ 包含的不一致样例数为 0.

因此, 根据式 (3.9) 可得特征子集 A_2 的不一致率为 $\dfrac{3}{14}=0.21$.

2. 基于粗糙集的不一致性度量

下面介绍一些基本概念 [54].

定义 3.5.4　给定离散值决策表 $DT=(U,A\bigcup C,V,f)$, 设 $A'\subseteq A$, 则特征子集 A' 对论域 U 形成的划分为 $U/A'=\{X_1,X_2,\cdots,X_m\}$, 决策属性 C 对论域 U 形成的划分为 $U/C=\{Y_1,Y_2,\cdots,Y_k\}$. 定义划分 U/A' 相对于划分 U/C 概率分布为

$$p_{ij}=\frac{|X_i\bigcap X_j|}{|X_i|},\quad 1\leqslant i\leqslant m;1\leqslant j\leqslant k \tag{3.10}$$

定义 3.5.5　给定离散值决策表 $DT=(U,A\bigcup C,V,f)$, 设 $A'\subseteq A$, 则特征子集 A' 对论域 U 形成的划分为 $U/A'=\{X_1,X_2,\cdots,X_m\}$. 定义划分 U/A'(或划分 U/A' 相对于划分 U/C) 的分类信息熵为

$$H(U/A')=-\frac{1}{m}\sum_{i=1}^{m}\sum_{j=1}^{k}p_{ij}\log_2 p_{ij} \tag{3.11}$$

这种相对分类信息熵描述了属性子集 A' 相对于类别的不一致程度, 熵值越大, 不一致程度越高; 熵值越小, 不一致程度越低. 在第 4 章, 我们将以这种不一致性度量作为适应度函数, 介绍一种基于群体搜索的特征子集选择方法.

例 3.5.2　给定如表 3.6 所示的天气分类问题数据集, 设 $A_1=\{\text{Outlook}\}$, $A_2=\{\text{Outlook},\text{Humidity}\}$. 计算 A_1 和 A_2 的不一致性度量.

解: A_1 对论域 U 的划分为 $U/A_1=\{X_1,X_2,X_3\}$, 其中, $X_1=\{\boldsymbol{x}_1,\boldsymbol{x}_2,\boldsymbol{x}_8,\boldsymbol{x}_9,\boldsymbol{x}_{11}\}$, $X_2=\{\boldsymbol{x}_3,\boldsymbol{x}_7,\boldsymbol{x}_{12},\boldsymbol{x}_{13}\}$, $X_3=\{\boldsymbol{x}_4,\boldsymbol{x}_5,\boldsymbol{x}_6,\boldsymbol{x}_{10},\boldsymbol{x}_{14}\}$.

C 对论域 U 的划分为 $U/C=\{Y_1,Y_2\}$, 其中, $Y_1=\{\boldsymbol{x}_3,\boldsymbol{x}_4,\boldsymbol{x}_5,\boldsymbol{x}_7,\boldsymbol{x}_9,\boldsymbol{x}_{10},\boldsymbol{x}_{11},\boldsymbol{x}_{12},\boldsymbol{x}_{13}\}$, $Y_2=\{\boldsymbol{x}_1,\boldsymbol{x}_2,\boldsymbol{x}_6,\boldsymbol{x}_8,\boldsymbol{x}_{14}\}$.

因为

$$p_{11}=\frac{|X_1\bigcap Y_1|}{|X_1|}=\frac{2}{5},\quad p_{12}=\frac{|X_1\bigcap Y_2|}{|X_1|}=\frac{3}{5}$$

$$p_{21}=\frac{|X_2\bigcap Y_1|}{|X_2|}=\frac{4}{4},\quad p_{22}=\frac{|X_2\bigcap Y_2|}{|X_2|}=\frac{0}{4}$$

$$p_{31}=\frac{|X_3\bigcap Y_1|}{|X_3|}=\frac{3}{5},\quad p_{32}=\frac{|X_3\bigcap Y_2|}{|X_3|}=\frac{2}{5}$$

所以

$$H(X_1)=-\sum_{j=1}^{2}p_{1j}\log_2 p_{1j}=-\frac{2}{5}\log_2\frac{2}{5}-\frac{3}{5}\log_2\frac{3}{5}=0.97$$

$$H(X_2)=-\sum_{j=1}^{2}p_{2j}\log_2 p_{2j}=-\frac{4}{4}\log_2\frac{4}{4}-\frac{0}{4}\log_2\frac{0}{4}=0.00$$

$$H(X_3)=-\sum_{j=1}^{2}p_{3j}\log_2 p_{3j}=-\frac{3}{5}\log_2\frac{3}{5}-\frac{2}{5}\log_2\frac{2}{5}=0.97$$

因此, 划分 $U/\{A_1\}$ 的分类信息熵为

$$H(U/\{A_1\})=\frac{1}{3}\left(H(X_1)+H(X_2)+H(X_3)\right)=0.65$$

$H(U/\{A_1\})$ 描述的是属性子集 $\{A_1\}$ 的不一致程度, 即属性 A_1 的不一致程度.

A_2 对论域 U 的划分为 $U/A_2=\{X_1,X_2,\cdots,X_6\}$, 其中, $X_1=\{\boldsymbol{x}_1,\boldsymbol{x}_2,\boldsymbol{x}_8\}$, $X_2=\{\boldsymbol{x}_9,\boldsymbol{x}_{11}\}$, $X_3=\{\boldsymbol{x}_3,\boldsymbol{x}_{12}\}$, $X_4=\{\boldsymbol{x}_7,\boldsymbol{x}_{13}\}$, $X_5=\{\boldsymbol{x}_4,\boldsymbol{x}_{14}\}$, $X_6=\{\boldsymbol{x}_5,\boldsymbol{x}_6,\boldsymbol{x}_{10}\}$.

因为 $p_{11}=\frac{0}{3},p_{12}=\frac{3}{3};p_{21}=\frac{2}{2},p_{22}=\frac{0}{2};p_{31}=\frac{2}{2},p_{32}=\frac{0}{2}$; $p_{41}=\frac{2}{2},p_{42}=\frac{0}{2};p_{51}=\frac{1}{2},p_{52}=\frac{1}{2};p_{61}=\frac{2}{3},p_{62}=\frac{1}{3}$, 所以, 有

$$H(X_1)=H(X_2)=H(X_3)=H(X_4)=0,\quad H(X_5)=1,\quad H(X_6)=0.97$$

因此, 划分 $U/\{A_2\}$ 的分类信息熵为

$$H(U/\{A_2\})=\frac{1}{6}(1+0.97)=0.32$$

因为 $H(U/\{A_2\})\leqslant H(U/\{A_1\})$, 所以属性子集 A_2 的不一致性程度比属性子集 A_1 的不一致性程度小.

3.5.4　特征选择的贪心算法

在这一节, 我们介绍两种用于解决离散值特征选择问题的贪心算法. 一种是基于互信息的特征选择算法 [55], 另一种是基于最大依赖度最小相关性的特征选择算法 [56].

1. 基于互信息的特征选择算法

这种特征选择算法以互信息作为贪心选择的标准, 下面介绍相关的基本概念 [57].

定义 3.5.6　设 X 是服从概率分布 $p(x)$ 的离散型随机变量, 所有可能取值的集合为 $\mathcal{X}$. 离散型随机变量 X 的熵 (也称为信息熵) 定义为

$$H(X) = -\sum_{x\in\mathcal{X}} p(x)\log_2 p(x) \tag{3.12}$$

例 3.5.3　表 3.6 中的每一个属性, 包括条件属性和决策属性, 都可以用作离散值随机变量. 求条件属性 Outlook 和 Wind, 以及决策属性 PlayTennis 的熵.

解: 先求条件属性 Outlook 的熵.

此时, $X = \text{Outlook}$, $\mathcal{X} = \{\text{Sunny}, \text{Cloudy}, \text{Rain}\}$. 由表 3.6 可以求出, $\Pr(X = \text{Sunny}) = p_1 = \dfrac{5}{14}$, $\Pr(X = \text{Cloudy}) = p_2 = \dfrac{4}{14}$, $\Pr(X = \text{Rain}) = p_3 = \dfrac{5}{14}$. 根据式 (3.12), 随机变量 X 的熵, 即第一个条件属性 Outlook 的熵为

$$H(\text{Outlook}) = -\frac{5}{14}\log_2\frac{5}{14} - \frac{4}{14}\log_2\frac{4}{14} - \frac{5}{14}\log_2\frac{5}{14} = 1.58$$

同理, 可得条件属性 Wind 和决策属性 PlayTennis 的熵分别为

$$H(\text{Wind}) = -\frac{8}{14}\log_2\frac{8}{14} - \frac{6}{14}\log_2\frac{6}{14} = 0.99$$

和

$$H(\text{PlayTennis}) = -\frac{5}{14}\log_2\frac{5}{14} - \frac{9}{14}\log_2\frac{9}{14} = 0.94$$

熵是随机变量取值的不确定性度量, 取值的不确定性越大, 熵值也越大; 反之, 取值的不确定性越小, 熵值也越小. 关于熵有下面的最大熵原理.

定理 3.5.1　设 X 是服从概率分布 $p(x)$ 的离散型随机变量, 其所有可能的取值为 $x_1, x_2, \cdots, x_n$. 如果 $p(x_i) = \dfrac{1}{n}$, 那么 X 的熵 $H(X)$ 取得最大值.

上面定义的熵是针对一维离散型随机变量的, 对于二维离散型随机变量 (X,Y), 可以类似地定义其熵.

定义 3.5.7 设二维离散型随机变量 (X,Y) 服从的概率分布为 $p(x,y)$, 其熵(也称为 X 和 Y 的联合熵) 定义为

$$H(X,Y)=-\sum_{x\in\mathcal{X}}\sum_{y\in\mathcal{Y}}p(x,y)\log_2 p(x,y) \tag{3.13}$$

其中, $\mathcal{X}$ 和 $\mathcal{Y}$ 分别为离散型随机变量 X 和 Y 所有可能取值的集合.

定义 3.5.8 设二维离散型随机变量 (X,Y) 服从的概率分布为 $p(x,y)$, 在给定 X 的条件下, Y 的条件熵定义为

$$\begin{aligned} H(Y|X)&=-\sum_{x\in\mathcal{X}}p(x)H(Y|X=x)\\ &=-\sum_{x\in\mathcal{X}}p(x)\sum_{y\in\mathcal{Y}}p(y|x)\log_2 p(y|x)\\ &=-\sum_{x\in\mathcal{X}}\sum_{y\in\mathcal{Y}}p(x,y)\log_2 p(y|x) \end{aligned} \tag{3.14}$$

关于联合熵和条件熵, 有下面的定理.

定理 3.5.2 联合熵和条件熵之间存在如下关系, 即

$$H(X,Y)=H(X)+H(Y|X) \tag{3.15}$$

证明:

$$\begin{aligned} H(X,Y)&=-\sum_{x\in\mathcal{X}}\sum_{y\in\mathcal{Y}}p(x,y)\log_2 p(x,y)\\ &=-\sum_{x\in\mathcal{X}}\sum_{y\in\mathcal{Y}}p(x,y)\log_2 p(x)p(y|x)\\ &=-\sum_{x\in\mathcal{X}}\sum_{y\in\mathcal{Y}}p(x,y)\log_2 p(x)-\sum_{x\in\mathcal{X}}\sum_{y\in\mathcal{Y}}p(x,y)\log_2 p(y|x)\\ &=-\sum_{x\in\mathcal{X}}p(x)\log_2 p(x)-\sum_{x\in\mathcal{X}}\sum_{y\in\mathcal{Y}}p(x,y)\log_2 p(y|x)\\ &=H(X)+H(Y|X) \end{aligned} \tag{3.16}$$

■

定义 3.5.9 设 X 和 Y 是离散型随机变量, 它们之间的互信息 $I(X;Y)$ 定义为

$$I(X;Y)=H(Y)-H(Y|X) \tag{3.17}$$

根据 X 和 Y 的对称性及定理 3.5.2, 互信息 $I(X;Y)$ 还可以定义为

$$I(X;Y) = H(X) - H(X|Y) \tag{3.18}$$

和

$$I(X;Y) = H(X) + H(Y) - H(X,Y) \tag{3.19}$$

例 3.5.4 随机变量 X 和 Y 的互信息和熵存在如下关系, 即

$$I(X;Y) = H(X) - H(X|Y) \tag{3.20}$$

$$I(X;Y) = H(Y) - H(Y|X) \tag{3.21}$$

$$I(X;Y) = H(X) + H(Y) - H(X,Y) \tag{3.22}$$

$$I(X;Y) = I(Y;X) \tag{3.23}$$

$$I(X;X) = H(X) \tag{3.24}$$

互信息和信息熵之间的关系可以用图 3.3 直观地描述.

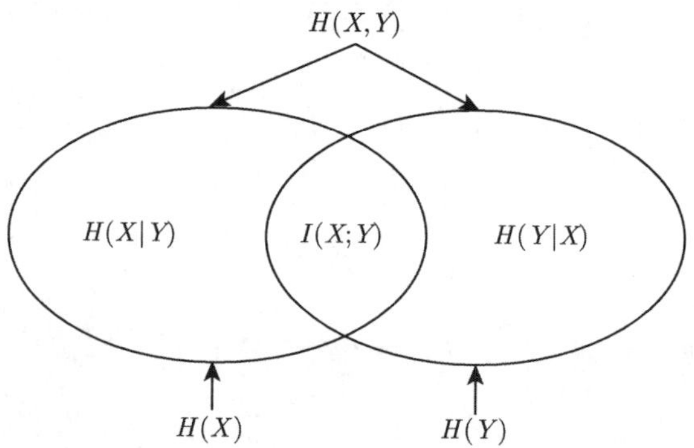

图 3.3 互信息与信息熵之间的关系示意图

例 3.5.5 求如表 3.6 所示天气数据集中 4 个条件属性与决策属性的互信息.

解: ① 求第 1 个条件属性 Outlook 与决策属性 PlayTennis 之间的互信息. 为描述方便, 令 X = Outlook, Y = PlayTennis. 由例题 3.5.3, 我们知道 $H(Y) = 0.94$, 下面计算 $H(Y|X)$.

因为 $\mathcal{X} = \{\text{Sunny}, \text{Cloudy}, \text{Rain}\}$, $\mathcal{Y} = \{\text{Yes}, \text{No}\}$, 所以根据式 (3.14) 可得

$$\begin{aligned} H(Y|X) &= -\sum_{x\in\mathcal{X}} p(x) \sum_{y\in\mathcal{Y}} p(y|x)\log_2 p(y|x) \\ &= -\Pr(X = \text{Sunny})\left[\Pr(Y = \text{Yes}|X = \text{Sunny})\log_2\Pr(Y = \text{Yes}|X = \text{Sunny})\right] \end{aligned}$$

$$
\begin{aligned}
&-\Pr(X=\text{Sunny})\left[\Pr(Y=\text{No}|X=\text{Sunny})\log_2\Pr(Y=\text{No}|X=\text{Sunny})\right]\\
&-\Pr(X=\text{Cloudy})\left[\Pr(Y=\text{Yes}|X=\text{Cloudy})\log_2\Pr(Y=\text{Yes}|X=\text{Cloudy})\right]\\
&-\Pr(X=\text{Cloudy})\left[\Pr(Y=\text{No}|X=\text{Cloudy})\log_2\Pr(Y=\text{No}|X=\text{Cloudy})\right]\\
&-\Pr(X=\text{Rain})\left[\Pr(Y=\text{Yes}|X=\text{Rain})\log_2\Pr(Y=\text{Yes}|X=\text{Rain})\right]\\
&-\Pr(X=\text{Rain})\left[\Pr(Y=\text{No}|X=\text{Rain})\log_2\Pr(Y=\text{No}|X=\text{Rain})\right]\\
=&-\frac{5}{14}\left(\frac{2}{5}\log_2\frac{2}{5}+\frac{3}{5}\log_2\frac{3}{5}\right)\\
&-\frac{4}{14}\left(\frac{4}{4}\log_2\frac{4}{4}+\frac{0}{4}\log_2\frac{0}{4}\right)\\
&-\frac{5}{14}\left(\frac{3}{5}\log_2\frac{3}{5}+\frac{2}{5}\log_2\frac{2}{5}\right)\\
=&-(-0.35-0.00-0.35)\\
=&0.70
\end{aligned}
$$

因此, 根据式 (3.17) 可得

$$
\begin{aligned}
I(X;Y)&=H(Y)-H(Y|X)\\
&=H(\text{PlayTennis})-H(\text{PlayTennis}|\text{Outlook})\\
&=0.94-0.70\\
&=0.24
\end{aligned}
$$

② 求第 2 个条件属性 Temperature 与决策属性 PlayTennis 之间的互信息. 令 $X=\text{Temperature}$, 因为 $\mathcal{X}=\{\text{Hot},\text{Mild},\text{Cool}\}$, 所以根据式 (3.14) 可得

$$
\begin{aligned}
&H(Y|X)\\
=&-\sum_{x\in\mathcal{X}}p(x)\sum_{y\in\mathcal{Y}}p(y|x)\log_2 p(y|x)\\
=&-\Pr(X=\text{Hot})\left[\Pr(Y=\text{Yes}|X=\text{Hot})\log_2\Pr(Y=\text{Yes}|X=\text{Hot})\right]\\
&-\Pr(X=\text{Hot})\left[\Pr(Y=\text{No}|X=\text{Hot})\log_2\Pr(Y=\text{No}|X=\text{Hot})\right]\\
&-\Pr(X=\text{Mild})\left[\Pr(Y=\text{Yes}|X=\text{Mild})\log_2\Pr(Y=\text{Yes}|X=\text{Mild})\right]\\
&-\Pr(X=\text{Mild})\left[\Pr(Y=\text{No}|X=\text{Mild})\log_2\Pr(Y=\text{No}|X=\text{Mild})\right]\\
&-\Pr(X=\text{Cool})\left[\Pr(Y=\text{Yes}|X=\text{Cool})\log_2\Pr(Y=\text{Yes}|X=\text{Cool})\right]\\
&-\Pr(X=\text{Cool})\left[\Pr(Y=\text{No}|X=\text{Cool})\log_2\Pr(Y=\text{No}|X=\text{Cool})\right]\\
=&-\frac{4}{14}\left(\frac{2}{4}\log_2\frac{2}{4}+\frac{2}{4}\log_2\frac{2}{4}\right)
\end{aligned}
$$

$$
\begin{aligned}
&-\frac{6}{14}\left(\frac{4}{6}\log_2\frac{4}{6}+\frac{2}{6}\log_2\frac{2}{6}\right)\\
&-\frac{4}{14}\left(\frac{3}{4}\log_2\frac{3}{4}+\frac{1}{4}\log_2\frac{1}{4}\right)\\
=&-(-0.29-0.40-0.23)\\
=&0.92
\end{aligned}
$$

因此, 根据式 (3.17) 可得

$$
\begin{aligned}
I(X;Y)&=H(Y)-H(Y|X)\\
&=H(\text{PlayTennis})-H(\text{PlayTennis}|\text{Temperature})\\
&=0.94-0.92\\
&=0.02
\end{aligned}
$$

③ 求第 3 个条件属性 Humidity 与决策属性 PlayTennis 之间的互信息.

令 $X=\text{Humidity}$, 因为 $\mathcal{X}=\{\text{High},\text{Normal}\}$, 所以根据式 (3.14) 可得

$$
\begin{aligned}
&H(Y|X)\\
=&-\sum_{x\in\mathcal{X}}p(x)\sum_{y\in\mathcal{Y}}p(y|x)\log_2 p(y|x)\\
=&-\Pr(X=\text{High})\left[\Pr(Y=\text{Yes}|X=\text{High})\log_2\Pr(Y=\text{Yes}|X=\text{High})\right]\\
&-\Pr(X=\text{High})\left[\Pr(Y=\text{No}|X=\text{High})\log_2\Pr(Y=\text{No}|X=\text{High})\right]\\
&-\Pr(X=\text{Normal})\left[\Pr(Y=\text{Yes}|X=\text{Normal})\log_2\Pr(Y=\text{Yes}|X=\text{Normal})\right]\\
&-\Pr(X=\text{Normal})\left[\Pr(Y=\text{No}|X=\text{Normal})\log_2\Pr(Y=\text{No}|X=\text{Normal})\right]\\
=&-\frac{7}{14}\left(\frac{3}{7}\log_2\frac{3}{7}+\frac{4}{7}\log_2\frac{4}{7}\right)\\
&-\frac{7}{14}\left(\frac{6}{7}\log_2\frac{6}{7}+\frac{1}{7}\log_2\frac{1}{7}\right)\\
=&-(-0.49-0.30)\\
=&0.79
\end{aligned}
$$

因此, 根据式 (3.17) 可得

$$
\begin{aligned}
I(X;Y)&=H(Y)-H(Y|X)\\
&=H(\text{PlayTennis})-H(\text{PlayTennis}|\text{Humidity})\\
&=0.94-0.79\\
&=0.15
\end{aligned}
$$

④ 求第 4 个条件属性 Wind 与决策属性 PlayTennis 之间的互信息.

令 $X = \text{Wind}$, 因为 $\mathcal{X} = \{\text{Weak}, \text{Strong}\}$, 所以根据式 (3.14) 可得

$$
\begin{aligned}
& H(Y|X) \\
&= -\sum_{x\in\mathcal{X}} p(x) \sum_{y\in\mathcal{Y}} p(y|x)\log_2 p(y|x) \\
&= -\Pr(X=\text{Weak})\,[\Pr(Y=\text{Yes}|X=\text{Weak})\log_2\Pr(Y=\text{Yes}|X=\text{Weak})] \\
&\quad -\Pr(X=\text{Weak})\,[\Pr(Y=\text{No}|X=\text{Weak})\log_2\Pr(Y=\text{No}|X=\text{Weak})] \\
&\quad -\Pr(X=\text{Strong})\,[\Pr(Y=\text{Yes}|X=\text{Strong})\log_2\Pr(Y=\text{Yes}|X=\text{Strong})] \\
&\quad -\Pr(X=\text{Strong})\,[\Pr(Y=\text{No}|X=\text{Strong})\log_2\Pr(Y=\text{No}|X=\text{Strong})] \\
&= -\frac{8}{14}\left(\frac{6}{8}\log_2\frac{6}{8}+\frac{2}{8}\log_2\frac{2}{8}\right)-\frac{6}{14}\left(\frac{3}{6}\log_2\frac{3}{6}+\frac{3}{6}\log_2\frac{3}{6}\right)-(-0.46-0.43) \\
&= 0.89
\end{aligned}
$$

因此, 根据式 (3.17) 可得

$$
\begin{aligned}
I(X;Y) &= H(Y) - H(Y|X) \\
&= H(\text{PlayTennis}) - H(\text{PlayTennis}|\text{Wind}) \\
&= 0.94 - 0.89 \\
&= 0.05
\end{aligned}
$$

从上面的计算可以看出, 4 个条件属性 Outlook、Temperature、Humidity 和 Wind 与决策属性 PlayTennis 之间的互信息存在如下序关系, 即

$$
\begin{aligned}
I(\text{Outlook};\text{PlayTennis}) &\geqslant I(\text{Humidity};\text{PlayTennis}) \\
&\geqslant I(\text{Wind};\text{PlayTennis}) \\
&\geqslant I(\text{Temperature};\text{PlayTennis})
\end{aligned}
$$

互信息是两个随机变量之间相关性的度量, 互信息的值越大, 说明两个随机变量之间的相关性越强. 对于数据挖掘中的分类任务, 条件属性与决策属性之间的相关性越强, 说明条件属性对于分类越重要; 反之, 条件属性越不重要. 因此, 互信息可以作为特征选择的贪心标准. 在上面的例子中, 因为第一个条件属性 Outlook 与决策属性 PlayTennis 的互信息最大, 所以该属性最重要.

下面介绍基于互信息的特征选择算法, 这个算法是一个典型的贪心算法, 它用互信息作为贪心选择的标准. 其基本思想是, 对于给定的决策表 $DT = (U, A \bigcup C, V, f)$, 首先计算条件属性集合 A 中的每一个条件属性与决策属性之间的互信息, 然后按互信息由大到小的顺序对条件属性排序, 最后按序贪心选择条件属性, 直到满足预定义的停止条件. 如果停止条件是从 d 个特征中选择 l 个, 则基于互信息的特征选择算法如算法 3.4 所示.

算法 3.4: 基于互信息的特征选择算法

输入: 离散值决策表$DT = (U, A \cup C, V, f)$, l, 小于等于d的正整数.
输出: $A' \subseteq A$.
初始化$A' = \varnothing$;
for $(i = 1; i \leqslant d; i = i + 1)$ **do**
  利用式(3.17), 计算$I(a_i; C)$;
end
按互信息由大到小对特征进行排序, 设排序后的特征为$a_{i_1}, a_{i_2}, \cdots, a_{i_d}$;
$A' = \{a_{i_1}, a_{i_2}, \cdots, a_{i_l}\}$;
输出A'.

在算法 3.4 中, 只考虑了条件属性和决策属性之间的相关性, 而没有考虑两个条件属性之间的相关性. 如果两个条件属性之间的相关性很大, 那么在进行特征选择时, 显然没有必要将这两个条件属性都选择, 只选择与决策属性之间互信息大的条件属性即可. 将这种思想加入算法 3.4, 即可得到一种改进的基于互信息的特征选择算法 [55]. 其伪代码在算法 3.5 中给出.

算法 3.5: 改进的基于互信息的特征选择算法

输入: 离散值决策表$DT = (U, A \cup D, V, f)$.
输出: $A' \subseteq A$.
// 初始化;
$A' = \varnothing$;
// 计算每一个条件属性(或特征)与决策属性之间的互信息;
for $(i = 1; i \leqslant d; i = i + 1)$ **do**
  利用式(3.17), 计算$I(a_i; C)$;
end
// 对d个特征按互信息由大到小排序, 记排序后的d个属性(或特

// 征)为$a_{i_1}, a_{i_2}, \cdots, a_{i_d}$;
// 选择第一个属性(或特征);
$A = A - \{a_{i_1}\}$;
$A' = A' \cup \{a_{i_1}\}$;
// 贪心选择其他属性(或特征)，使条件属性(或特征)与决策属性之间
// 的互信息最大，而条件属性(或特征)之间的互信息最小.其中，β是
// 一个用户定义的参数;
for $(j = 2; j \leqslant d; j = i + 1)$ **do**
$\quad a^* = \underset{2 \leqslant j \leqslant d}{\operatorname{argmax}} \left\{ I(a_{i_j}; C) - \beta \sum_{a \in A'} I(a_{i_j}; a) \right\}$;
$\quad A = A - \{a^*\}$;
$\quad A' = A' \cup \{a^*\}$;
end
return A';

2. 基于最大依赖度最小相关性的特征选择算法

这种特征选择算法以最大依赖度最小相关性作为贪心选择的标准, 下面介绍相关的基本概念 [56].

定义 3.5.10 设 R 是定义在集合 U 上的二元关系, 如果 R 满足下列条件, 则称 R 是 U 上的一个等价关系.

① 自反性: $\forall x \in U$, 都有 xRx.

② 对称性: $\forall x, y \in U$, 如果 xRy 成立, 则 yRx 成立.

③ 传递性: $\forall x, y, z \in U$, 如果 xRy 和 yRz 成立, 则 xRz 成立.

定义 3.5.11 给定离散值决策表 $DT = (U, A \bigcup C, V, f)$, 设 R 是论域 U 上的一个等价关系, $\forall \boldsymbol{x} \in U$, 称

$$[\boldsymbol{x}]_R = \{\boldsymbol{y} | (\boldsymbol{y} \in U) \wedge (\boldsymbol{y} R \boldsymbol{x})\}$$

为对象 $\boldsymbol{x}$ 关于 R 的等价类.

定义 3.5.12 给定离散值决策表 $DT = (U, A \bigcup C, V, f)$ 和论域 U 的非空子集簇 $\zeta = \{U_1, U_2, \cdots, U_k\}$, 如果 ζ 满足下列条件, 则称 ζ 为论域 U 的一个划分.

① $U_i \neq \varnothing, i = 1, 2, \cdots, k$.

② $U = \sum_{i=1}^{k} U_i$.

③ $U_i \bigcap U_j = \varnothing, i \neq j$.

说明: 给定离散值决策表 $DT=(U,A\bigcup C,V,f)$, 对于 $\forall A'\subseteq A$, A' 都是一个等价关系. 当然, C 也是一个等价关系. A' 和 C 对论域 U 都形成划分, 分别记为 U/A' 和 U/C, 划分中的每一个子集是一个等价类.

定义在论域 U 上的等价关系和相应的划分之间, 有下面的定理成立.

定理 3.5.3 给定离散值决策表 $DT=(U,A\bigcup C,V,f)$, 论域 U 上的等价关系与论域 U 上的划分是一一对应的.

例 3.5.6 对于如表 3.6 所示的天气数据集, 试举 3 个划分的例子, 要求包括由决策属性构成的划分.

解: 第 1 个例子, 设 $A'=\{\text{Outlook}\}$, 那么相应的划分 $U/A'=\{U_1,U_2,U_3\}$.

其中

$U_1=\{\boldsymbol{x}_1,\boldsymbol{x}_2,\boldsymbol{x}_8,\boldsymbol{x}_9,\boldsymbol{x}_{11}\}$.

$U_2=\{\boldsymbol{x}_3,\boldsymbol{x}_7,\boldsymbol{x}_{12},\boldsymbol{x}_{13}\}$.

$U_3=\{\boldsymbol{x}_4,\boldsymbol{x}_5,\boldsymbol{x}_6,\boldsymbol{x}_{10},\boldsymbol{x}_{14}\}$.

它们分别是条件属性 Outlook 取值为 Sunny、Cloudy 和 Rain 的等价类.

第 2 个例子, 设 $A'=\{\text{Outlook},\text{Temperature}\}$, 那么相应的划分 $U/A'=\{U_1, U_2,\cdots,U_8\}$.

其中

$U_1=\{\boldsymbol{x}_1,\boldsymbol{x}_2\}$ 是取值为 (Sunny, Hot) 的等价类.

$U_2=\{\boldsymbol{x}_8,\boldsymbol{x}_{11}\}$ 是取值为 (Sunny, Mild) 的等价类.

$U_3=\{\boldsymbol{x}_9\}$ 是取值为 (Sunny, Cool) 的等价类.

$U_4=\{\boldsymbol{x}_3,\boldsymbol{x}_{13}\}$ 是取值为 (Cloudy, Hot) 的等价类.

$U_5=\{\boldsymbol{x}_7\}$ 是取值为 (Cloudy, Cool) 的等价类.

$U_6=\{\boldsymbol{x}_{12}\}$ 是取值为 (Cloudy, Mild) 的等价类.

$U_7=\{\boldsymbol{x}_4,\boldsymbol{x}_{10},\boldsymbol{x}_{14}\}$ 是取值为 (Rain, Mild) 的等价类.

$U_8=\{\boldsymbol{x}_5,\boldsymbol{x}_6\}$ 是取值为 (Rain, Cool) 的等价类.

第 3 个例子, 设 $A'=\{\text{PlayTennis}\}$, 那么相应的划分 $U/A'=\{U_1,U_2\}$.

其中

$U_1=\{\boldsymbol{x}_3,\boldsymbol{x}_4,\boldsymbol{x}_5,\boldsymbol{x}_7,\boldsymbol{x}_9,\boldsymbol{x}_{10},\boldsymbol{x}_{11},\boldsymbol{x}_{12},\boldsymbol{x}_{13}\}$.

$U_2=\{\boldsymbol{x}_1,\boldsymbol{x}_2,\boldsymbol{x}_6,\boldsymbol{x}_8,\boldsymbol{x}_{14}\}$.

它们分别是决策属性 PlayTennis 取值为 Yes 和 No 的等价类, 也就是两个决策类.

下面给出下近似和上近似的定义 [58].

定义 3.5.13 给定离散值决策表 $DT=(U,A\bigcup C,V,f)$, R 是定义在 U 上的等价关系 (或属性子集), $X\in U/C$, 即 X 是一个决策类. X 关于 R 的下近似和上

近似分别定义为

$$\begin{aligned}\underline{R}(X) &= \{\boldsymbol{x}|(\boldsymbol{x}\in U)\wedge([\boldsymbol{x}]_R\subseteq X)\}\\ &= \bigcup\{Y|(Y\in U/R)\wedge(Y\subseteq X)\}\end{aligned} \tag{3.25}$$

和

$$\begin{aligned}\overline{R}(X) &= \{\boldsymbol{x}|(\boldsymbol{x}\in U)\wedge([\boldsymbol{x}]_R\bigcap X\neq\varnothing)\}\\ &= \bigcup\{Y|(Y\in U/R)\wedge(Y\bigcap X\neq\varnothing)\}\end{aligned} \tag{3.26}$$

说明: $\underline{R}(X)$ 中的元素用 R(一个属性子集) 分类时, 可以肯定分类到决策类 X 中; $\overline{R}(X)$ 中的元素用 R(一个属性子集) 分类时, 有一部分元素可以肯定分类到决策类 X 中, 也有一部分元素可能分类到决策类 X 中.

例 3.5.7 给定如表 3.6 所示的天气数据集, 设 $R_1=\{a_1\}=\{\text{Outlook}\}$, $R_2=\{a_1,a_3\}=\{\text{Outlook, Humidity}\}$, $X_1=\{\boldsymbol{x}_1,\boldsymbol{x}_2,\boldsymbol{x}_6,\boldsymbol{x}_8,\boldsymbol{x}_{14}\}$, X_1 是决策属性 PlayTennis 取值为No的决策类. $X_2=\{\boldsymbol{x}_3,\boldsymbol{x}_4,\boldsymbol{x}_5,\boldsymbol{x}_7,\boldsymbol{x}_9,\boldsymbol{x}_{10},\boldsymbol{x}_{11},\boldsymbol{x}_{12},\boldsymbol{x}_{13}\}$, X_2 是决策属性 PlayTennis 取值为 Yes 的决策类. 计算 $\underline{R_i}(X_j)$, $\overline{R_i}(X_j)$, $i,j=1,2$.

解: ① 计算 $\underline{R_1}(X_1)$, $\overline{R_1}(X_1)$.

因为 $R_1=\{a_1\}$ 取值有 Sunny、Cloudy 和 Rain, 所以 R_1 有 3 个对应的等价类: $Y_1=\{\boldsymbol{x}_1,\boldsymbol{x}_2,\boldsymbol{x}_8,\boldsymbol{x}_9,\boldsymbol{x}_{11}\}$, $Y_2=\{\boldsymbol{x}_3,\boldsymbol{x}_7,\boldsymbol{x}_{12},\boldsymbol{x}_{13}\}$, $Y_3=\{\boldsymbol{x}_4,\boldsymbol{x}_5,\boldsymbol{x}_6,\boldsymbol{x}_{10},\boldsymbol{x}_{14}\}$, 即 $U/R_1=\{Y_1,Y_2,Y_3\}$. 根据下近似和上近似的定义, 可得决策类 X_1 相对于 $R_1=\{a_1\}$ 的下近似和上近似分别为

$$\underline{R_1}(X_1)=\bigcup_{i=1}^{3}\{Y_i|(Y_i\in U/R_1)\wedge(Y_i\subseteq X_1)\}=\varnothing$$

和

$$\begin{aligned}\overline{R_1}(X_1) &= \bigcup_{i=1}^{3}\{Y_i|(Y_i\in U/R_1)\wedge(Y_i\bigcap X_1\neq\varnothing)\}\\ &= Y_1\bigcup Y_3\\ &= \{\boldsymbol{x}_1,\boldsymbol{x}_2,\boldsymbol{x}_4,\boldsymbol{x}_5,\boldsymbol{x}_6,\boldsymbol{x}_8,\boldsymbol{x}_9,\boldsymbol{x}_{10},\boldsymbol{x}_{11},\boldsymbol{x}_{14}\}\end{aligned}$$

② 计算 $\underline{R_2}(X_1)$, $\overline{R_2}(X_1)$.

因为 $R_2=\{a_1,a_3\}$ 取 6 个值, (Sunny, High), (Sunny, Normal), (Cloudy, High), (Cloudy, Normal), (Rain, High), (Rain, Normal), 所以 R_2 有 6 个对应的等价类, $Y_1=\{\boldsymbol{x}_1,\boldsymbol{x}_2,\boldsymbol{x}_8\}$, $Y_2=\{\boldsymbol{x}_9,\boldsymbol{x}_{11}\}$, $Y_3=\{\boldsymbol{x}_3,\boldsymbol{x}_{12}\}$, $Y_4=\{\boldsymbol{x}_7,\boldsymbol{x}_{13}\}$, $Y_5=\{\boldsymbol{x}_4,\boldsymbol{x}_{14}\}$, $Y_6=\{\boldsymbol{x}_5,\boldsymbol{x}_6,\boldsymbol{x}_{10}\}$, 即 $U/R_2=\{Y_1,Y_2,Y_3,Y_4,Y_5,Y_6\}$. 根据下近似和上近似的定义, 可得决策类 X_1 相对于 $R_2=\{a_1,a_3\}$ 的下近似和上近似分别为

$$\underline{R_2}(X_1)=\bigcup_{i=1}^{6}\{Y_i|(Y_i\in U/R_2)\wedge(Y_i\subseteq X_1)\}=Y_1=\{\boldsymbol{x}_1,\boldsymbol{x}_2,\boldsymbol{x}_8\}$$

和

$$\begin{aligned}\overline{R_2}(X_1) &= \bigcup_{i=1}^{6}\{Y_i|(Y_i \in U/R_2) \wedge (Y_i \bigcap X_1 \neq \varnothing)\}\\ &= Y_1 \bigcup Y_5 \bigcup Y_6\\ &= \{\boldsymbol{x}_1, \boldsymbol{x}_2, \boldsymbol{x}_4, \boldsymbol{x}_5, \boldsymbol{x}_6, \boldsymbol{x}_8, \boldsymbol{x}_{10}, \boldsymbol{x}_{14}\}.\end{aligned}$$

③ 计算 $\underline{R_1}(X_2)$, $\overline{R_1}(X_2)$.

因为 $R_1 = \{a_1\}$ 取 3 个值, Sunny、Cloudy 和 Rain, 所以 R_1 有 3 个对应的等价类, $Y_1 = \{\boldsymbol{x}_1, \boldsymbol{x}_2, \boldsymbol{x}_8, \boldsymbol{x}_9, \boldsymbol{x}_{11}\}$, $Y_2 = \{\boldsymbol{x}_3, \boldsymbol{x}_7, \boldsymbol{x}_{12}, \boldsymbol{x}_{13}\}$, $Y_3 = \{\boldsymbol{x}_4, \boldsymbol{x}_5, \boldsymbol{x}_6, \boldsymbol{x}_{10}, \boldsymbol{x}_{14}\}$, 即 $U/R_1 = \{Y_1, Y_2, Y_3\}$. 根据下近似和上近似的定义, 可得决策类 X_2 相对于 $R_1 = \{a_1\}$ 的下近似和上近似分别为

$$\begin{aligned}\underline{R_1}(X_2) &= \bigcup_{i=1}^{3}\{Y_i|(Y_i \in U/R_1) \wedge (Y_i \subseteq X_2)\}\\ &= Y_2\\ &= \{\boldsymbol{x}_3, \boldsymbol{x}_7, \boldsymbol{x}_{12}, \boldsymbol{x}_{13}\}\end{aligned}$$

和

$$\overline{R_1}(X_2) = \bigcup_{i=1}^{3}\{Y_i|(Y_i \in U/R_1) \wedge (Y_i \bigcap X_2 \neq \varnothing)\} = Y_1 \bigcup Y_2 \bigcup Y_3 = U$$

④ 计算 $\underline{R_2}(X_2)$, $\overline{R_2}(X_2)$.

因为 $R_2 = \{a_1, a_3\}$ 取 6 个值, (Sunny, High)、(Sunny, Normal)、(Cloudy, High)、(Cloudy, Normal)、(Rain, High)、(Rain, Normal), 所以 R_2 有 6 个对应的等价类, $Y_1 = \{\boldsymbol{x}_1, \boldsymbol{x}_2, \boldsymbol{x}_8\}$, $Y_2 = \{\boldsymbol{x}_9, \boldsymbol{x}_{11}\}$, $Y_3 = \{\boldsymbol{x}_3, \boldsymbol{x}_{12}\}$, $Y_4 = \{\boldsymbol{x}_7, \boldsymbol{x}_{13}\}$, $Y_5 = \{\boldsymbol{x}_4, \boldsymbol{x}_{14}\}$, $Y_6 = \{\boldsymbol{x}_5, \boldsymbol{x}_6, \boldsymbol{x}_{10}\}$, 即 $U/R_2 = \{Y_1, Y_2, Y_3, Y_3, Y_4, Y_5, Y_6\}$. 根据下近似和上近似的定义, 可得决策类 X_2 相对于 $R_2 = \{a_1, a_3\}$ 的下近似和上近似分别为

$$\begin{aligned}\underline{R_2}(X_2) &= \bigcup_{i=1}^{6}\{Y_i|(Y_i \in U/R_2) \wedge (Y_i \subseteq X_2)\}\\ &= Y_2 \bigcup Y_3 \bigcup Y_4\\ &= \{\boldsymbol{x}_3, \boldsymbol{x}_7, \boldsymbol{x}_9, \boldsymbol{x}_{11}, \boldsymbol{x}_{12}, \boldsymbol{x}_{13}\}\end{aligned}$$

和

$$\begin{aligned}\overline{R_2}(X_2) &= \bigcup_{i=1}^{6}\{Y_i|(Y_i \in U/R_2) \wedge (Y_i \bigcap X_2 \neq \varnothing)\}\\ &= Y_2 \bigcup Y_3 \bigcup Y_4 \bigcup Y_5 \bigcup Y_6\\ &= \{\boldsymbol{x}_3, \boldsymbol{x}_4, \boldsymbol{x}_5, \boldsymbol{x}_6, \boldsymbol{x}_7, \boldsymbol{x}_9, \boldsymbol{x}_{10}, \boldsymbol{x}_{11}, \boldsymbol{x}_{12}, \boldsymbol{x}_{13}, \boldsymbol{x}_{14}\}\end{aligned}$$

定义 3.5.14 给定离散值决策表 $DT = (U, A\bigcup C, V, f)$, R 是定义在 U 上的等价关系 (或属性子集), 决策属性 C 对论域 U 的划分 (或分类) 为 $U/C = \{X_1, X_2, \cdots, X_k\}$, k 是类别数. C 相对于 R 的正域定义为

$$\mathrm{POS}_R(C) = \bigcup_{i=1}^{k} \underline{R}(X_i) \tag{3.27}$$

例 3.5.8 给定表 3.6 所示的天气数据集, 设 $R_1 = \{a_1\} = \{\text{Outlook}\}$, $R_2 = \{a_1, a_3\} = \{\text{Outlook, Humidity}\}$, $C = \text{PlayTennis}$. 计算 $\mathrm{POS}_{R_i}(C)(i = 1, 2)$.

解: ① 计算 $\mathrm{POS}_{R_1}(C)$.

因为 $U/C = X_1 \bigcup X_2$, 其中, $X_1 = \{\boldsymbol{x}_1, \boldsymbol{x}_2, \boldsymbol{x}_6, \boldsymbol{x}_8, \boldsymbol{x}_{14}\}$, $X_2 = \{\boldsymbol{x}_3, \boldsymbol{x}_4, \boldsymbol{x}_5, \boldsymbol{x}_7, \boldsymbol{x}_9, \boldsymbol{x}_{10}, \boldsymbol{x}_{11}, \boldsymbol{x}_{12}, \boldsymbol{x}_{13}\}$, 所以根据式 (3.27), 要计算 $\mathrm{POS}_{R_1}(C)$, 必须先计算 $\underline{R_1}(X_1)$ 和 $\underline{R_1}(X_2)$.

根据例 3.5.7, 我们知道

$$\begin{aligned}&\underline{R_1}(X_1) = \varnothing\\&\underline{R_1}(X_2) = \{\boldsymbol{x}_3, \boldsymbol{x}_7, \boldsymbol{x}_{12}, \boldsymbol{x}_{13}\}\end{aligned}$$

因此

$$\begin{aligned}\mathrm{POS}_{R_1}(C) &= \underline{R_1}(X_1)\bigcup\underline{R_1}(X_2)\\&= \{\boldsymbol{x}_3, \boldsymbol{x}_7, \boldsymbol{x}_{12}, \boldsymbol{x}_{13}\}\end{aligned}$$

② 计算 $\mathrm{POS}_{R_2}(C)$.

根据例 3.5.7, 我们知道

$$\begin{aligned}&\underline{R_2}(X_1) = \{\boldsymbol{x}_1, \boldsymbol{x}_2, \boldsymbol{x}_8\}\\&\underline{R_2}(X_2) = \{\boldsymbol{x}_3, \boldsymbol{x}_7, \boldsymbol{x}_9, \boldsymbol{x}_{11}, \boldsymbol{x}_{12}, \boldsymbol{x}_{13}\}\end{aligned}$$

因此

$$\begin{aligned}\mathrm{POS}_{R_2}(C) &= \underline{R_2}(X_1)\bigcup\underline{R_2}(X_2)\\&= \{\boldsymbol{x}_1, \boldsymbol{x}_2, \boldsymbol{x}_3, \boldsymbol{x}_7, \boldsymbol{x}_8, \boldsymbol{x}_9, \boldsymbol{x}_{11}, \boldsymbol{x}_{12}, \boldsymbol{x}_{13}\}.\end{aligned}$$

定义 3.5.15 给定离散值决策表 $DT = (U, A\bigcup C, V, f)$, $U/C = \{X_1, X_2, \cdots, X_k\}$, R 是定义在 U 上的等价关系 (或属性子集). 决策属性 C 依赖属性子集 R 的依赖度定义为

$$\gamma_R(C) = \frac{\left|\mathrm{POS}_R(C)\right|}{|U|} = \frac{1}{|U|} \times \left|\bigcup_{i=1}^{k} \underline{R}(X_i)\right| \tag{3.28}$$

说明: $\gamma_R(C)$ 描述的是决策属性 C 相对于属性子集 R 的依赖程度. $\gamma_R(C)$ 的值越大, 说明 C 对 R 的依赖程度越高. 当 R 是由单个条件属性 a 构成时, $\gamma_R(C)$ 的值越大, 说明条件属性 a 对决策属性 C 越重要.

例 3.5.9　给定如表 3.6 所示的天气数据集, 设 $a_1=\text{Outlook}$, $a_2=\text{Temperature}$, $a_3=\text{Humidity}$, $a_4=\text{Wind}$, $C=\text{PlayTennis}$. 计算 $\gamma_{a_i}(C)(i=1,2,3,4)$.

解: ① 计算 $\gamma_{a_1}(C)$.

根据例 3.5.8, 我们知道

$$\begin{aligned}\text{POS}_{a_1}(C)&=\underline{a_1}(X_1)\bigcup\underline{a_1}(X_2)\\&=\{\boldsymbol{x}_3,\boldsymbol{x}_7,\boldsymbol{x}_{12},\boldsymbol{x}_{13}\}\end{aligned}$$

因此

$$\gamma_{a_1}(C)=\frac{|\text{POS}_{a_1}(C)|}{|U|}=\frac{4}{14}=0.29$$

② 计算 $\gamma_{a_2}(C)$.

先计算 $\underline{a_2}(X_1)$ 和 $\underline{a_2}(X_2)$.

因为 $U/a_2=\{Y_1\bigcup Y_2\bigcup Y_3\}$.

其中

$$\begin{aligned}Y_1&=\{\boldsymbol{x}_1,\boldsymbol{x}_2,\boldsymbol{x}_3,\boldsymbol{x}_{13}\}\\Y_2&=\{\boldsymbol{x}_4,\boldsymbol{x}_8,\boldsymbol{x}_{10},\boldsymbol{x}_{11},\boldsymbol{x}_{12},\boldsymbol{x}_{14}\}\\Y_3&=\{\boldsymbol{x}_5,\boldsymbol{x}_6,\boldsymbol{x}_7,\boldsymbol{x}_9\}\end{aligned}$$

所以, 根据下近似的定义, 可得

$$\begin{aligned}\underline{a_2}(X_1)&=\varnothing\\\underline{a_2}(X_2)&=\varnothing\end{aligned}$$

因此

$$\gamma_{a_2}(C)=\frac{|\text{POS}_{a_2}(C)|}{|U|}=\frac{0}{14}=0.00$$

③ 计算 $\gamma_{a_3}(C)$.

先计算 $\underline{a_3}(X_1)$ 和 $\underline{a_3}(X_2)$.

因为 $U/a_3=\{Y_1\bigcup Y_2\}$.

其中

$$\begin{aligned}Y_1&=\{\boldsymbol{x}_1,\boldsymbol{x}_2,\boldsymbol{x}_3,\boldsymbol{x}_4,\boldsymbol{x}_8,\boldsymbol{x}_{12},\boldsymbol{x}_{14}\}\\Y_2&=\{\boldsymbol{x}_5,\boldsymbol{x}_6,\boldsymbol{x}_7,\boldsymbol{x}_9,\boldsymbol{x}_{10},\boldsymbol{x}_{11}\boldsymbol{x}_{13}\}\end{aligned}$$

所以, 根据下近似的定义, 可得

$$\underline{a_3}(X_1) = \varnothing$$

$$\underline{a_3}(X_2) = \varnothing$$

因此

$$\gamma_{a_3}(C) = \frac{\left|\text{POS}_{a_3}(C)\right|}{|U|} = \frac{0}{14} = 0.00$$

④ 计算 $\gamma_{a_4}(C)$.

先计算 $\underline{a_4}(X_1)$ 和 $\underline{a_4}(X_2)$.

因为 $U/a_4 = \{Y_1 \bigcup Y_2\}$.

其中

$$Y_1 = \{\boldsymbol{x}_1, \boldsymbol{x}_3, \boldsymbol{x}_4, \boldsymbol{x}_5, \boldsymbol{x}_8, \boldsymbol{x}_9, \boldsymbol{x}_{10}, \boldsymbol{x}_{13}\}$$

$$Y_2 = \{\boldsymbol{x}_2, \boldsymbol{x}_6, \boldsymbol{x}_7, \boldsymbol{x}_{11}, \boldsymbol{x}_{12}, \boldsymbol{x}_{14}\}$$

所以, 根据下近似的定义, 可得

$$\underline{a_4}(X_1) = \varnothing$$

$$\underline{a_4}(X_2) = \varnothing$$

因此

$$\gamma_{a_4}(C) = \frac{\left|\text{POS}_{a_4}(C)\right|}{|U|} = \frac{0}{14} = 0.00$$

从这个例子可以看到, 对于给定的决策表 3.6, 因为决策属性 PlayTennis 相对于条件属性 Outlook 的依赖度最大, 所以 Outlook 最重要. 需要注意的是, 虽然决策属性 PlayTennis 相对于条件属性 Temperature、Humidity、Wind 的依赖度都等于 0.00, 但是这 3 个属性不可能都是冗余属性 (实际上, 对于决策表 3.6, 在这 3 个属性中, 只有 Temperature 是冗余属性), 请读者思考这是为什么? 下面再看一个例子.

例 3.5.10 给定如表 3.7 所示的流感数据集. 计算 $\gamma_{a_i}(C)(i = 1, 2, 3)$.

表 3.7 流感数据集

$\boldsymbol{x}$	a_1(头痛)	a_2(肌肉痛)	a_3(体温)	C(流感)
$\boldsymbol{x}_1$	Headache	True	Normal	No
$\boldsymbol{x}_2$	Headache	True	High	Yes
$\boldsymbol{x}_3$	Headache	True	Very high	Yes
$\boldsymbol{x}_4$	None ache	True	Normal	No
$\boldsymbol{x}_5$	None ache	False	High	No
$\boldsymbol{x}_6$	None ache	True	Very high	Yes

解: ① 计算 $\gamma_{a_1}(C)$.

因为 $U/C=\{X_1,X_2\}$, $X_1=\{\boldsymbol{x}_1,\boldsymbol{x}_4,\boldsymbol{x}_5\}$, $X_2=\{\boldsymbol{x}_2,\boldsymbol{x}_3,\boldsymbol{x}_6\}$. 而 $U/a_1=\{Y_1,Y_2\}$, $Y_1=\{\boldsymbol{x}_1,\boldsymbol{x}_2,\boldsymbol{x}_3\}$, $Y_2=\{\boldsymbol{x}_4,\boldsymbol{x}_5,\boldsymbol{x}_6\}$. 所以, 根据下近似的定义, 可得

$$\underline{a_1}(X_1)=\varnothing$$
$$\underline{a_1}(X_2)=\varnothing$$

因此, 根据式 (3.28), 可得

$$\gamma_{a_1}(C)=\frac{|\mathrm{POS}_{a_1}(C)|}{|U|}=\frac{0}{6}=0.00$$

② 计算 $\gamma_{a_2}(C)$.

因为 $U/a_2=\{Y_1,Y_2\}$.

其中

$$Y_1=\{\boldsymbol{x}_1,\boldsymbol{x}_2,\boldsymbol{x}_3,\boldsymbol{x}_4,\boldsymbol{x}_6\}$$
$$Y_2=\{\boldsymbol{x}_5\}$$

所以, 根据下近似的定义, 可得

$$\underline{a_2}(X_1)=Y_2=\{\boldsymbol{x}_5\}$$
$$\underline{a_2}(X_2)=\varnothing$$

因此, 根据式 (3.28), 可得

$$\gamma_{a_2}(C)=\frac{|\mathrm{POS}_{a_2}(C)|}{|U|}=\frac{1}{6}=0.17$$

③ 计算 $\gamma_{a_3}(C)$.

因为 $U/a_3=\{Y_1,Y_2,Y_3\}$, $Y_1=\{\boldsymbol{x}_1,\boldsymbol{x}_4\}$, $Y_2=\{\boldsymbol{x}_2,\boldsymbol{x}_5\}$, $Y_3=\{\boldsymbol{x}_3,\boldsymbol{x}_6\}$. 所以, 根据下近似的定义, 可得

$$\underline{a_3}(X_1)=Y_1=\{\boldsymbol{x}_1,\boldsymbol{x}_4\}$$
$$\underline{a_3}(X_2)=Y_3=\{\boldsymbol{x}_3,\boldsymbol{x}_6\}$$

因此, 根据式 (3.28), 可得

$$\gamma_{a_3}(C)=\frac{|\mathrm{POS}_{a_3}(C)|}{|U|}=\frac{4}{6}=0.67$$

因为 $\gamma_{a_3}(C)\geqslant\gamma_{a_2}(C)\geqslant\gamma_{a_1}(C)$, 所以对于决策表 3.7, 条件属性 a_3(体温) 最重要.

从上面的两个例子可以看出, 可以用依赖度作为特征选择的贪心标准. 下面介绍基于最大依赖度最小相关性的特征选择算法, 它也是一种典型的贪心算法.

给定离散值属性决策表 $DT=(U,A\bigcup C,V,f)$, 若 R 是候选特征 (或属性) 子集, 则选择特征 (或属性) 的贪心选择标准可用下式描述, 即

$$a^*=\underset{a'\in A\text{-}R}{\operatorname{argmax}}\left\{\gamma_{a'}(C)-\frac{1}{|R|}\sum_{a\in R}I(a;a')\right\} \tag{3.29}$$

其中, $|R|$ 表示特征 (或属性) 子集 R 中包含的属性个数; $I(a;a')$ 是条件属性 a 和条件属性 a' 的互信息; $\gamma_{a'}(C)$ 是条件属性 a' 相对于决策属性 C 的依赖度, 其计算公式为

$$\gamma_{a'}(C)=\frac{1}{|U|}\sum_{i-1}^{k}\left|\underline{a}'(X_i)\right| \tag{3.30}$$

其中, $X_i\in U/C$, $U/C=\{X_1,X_2,\cdots,X_k\}$.

说明: 式 (3.29) 的含义是选择与决策属性依赖度最大的, 且与已选择的条件属性之间相关性最小的特征 (或属性). 基于最大依赖度最小相关性的特征选择算法如算法 3.6 所示.

算法 3.6: 最大依赖度最小相关性特征选择算法

输入: 离散值属性决策表$DT=(U,A\cup C,V,f)$, 参数λ.

输出: 特征子集$A'\subseteq A$.

令$A'=\varnothing$, $R'=A-A'$;

while ($\mathrm{POS}_A(C)\neq\mathrm{POS}_{A'}(C)$) **do**

    for (each $a'\in R'$) **do**

        利用式(3.30)计算其依赖度$\gamma_{a'}(C)$;

    end

    $a^*=\underset{a'\in R'}{\operatorname{argmax}}\ \gamma_{a'}(C)$;

    for (each $a\in A'$) **do**

        利用式(3.17)计算互信息$I(a;a^*)$;

    end

    if ($\frac{1}{|A'|}\sum_{a\in A'}I(a;a^*)\geqslant\lambda$) **then**

```
        R' = R' − {a*};
        转到4.
    else
        A' = A' ∪ {a*};
        R' = R' − {a*};
        转到4.
    end
end
输出A'.
```

3.6　决策树归纳算法

第 1 章介绍了分类问题, 本节介绍三种求解分类问题的决策树算法, 它们都是贪心算法. 其中两种是解决离散值 (或符号值) 分类问题的决策树算法, 另一种是解决连续值 (实数值) 分类问题的决策树算法.

3.6.1　ID3 算法

ID3[59] 算法是著名的离散值决策树归纳算法, 用于解决离散值 (或符号值) 分类问题. 符号值分类问题是指决策表中条件属性是离散值属性的分类问题, 这种属性的取值是一些符号值. 因为 ID3 算法用树描述从决策表中挖掘出的决策 (分类) 规则, 所以称这种树为决策树.

决策树的叶子结点是决策属性的取值 (类别值), 内部结点是条件属性, 分支是条件属性的取值. 例如, 表 3.6 是一个有关天气分类问题的符号值决策表, 图 3.4 是用 ID3 算法生成的决策树. 这棵树共有 5 个叶子结点 (用椭圆框表示), 它们是决策属性 PlayTennis 的取值 Yes 或 No; 共有 3 个内部结点 (用矩形框表示), 即 Outlook、Humidity 和 Wind. 其中, Outlook 是这棵树的根结点, 它有 3 个孩子结点, Sunny、Cloudy 和 Rain, 它们是条件属性 Outlook 的取值. 条件属性 Humidity 和 Wind 各有两个值, 它们各自有两个孩子结点. 下面介绍 ID3 算法.

ID3 算法是一种贪心算法, 它用信息增益作为贪心选择标准 (也称为启发式) 来选择树的根结点 (也称为扩展属性), 递归地构建决策树. ID3 算法的输入是一个离散值属性决策表, 其输出是一棵表示规则的决策树. 在介绍 ID3 算法之前, 先介绍相关的概念.

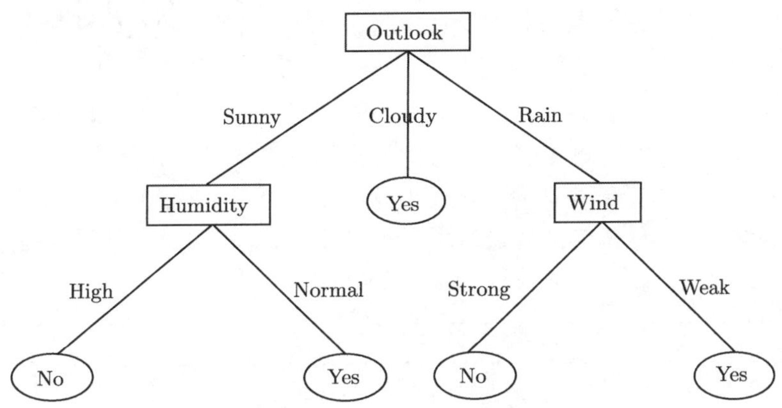

图 3.4 由表 3.6 用 ID3 算法生成的决策树

给定离散值属性决策表 $DT=(U,A\bigcup C,V,f)$, 设 $U=\{\boldsymbol{x}_1,\boldsymbol{x}_2,\cdots,\boldsymbol{x}_n\}$, $A=\{a_1,a_2,\cdots,a_d\}$, 即决策表 DT 包含 n 个样例, 每个样例用 d 个属性描述. 又假设决策表中的样例分为 k 类, 即 $C_1,C_2,\cdots,C_k$. C_i 中包含的样例数用 $|C_i|$ 表示, $1\leqslant i\leqslant k$. 第 i 类样例所占的比例用 $p_i=\dfrac{|C_i|}{n}$ 表示.

定义 3.6.1 给定离散值属性决策表 $DT=(U,A\bigcup C,V,f)$, 集合 U 的信息熵定义为

$$H(U)=-\sum_{i=1}^{k}p_i\log_2 p_i \tag{3.31}$$

说明: 式 (3.31) 定义的集合 U 的信息熵, 实际上是把决策属性 PlayTennis 看作随机变量. $H(U)$ 是这个随机变量的信息熵.

定义 3.6.2 给定离散值属性决策表 $DT=(U,A\bigcup C,V,f)$, 对于 $\forall a\in A$, 属性 a 的信息增益定义为

$$G(a)=H(U)-\sum_{v\in V_a}\frac{|U_v|}{|U|}H(U_v) \tag{3.32}$$

说明:

① 集合 U 的信息熵是 U 中样例类别的不确定性度量, 当 U 中的样例属于同一个类时, 它的信息熵为 0; 当 U 中的样例属于各个类别的数量相同时, 它的信息熵最大.

② V_a 表示属性 a 的值域, U_v 表示由 U 中属性 a 的取值为 v 的样例构成的集合.

③ 属性 a 的信息增益表示在给定 a 的前提下, 样例类别不确定性的减少, 减少的越多, 说明这个属性越重要.

④ 实际上, 信息增益就是信息论中的互信息, 度量的是决策属性与条件属性之间的相关程度.

ID3 算法就是用信息增益作为贪心选择的标准来选择扩展属性, 并用选出的扩展属性划分决策表. 在决策表子集上再用信息增益选择子树的根结点, 这样递归地构造决策树. 对于给定的决策表, 用 ID3 算法构造决策树时, 首先计算每一个条件属性的信息增益, 然后按信息增益由大到小排序, 信息增益最大的属性被选择为树的根结点 (扩展属性). ID3 算法的伪代码如算法 3.7 所示.

算法 3.7: ID3算法

1 **输入:** 离散值属性决策表 $DT = (U, A \cup C, V, f)$.
2 **输出:** 决策树.
3 **for** $(i = 1; i \leqslant d; i++)$ **do**
4 　用式(3.32)计算属性a_i的信息增益$G(a_i)$;
5 **end**
6 **for** $(i = 1; i \leqslant d; i++)$ **do**
7 　对信息增益$G(a_i)$按由大到小的次序排序, 假定排序的结果为$G(a_{i_1}), G(a_{i_2}), \cdots, G(a_{i_d})$;
8 **end**
9 选择$G(a_{i_1})$为树的根结点(扩展属性);
10 根据属性a_{i_1}的取值, 将数据集U划分为m个子集$U_1, U_2, \cdots, U_m$. 其中, m是属性a_{i_1}取值的个数;
11 **for** $(i = 1; i \leqslant m; i++)$ **do**
12 　**if** U_i中的样例属于同一类 **then**
13 　　产生一个叶结点;
14 　**else**
15 　　重复步骤3-10;
16 　**end**
17 **end**
18 输出决策树.

例 3.6.1　对如表 3.6 所示的离散值属性决策表, 给出用 ID3 算法生成决策树的过程.

解: ID3 算法的步骤可大致分为两步, 即选择扩展属性和划分样例集合递归地构建决策树.

1 选择扩展属性

首先根据式 (3.31) 计算集合 U 的信息熵, 然后根据式 (3.32) 计算每一个条件属性的信息增益, 集合 U 的信息熵为

$$H(U)=-\sum_{i=1}^{2}p_i\log_2 p_i=-\left(\frac{9}{14}\log_2\frac{9}{14}+\frac{5}{14}\log_2\frac{5}{14}\right)=0.94$$

对于条件属性 Outlook, 相应的 $V_a=\{\text{Sunny, Cloudy, Rain}\}$, 对应的 3 个样例子集 (实际上是 3 个等价类) 分别为

$$U_{\text{Sunny}}=\{\boldsymbol{x}_1,\boldsymbol{x}_2,\boldsymbol{x}_8,\boldsymbol{x}_9,\boldsymbol{x}_{11}\}$$
$$U_{\text{Cloudy}}=\{\boldsymbol{x}_3,\boldsymbol{x}_7,\boldsymbol{x}_{12},\boldsymbol{x}_{13}\}$$
$$U_{\text{Rain}}=\{\boldsymbol{x}_4,\boldsymbol{x}_5,\boldsymbol{x}_6,\boldsymbol{x}_{10},\boldsymbol{x}_{14}\}$$

其中, 样例子集 U_{Sunny} 共有 5 个样例, 3 个负例 (对应类别属性值为 No), 2 个正例 (对应类别属性值为 Yes); 样例子集 U_{Cloudy} 共有 4 个样例, 都是正例; 样例子集 U_{Cloudy} 共有 5 个样例, 2 个负例, 3 个正例.

因此, 3 个样例子集的信息熵分别为

$$H(U_{\text{Sunny}})=-\left(\frac{2}{5}\log_2\frac{2}{5}+\frac{3}{5}\log_2\frac{3}{5}\right)=0.97$$

$$H(U_{\text{Cloudy}})=-\left(\frac{4}{4}\log_2\frac{4}{4}+\frac{0}{0}\log_2\frac{0}{0}\right)=0.00$$

$$H(U_{\text{Rain}})=-\left(\frac{3}{5}\log_2\frac{3}{5}+\frac{2}{5}\log_2\frac{2}{5}\right)=0.97$$

因此, 根据式 (3.32), 可得条件属性 Outlook 的信息增益, 即

$$\begin{aligned}
&G(\text{Outlook})\\
=&H(U)-\sum_{v\in V_a}\frac{|U_v|}{|U|}H(U_v)\\
=&0.94-\left[\frac{5}{14}H(U_{\text{Sunny}})+\frac{4}{14}H(U_{\text{Cloudy}})+\frac{5}{14}H(U_{\text{Rain}})\right]\\
=&0.94-\left(\frac{5}{14}\times 0.97+\frac{4}{14}\times 0.00+\frac{5}{14}\times 0.97\right)\\
=&0.24
\end{aligned}$$

对于条件属性 Temperature, 相应的 $V_a = \{\text{Hot, Mild, Cool}\}$, 对应的 3 个样例子集 (实际上是 3 个等价类) 分别是

$$U_{\text{Hot}} = \{\boldsymbol{x}_1, \boldsymbol{x}_2, \boldsymbol{x}_3, \boldsymbol{x}_{13}\}$$
$$U_{\text{Mild}} = \{\boldsymbol{x}_4, \boldsymbol{x}_8, \boldsymbol{x}_{10}, \boldsymbol{x}_{11}, \boldsymbol{x}_{12}, \boldsymbol{x}_{14}\}$$
$$U_{\text{Cool}} = \{\boldsymbol{x}_5, \boldsymbol{x}_6, \boldsymbol{x}_7, \boldsymbol{x}_9\}$$

其中, 样例子集 U_{Hot} 共有 4 个样例, 2 个负例 (对应类别属性值为 No), 2 个正例 (对应类别属性值为 Yes); 样例子集 U_{Mild} 共有 6 个样例, 2 个负例, 4 个正例; 样例子集 U_{Cool} 共有 4 个样例, 1 个负例, 3 个正例.

因此, 3 个样例子集的信息熵分别为

$$H(U_{\text{Hot}}) = -\left(\frac{2}{4}\log_2\frac{2}{4} + \frac{2}{4}\log_2\frac{2}{4}\right) = 1.00$$

$$H(U_{\text{Mild}}) = -\left(\frac{2}{6}\log_2\frac{2}{6} + \frac{4}{6}\log_2\frac{4}{6}\right) = 0.92$$

$$H(U_{\text{Cool}}) = -\left(\frac{1}{4}\log_2\frac{1}{4} + \frac{3}{4}\log_2\frac{3}{4}\right) = 0.81$$

因此, 根据式 (3.32), 可得条件属性 Temperature 的信息增益为

$$\begin{aligned}
&G(\text{Temperature}) \\
=&H(U) - \sum_{v\in V_a}\frac{|U_v|}{|U|}H(U_v) \\
=&0.94 - \left[\frac{4}{14}H(U_{\text{Hot}}) + \frac{6}{14}H(U_{\text{Mild}}) + \frac{4}{14}H(U_{\text{Cool}})\right] \\
=&0.94 - \left(\frac{4}{14}\times 1.00 + \frac{6}{14}\times 0.92 + \frac{4}{14}\times 0.81\right) \\
=&0.02
\end{aligned}$$

对于条件属性 Humidity, 相应的 $V_a = \{\text{High, Normal}\}$, 对应的 2 个样例子集 (实际上是 2 个等价类) 分别为

$$U_{\text{High}} = \{\boldsymbol{x}_1, \boldsymbol{x}_2, \boldsymbol{x}_3, \boldsymbol{x}_4, \boldsymbol{x}_8, \boldsymbol{x}_{12}, \boldsymbol{x}_{14}\}$$
$$U_{\text{Normal}} = \{\boldsymbol{x}_5, \boldsymbol{x}_6, \boldsymbol{x}_7, \boldsymbol{x}_9, \boldsymbol{x}_{10}, \boldsymbol{x}_{11}, \boldsymbol{x}_{13}\}$$

其中, 样例子集 U_{High} 共有 7 个样例, 4 个负例 (对应类别属性值为 No), 3 个正例 (对应类别属性值为 Yes); 样例子集 U_{Normal} 共有 7 个样例, 1 个负例, 6 个正例.

因此, 2 个样例子集的信息熵分别为

$$H(U_{\text{High}}) = -\left(\frac{3}{7}\log_2\frac{3}{7} + \frac{4}{7}\log_2\frac{4}{7}\right) = 0.99$$

$$H(U_{\text{Normal}}) = -\left(\frac{1}{7}\log_2\frac{1}{7} + \frac{6}{7}\log_2\frac{6}{7}\right) = 0.59$$

因此, 根据式 (3.32), 可得条件属性 Humidity 的信息增益为

$$\begin{aligned}
&G(\text{Humidity})\\
=&H(U) - \sum_{v\in V_a}\frac{|U_v|}{|U|}H(U_v)\\
=&0.94 - \left[\frac{7}{14}H(U_{\text{High}}) + \frac{7}{14}H(U_{\text{Normal}})\right]\\
=&0.94 - \left(\frac{7}{14}\times 0.99 + \frac{7}{14}\times 0.59\right)\\
=&0.15
\end{aligned}$$

对于条件属性 Wind, 相应的 $V_a = \{\text{Weak, Strong}\}$, 对应的 2 个样例子集 (实际上是 2 个等价类) 分别是

$$U_{\text{Weak}} = \{\boldsymbol{x}_1, \boldsymbol{x}_3, \boldsymbol{x}_4, \boldsymbol{x}_5, \boldsymbol{x}_8, \boldsymbol{x}_9, \boldsymbol{x}_{10}, \boldsymbol{x}_{13}\}$$
$$U_{\text{Strong}} = \{\boldsymbol{x}_2, \boldsymbol{x}_6, \boldsymbol{x}_7, \boldsymbol{x}_{11}, \boldsymbol{x}_{12}, \boldsymbol{x}_{14}\}$$

其中, 样例子集 U_{Weak} 共有 8 个样例, 2 个负例 (对应类别属性值为 No), 6 个正例 (对应类别属性值为 Yes); 样例子集 U_{Strong} 共有 6 个样例, 3 个负例, 3 个正例.

因此, 2 个样例子集的信息熵分别为

$$H(U_{\text{Weak}}) = -\left(\frac{2}{8}\log_2\frac{2}{8} + \frac{6}{8}\log_2\frac{6}{8}\right) = 0.81$$

$$H(U_{\text{Strong}}) = -\left(\frac{3}{6}\log_2\frac{3}{6} + \frac{3}{6}\log_2\frac{3}{6}\right) = 1.00$$

因此, 根据式 (3.32), 可得条件属性 Wind 的信息增益为

$$
\begin{aligned}
&G(\text{Wind})\\
=&H(U)-\sum_{v\in V_a}\frac{|U_v|}{|U|}H(U_v)\\
=&0.94-\left[\frac{8}{14}H(U_{\text{Weak}})+\frac{6}{14}H(U_{\text{Strong}})\right]\\
=&0.94-\left(\frac{8}{14}\times 0.81+\frac{6}{14}\times 1.00\right)\\
=&0.05
\end{aligned}
$$

对 4 个条件属性按信息增益由大到小排序, 可得

$$G(\text{Outlook})\geqslant G(\text{Humidity})\geqslant G(\text{Wind})\geqslant G(\text{Temperature})$$

因为条件属性 Outlook 的信息增益最大, 所以它被选为扩展属性.

2 划分样例集合递归地构建决策树

用条件属性 Outlook 划分样例集合 U, 可得到以下 3 个子集, 即

$$
\begin{aligned}
U_1&=\{\boldsymbol{x}_1,\boldsymbol{x}_2,\boldsymbol{x}_8,\boldsymbol{x}_9,\boldsymbol{x}_{11}\}\\
U_2&=\{\boldsymbol{x}_3,\boldsymbol{x}_7,\boldsymbol{x}_{12},\boldsymbol{x}_{13}\}\\
U_3&=\{\boldsymbol{x}_4,\boldsymbol{x}_5,\boldsymbol{x}_6,\boldsymbol{x}_{10},\boldsymbol{x}_{14}\}
\end{aligned}
$$

因为 U_2 中的样例属于同一类 (Yes), 所以产生一个叶结点, 如图 3.5 所示. 而样例子集 U_1 和 U_3 中的样例属于不同的类, 对这两个子集重复第 1 步.

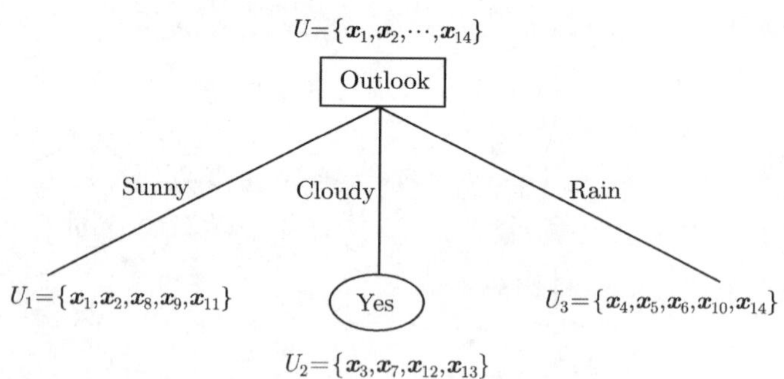

图 3.5　扩展属性 Outlook 对样例集合的划分

(1) 对样例子集 U_1 重复第 1 步

实际上, 样例子集 U_1 是条件属性 Outlook 取值 Sunny 的等价类, 对应的决策表如表 3.8 所示.

表 3.8 样例子集 U_1 对应的决策表

$\boldsymbol{x}$	Outlook	Temperature	Humidity	Wind	PlayTennis
$\boldsymbol{x}_1$	Sunny	Hot	High	Weak	No
$\boldsymbol{x}_2$	Sunny	Hot	High	Strong	No
$\boldsymbol{x}_8$	Sunny	Mild	High	Weak	No
$\boldsymbol{x}_9$	Sunny	Cool	Normal	Weak	Yes
$\boldsymbol{x}_{11}$	Sunny	Mild	Normal	Strong	Yes

首先, 计算样例子集 U_1 的信息熵. 因为 U_1 包含 5 个样例, 3 个负例, 2 个正例. 所以 U_1 的信息熵为

$$H(U_1) = -\sum_{i=1}^{2} p_i \log_2 p_i = -\left(\frac{3}{5}\log_2\frac{3}{5} + \frac{2}{5}\log_2\frac{2}{5}\right) = 0.97$$

然后, 计算 3 个条件属性 Temperature、Humidity 和 Wind 的信息增益 (用表 3.8 或样例子集 U_1 计算).

对于条件属性 Temperature, 相应的 $V_a = \{\text{Hot}, \text{Mild}, \text{Cool}\}$, 对应的 3 个样例子集 (3 个等价类) 分别为

$$U_{1,\text{Hot}} = \{\boldsymbol{x}_1, \boldsymbol{x}_2\}$$
$$U_{1,\text{Mild}} = \{\boldsymbol{x}_8, \boldsymbol{x}_{11}\}$$
$$U_{1,\text{Cool}} = \{\boldsymbol{x}_9\}$$

其中, 样例子集 $U_{1,\text{Hot}}$ 共有 2 个样例, 均为负例; 样例子集 $U_{1,\text{Mild}}$ 共有 2 个样例, 1 个负例, 1 个正例; 样例子集 $U_{1,\text{Cool}}$ 共有 1 个样例, 为正例.

因此, 3 个样例子集的信息熵分别为

$$H(U_{1,\text{Hot}}) = -\left(\frac{2}{2}\log_2\frac{2}{2} + \frac{0}{2}\log_2\frac{0}{2}\right) = 0.00$$

$$H(U_{1,\text{Mild}}) = -\left(\frac{1}{2}\log_2\frac{1}{2} + \frac{1}{2}\log_2\frac{1}{2}\right) = 1.00$$

$$H(U_{1,\text{Cool}}) = -\left(\frac{1}{1}\log_2\frac{1}{1} + \frac{0}{1}\log_2\frac{0}{1}\right) = 0.00$$

因此, 根据式 (3.32), 可得条件属性 Temperature 的信息增益为

$$\begin{aligned}
&G(\text{Temperature}) \\
=&H(U_1) - \sum_{v\in V_a}\frac{|U_{1,v}|}{|U_1|}H(U_{1,v}) \\
=&0.97 - \left[\frac{2}{5}H(U_{1,\text{Hot}}) + \frac{2}{5}H(U_{1,\text{Mild}}) + \frac{1}{5}H(U_{1,\text{Cool}})\right]
\end{aligned}$$

$$=0.97-\left(\frac{2}{5}\times 0.00+\frac{2}{5}\times 1.00+\frac{1}{5}\times 0.00\right)$$
$$=0.57$$

对于条件属性 Humidity, 相应的 $V_a=\{\text{High},\text{Normal}\}$, 对应的 2 个样例子集 (2 个等价类) 分别为

$$U_{1,\text{High}}=\{\boldsymbol{x}_1,\boldsymbol{x}_2,\ \boldsymbol{x}_8\}$$
$$U_{1,\text{Normal}}=\{\boldsymbol{x}_9,\boldsymbol{x}_{11}\}$$

其中, 样例子集 $U_{1,\text{High}}$ 共有 3 个样例, 均为负例; 样例子集 $U_{1,\text{Normal}}$ 共有 2 个样例, 均为正例.

因此, 2 个样例子集的信息熵分别为

$$H(U_{1,\text{High}})=-\left(\frac{3}{3}\log_2\frac{3}{3}+\frac{0}{3}\log_2\frac{0}{3}\right)=0.00$$

$$H(U_{1,\text{Normal}})=-\left(\frac{0}{2}\log_2\frac{0}{2}+\frac{2}{2}\log_2\frac{2}{2}\right)=0.00$$

因此, 根据式 (3.32), 可得条件属性 Humidity 的信息增益为

$$G(\text{Humidity})$$
$$=H(U_1)-\sum_{v\in V_a}\frac{|U_{1,v}|}{|U_1|}H(U_{1,v})$$
$$=0.97-\left[\frac{3}{5}H(U_{1,\text{High}})+\frac{2}{5}H(U_{1,\text{Normal}})\right]$$
$$=0.97-\left(\frac{3}{5}\times 0.00+\frac{2}{5}\times 0.00\right)$$
$$=0.97$$

对于条件属性 Wind, 相应的 $V_a=\{\text{Weak},\text{Strong}\}$, 对应的 2 个样例子集 (2 个等价类) 分别为

$$U_{1,\text{Weak}}=\{\boldsymbol{x}_1,\boldsymbol{x}_8,\boldsymbol{x}_9\}$$
$$U_{1,\text{Strong}}=\{\boldsymbol{x}_2,\ \boldsymbol{x}_{11}\}$$

其中, 样例子集 $U_{1,\text{Weak}}$ 共有 3 个样例, 2 个负例, 1 正例; 样例子集 $U_{1,\text{Strong}}$ 共有 2 个样例, 1 个负例, 1 正例.

因此, 2 个样例子集的信息熵分别为

$$H(U_{1,\text{Weak}}) = -\left(\frac{2}{3}\log_2\frac{2}{3} + \frac{1}{3}\log_2\frac{1}{3}\right) = 0.92$$

$$H(U_{1,\text{Strong}}) = -\left(\frac{1}{2}\log_2\frac{1}{2} + \frac{1}{2}\log_2\frac{1}{2}\right) = 1.00$$

因此, 根据式 (3.32), 可得条件属性 Wind 的信息增益为

$$\begin{aligned}
&G(\text{Wind})\\
=&H(U_1) - \sum_{v\in V_a}\frac{|U_{1,v}|}{|U_1|}H(U_{1,v})\\
=&0.97 - \left[\frac{3}{5}H(U_{1,\text{Weak}}) + \frac{2}{5}H(U_{1,\text{Strong}})\right]\\
=&0.97 - \left(\frac{3}{5}\times 0.92 + \frac{2}{5}\times 1.00\right)\\
=&0.02
\end{aligned}$$

对 3 个条件属性按信息增益由大到小排序, 可得

$$G(\text{Humidity}) \geqslant G(\text{Temperature}) \geqslant G(\text{Wind})$$

因为条件属性 Humidity 的信息增益最大, 所以它被选为扩展属性. 用条件属性 Humidity 对 U_1 进行划分, 得到 2 个样例子集 (2 个等价类), 即 $U_{11} = \{\boldsymbol{x}_1, \boldsymbol{x}_2, \boldsymbol{x}_8\}$ 和 $U_{12} = \{\boldsymbol{x}_9, \boldsymbol{x}_{11}\}$. U_{11} 中的样例都属于同一类 (No), U_{12} 中的样例都属于同一类 (Yes), 生成两个叶结点, 如图 3.6 所示.

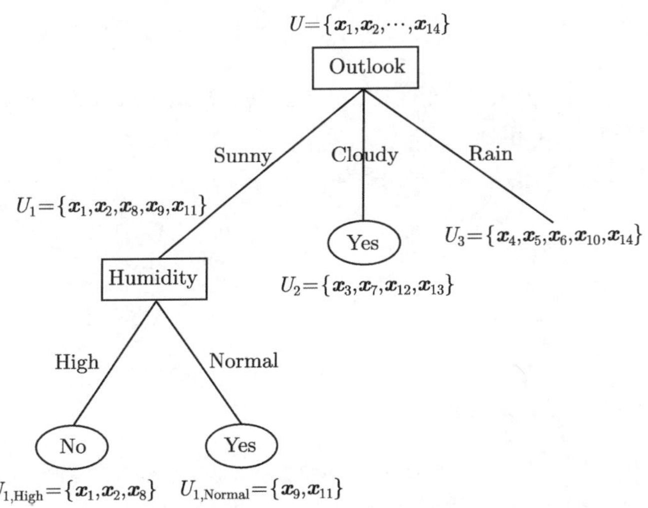

图 3.6 在样例子集 U_1 上递归的过程

(2) 对样例子集 U_3 重复第 1 步

样例子集 U_3 是条件属性 Outlook 取值 Rain 的等价类, 对应的决策表如表 3.9 所示.

表 3.9　样例子集 U_3 对应的决策表

$\boldsymbol{x}$	Outlook	Temperature	Humidity	Wind	PlayTennis
$\boldsymbol{x}_4$	Rain	Mild	High	Weak	Yes
$\boldsymbol{x}_5$	Rain	Cool	Normal	Weak	Yes
$\boldsymbol{x}_6$	Rain	Cool	Normal	Strong	No
$\boldsymbol{x}_{10}$	Rain	Mild	Normal	Weak	Yes
$\boldsymbol{x}_{14}$	Rain	Mild	High	Strong	No

首先, 计算样例子集 U_3 的信息熵. 因为 U_3 包含 5 个样例, 2 个负例, 3 个正例. 所以 U_3 的信息熵为

$$H(U_3) = -\sum_{i=1}^{2} p_i \log_2 p_i = -\left(\frac{2}{5}\log_2\frac{2}{5} + \frac{3}{5}\log_2\frac{3}{5}\right) = 0.97$$

然后, 计算 3 个条件属性 Temperature、Humidity 和 Wind 的信息增益 (用表 3.9 或样例子集 U_3 计算).

对于条件属性 Temperature, 相应的 $V_a = \{\text{Mild}, \text{Cool}\}$, 对应的 2 个样例子集 (2 个等价类) 分别为

$$U_{3,\text{Mild}} = \{\boldsymbol{x}_4, \boldsymbol{x}_{10}, \boldsymbol{x}_{14}\}$$
$$U_{3,\text{Cool}} = \{\boldsymbol{x}_5, \boldsymbol{x}_6\}$$

其中, 样例子集 $U_{3,\text{Mild}}$ 共有 3 个样例, 1 个负例, 2 个正例; 样例子集 $U_{3,\text{Cool}}$ 共有 2 个样例, 1 个负例, 1 个正例.

因此, 3 个样例子集的信息熵分别为

$$H(U_{3,\text{Mild}}) = -\left(\frac{1}{3}\log_2\frac{1}{3} + \frac{2}{3}\log_2\frac{2}{3}\right) = 0.92$$

$$H(U_{3,\text{Cool}}) = -\left(\frac{1}{2}\log_2\frac{1}{2} + \frac{1}{2}\log_2\frac{1}{2}\right) = 1.00$$

因此, 根据式 (3.32), 可得条件属性 Temperature 的信息增益为

$$\begin{aligned} &G(\text{Temperature}) \\ =&H(U_3) - \sum_{v\in V_a} \frac{|U_{3,v}|}{|U_3|} H(U_{3,v}) \end{aligned}$$

$$
\begin{aligned}
&=0.97-\left[\frac{3}{5}H(U_{3,\text{Mild}})+\frac{2}{5}H(U_{3,\text{Cool}})\right]\\
&=0.97-\left(\frac{3}{5}\times 0.92+\frac{2}{5}\times 1.00\right)\\
&=0.02
\end{aligned}
$$

对于条件属性 Humidity, 相应的 $V_a=\{\text{High},\text{Normal}\}$, 对应的 2 个样例子集 (2 个等价类) 分别为

$$
\begin{aligned}
U_{3,\text{High}}&=\{\boldsymbol{x}_4,\boldsymbol{x}_{14}\}\\
U_{3,\text{Normal}}&=\{\boldsymbol{x}_5,\boldsymbol{x}_6,\boldsymbol{x}_{10}\}
\end{aligned}
$$

其中, 样例子集 $U_{3,\text{High}}$ 共有 2 个样例, 1 个负例, 1 个正例; 样例子集 $U_{3,\text{Normal}}$ 共有 3 个样例, 1 个负例, 2 个正例.

因此, 2 个样例子集的信息熵分别为

$$
H(U_{3,\text{High}})=-\left(\frac{1}{2}\log_2\frac{1}{2}+\frac{1}{2}\log_2\frac{1}{2}\right)=1.00
$$

$$
H(U_{3,\text{Normal}})=-\left(\frac{1}{3}\log_2\frac{1}{3}+\frac{2}{3}\log_2\frac{2}{3}\right)=0.92
$$

因此, 根据式 (3.32), 可得条件属性 Humidity 的信息增益为

$$
\begin{aligned}
&G(\text{Humidity})\\
&=H(U_3)-\sum_{v\in V_a}\frac{|U_{3,v}|}{|U_3|}H(U_{3,v})\\
&=0.97-\left[\frac{2}{5}H(U_{3,\text{High}})+\frac{3}{5}H(U_{3,\text{Normal}})\right]\\
&=0.97-\left(\frac{2}{5}\times 1.00+\frac{3}{5}\times 0.92\right)\\
&=0.02
\end{aligned}
$$

对于条件属性 Wind, 相应的 $V_a=\{\text{Weak},\text{Strong}\}$, 对应的 2 个样例子集 (2 个等价类) 分别为

$$
\begin{aligned}
U_{3,\text{Weak}}&=\{\boldsymbol{x}_4,\boldsymbol{x}_5,\boldsymbol{x}_{10}\}\\
U_{3,\text{Strong}}&=\{\boldsymbol{x}_6,\boldsymbol{x}_{14}\}
\end{aligned}
$$

其中, 样例子集 $U_{3,\text{Weak}}$ 共有 3 个样例, 均为正例; 样例子集 $U_{3,\text{Strong}}$ 共有 2 个样例, 均为负例.

因此, 2 个样例子集的信息熵分别为

$$H(U_{3,\text{Weak}}) = -\left(\frac{0}{3}\log_2\frac{0}{3} + \frac{3}{3}\log_2\frac{3}{3}\right) = 0.00$$

$$H(U_{3,\text{Strong}}) = -\left(\frac{2}{2}\log_2\frac{2}{2} + \frac{0}{2}\log_2\frac{0}{2}\right) = 0.00$$

因此, 根据式 (3.32), 可得条件属性 Wind 的信息增益为

$$\begin{aligned}
&G(\text{Wind})\\
=&H(U_3) - \sum_{v\in V_a}\frac{|U_{3,v}|}{|U_3|}H(U_{3,v})\\
=&0.97 - \left[\frac{3}{5}H(U_{3,\text{Weak}}) + \frac{2}{5}H(U_{3,\text{Strong}})\right]\\
=&0.97 - \left(\frac{3}{5}\times 0.00 + \frac{2}{5}\times 0.00\right)\\
=&0.97
\end{aligned}$$

对 3 个条件属性按信息增益由大到小排序, 可得

$$G(\text{Wind}) \geqslant G(\text{Humidity}) = G(\text{Temperature})$$

因为条件属性 Wind 的信息增益最大, 所以它被选为扩展属性.

用条件属性 Wind 对 U_3 进行划分, 可以得到 2 个样例子集 (2 个等价类), 即 $U_{31} = \{\boldsymbol{x}_4, \boldsymbol{x}_5, \boldsymbol{x}_{10}\}$ 和 $U_{32} = \{\boldsymbol{x}_6, \boldsymbol{x}_{14}\}$. U_{31} 中的样例都属于同一类 (Yes), U_{32} 中的样例都属于同一类 (No), 生成两个叶结点, 如图 3.7 所示. 最终得到的决策树如图 3.4 所示.

决策树 (图 3.4) 中的每一条从根结点到叶结点的路径, 表示一条分类规则. 这样, 决策树中有多少个叶结点就有多少条分类规则. 图 3.4 所示的决策树可转换成以下 5 条分类规则.

规则 1: 如果 Outlook=Sunny, 且 Humidity=High, 那么 PlayTennis=No.

规则 2: 如果 Outlook=Sunny, 且 Humidity=Normal, 那么 PlayTennis=Yes.

规则 3: 如果 Outlook=Cloudy, 那么 PlayTennis=Yes.

规则 4: 如果 Outlook=Rain, 且 Wind=Strong, 那么 PlayTennis=No.

规则 5: 如果 Outlook=Rain, 且 Wind=Weak, 那么 PlayTennis=Yes.

决策树生成后, 对于给定的未知类别的样例, 就可以用决策树预测其类别. 例如, 给定样例 (Rain, Hot, High, Strong), 它在如图 3.4 所示的决策树中匹配的路径为 Outlook $\xrightarrow{\text{Rain}}$ Wind $\xrightarrow{\text{Strong}}$ No, 因此预测其类别为 No.

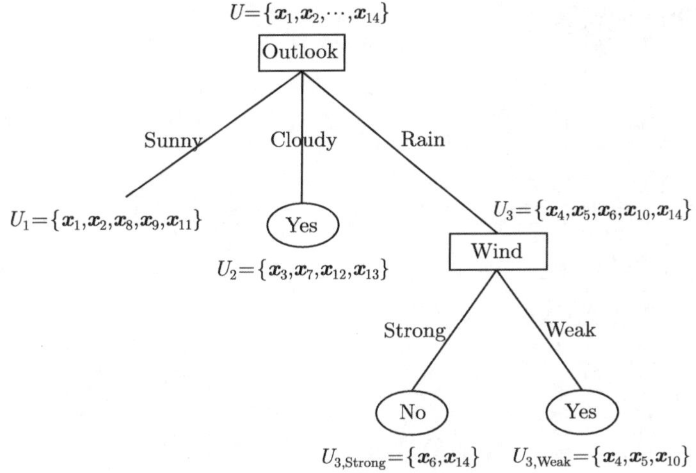

图 3.7 在样例子集 U_3 上递归的过程

3.6.2 基于依赖度的决策树归纳算法

这一节介绍另一种离散值决策树归纳算法 [60]. 该算法以决策属性相对于条件属性的依赖度作为启发式, 贪心地选择扩展属性, 递归地构建决策树. 在定义 3.5.15 中已经给出决策属性 C 相对于条件属性子集 R 的依赖度的定义 (式 (3.28)), 下面先给出决策属性 C 相对于单个条件属性 a 的依赖度的定义, 然后给出基于依赖度的决策树归纳算法.

定义 3.6.3 给定离散值属性决策表 $DT=(U,A\bigcup C,V,f)$, 决策属性 C 对论域 U 的划分为 $U/C=\{X_1,X_2,\cdots,X_k\}$, 对于任意的条件属性 $a\in A$, 决策属性 C 相对于条件属性 a 的依赖度定义为

$$\gamma_a(C)=\frac{1}{|U|}\sum_{i=1}^{k}\left|\underline{a}(X_i)\right| \tag{3.33}$$

例 3.6.2 给定如表 3.7 所示的离散值属性决策表 (流感数据集), 计算决策属性 C 相对于 3 个条件属性 a_1、a_2 和 a_3 的依赖度.

解: 分别计算决策属性 C 相对于 3 个条件属性 a_1、a_2 和 a_3 的依赖度.

(1) 计算决策属性 C 相对于条件属性 a_1 的依赖度

$U/C=\{X_1,X_2\}$, $X_1=\{\boldsymbol{x}_1,\boldsymbol{x}_4,\boldsymbol{x}_5\}$, $X_2=\{\boldsymbol{x}_2,\boldsymbol{x}_3,\boldsymbol{x}_6\}$

$U/a_1=\{Y_1,Y_2\}$, $Y_1=\{\boldsymbol{x}_1,\boldsymbol{x}_2,\boldsymbol{x}_3\}$, $Y_2=\{\boldsymbol{x}_4,\boldsymbol{x}_5,\boldsymbol{x}_6\}$

根据下近似的定义 (式 (3.25)), 可得

$$\underline{a_1}(X_1)=\varnothing$$

$$\underline{a_1}(X_2)=\varnothing$$

根据式 (3.33), 可得

$$\gamma_{a_1}(C)=\frac{|\underline{a_1}(X_1)|+|\underline{a_1}(X_2)|}{|U|}=\frac{0}{6}=0.00$$

(2) 计算决策属性 C 相对于条件属性 a_2 的依赖度

$U/a_2=\{Y_1,Y_2\},\quad Y_1=\{\boldsymbol{x}_1,\boldsymbol{x}_2,\boldsymbol{x}_3,\boldsymbol{x}_4,\boldsymbol{x}_6\},\quad Y_2=\{\boldsymbol{x}_5\}$

根据下近似的定义 (式 (3.25)), 可得

$$\begin{aligned}&\underline{a_2}(X_1)=Y_2=\{\boldsymbol{x}_5\}\\&\underline{a_2}(X_2)=\varnothing\end{aligned}$$

根据式 (3.33), 可得

$$\gamma_{a_2}(C)=\frac{|\underline{a_2}(X_1)|+|\underline{a_2}(X_2)|}{|U|}=\frac{1}{6}=0.17$$

(3) 计算决策属性 C 相对于条件属性 a_3 的依赖度

$U/a_3=\{Y_1,Y_2,Y_3\},\quad Y_1=\{\boldsymbol{x}_1,\boldsymbol{x}_4\},\quad Y_2=\{\boldsymbol{x}_2,\boldsymbol{x}_5\},\quad Y_3=\{\boldsymbol{x}_3,\boldsymbol{x}_6\}$

根据下近似的定义 (式 (3.25)), 可得

$$\begin{aligned}&\underline{a_3}(X_1)=Y_1=\{\boldsymbol{x}_1,\boldsymbol{x}_4\}\\&\underline{a_3}(X_2)=Y_3=\{\boldsymbol{x}_3,\boldsymbol{x}_6\}\end{aligned}$$

根据式 (3.33), 可得

$$\gamma_{a_3}(C)=\frac{|\underline{a_3}(X_1)|+|\underline{a_3}(X_2)|}{|U|}=\frac{2+2}{6}=\frac{4}{6}=0.67$$

根据依赖度的计算, 可得 $\gamma_{a_3}(C)\geqslant\gamma_{a_2}(C)\geqslant\gamma_{a_1}(C)$, 因此条件属性 a_3 的依赖度最大.

基于依赖度的决策树归纳算法的基本思想和 ID3 算法的基本思想大致相同, 只是选择扩展属性的启发式不同, 伪代码如算法 3.8 所示.

算法 3.8: 基于依赖度的决策树归纳算法

1 **输入:** 离散值属性决策表$DT=(U,A\cup C,V,f)$.
2 **输出:** 决策树.
3 **for** $(i=1;i\leqslant d;i++)$ **do**
4 　用式(3.33)计算决策属性C相对于条件属性a_i的依赖度$\gamma_{a_i}(C)$;
5 **end**
6 **for** $(i=1;i\leqslant d;i++)$ **do**
7 　对依赖度$\gamma_{a_i}(C)$按由大到小的次序排序, 假定排序的结果为$\gamma_{a_{i_1}}(C),\gamma_{a_{i_2}}(C),\cdots,\gamma_{a_{i_d}}(C)$;
8 **end**
9 选择$\gamma_{a_{i_1}}(C)$为树的根结点(扩展属性);
10 根据属性a_{i_1}的取值, 将数据集U划分为m个子集$U_1,U_2,\cdots,U_m$. 其中, m是属性a_{i_1}取值的个数;
11 **for** $(i=1;i\leqslant m;i++)$ **do**
12 　**if** U_i中的样例属于同一类 **then**
13 　　产生一个叶结点;
14 　**else**
15 　　重复步骤3-10;
16 　**end**
17 **end**
18 输出决策树.

例 3.6.3 给定如表 3.7 所示的离散值属性决策表 (流感数据集), 给出用算法 3.8 生成决策树的过程.

解: 基于依赖度的决策树归纳算法 (算法 3.8) 的步骤也大致分为两步, 即选择扩展属性和划分样例集合递归地构建决策树.

(1) 选择扩展属性

根据例 3.6.2, 我们知道条件属性 a_3 的依赖度最大, 它被选择为扩展属性, 即决策树的根结点.

(2) 划分样例集合递归地构建决策树

因为条件属性 a_3 的取值有 Normal、High 和 Very high, 所以数据集 (样例集合)U 被划分成 3 个子集 (3 个等价类): $U_1=\{\boldsymbol{x}_1,\boldsymbol{x}_4\},U_2=\{\boldsymbol{x}_2,\boldsymbol{x}_5\},U_3=\{\boldsymbol{x}_3,\boldsymbol{x}_6\}$. 又因为 U_1 和 U_3 这两个子集中包含的样例都属于同一类, 分别是 No 和 Yes, 所以

生成两个叶子结点. 而样例子集 U_2 中的样例不属于同一类, 在这个子集上重复上述过程.

在样例子集 U_2 上, 递归地计算条件属性 a_1 和 a_2 的依赖度. 经过简单的计算, 可得 $\gamma_{a_1}(C)=\gamma_{a_2}(C)=1.00$. 这两个条件属性都可以作为扩展属性 (即子树的根结点), 最终可得到的 2 棵决策树如图 3.8 和图 3.9 所示.

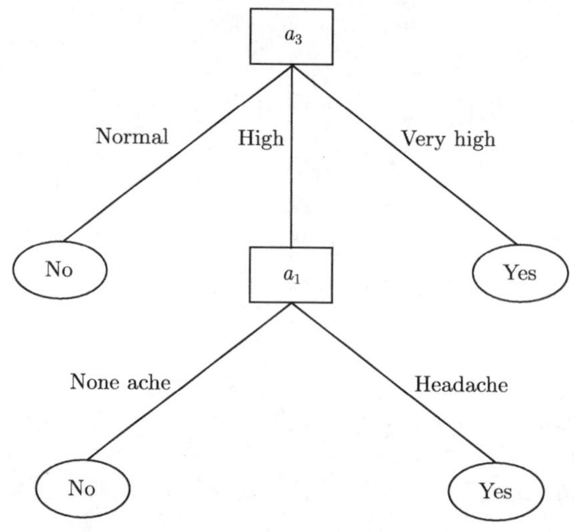

图 3.8　由决策表 3.7 用算法 3.8 生成的决策树 (a_1 作为子树的根结点)

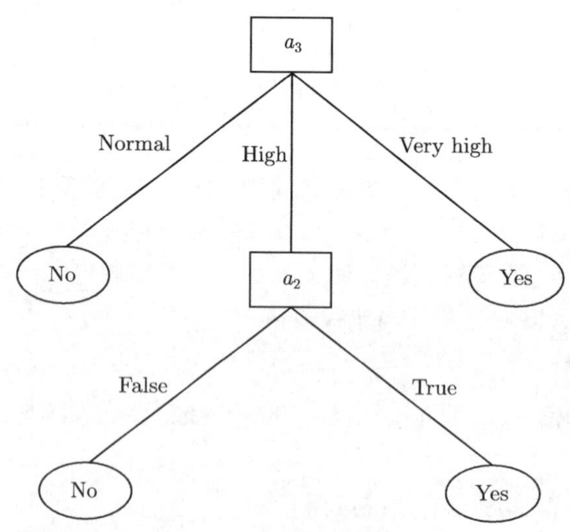

图 3.9　由决策表 3.7 用算法 3.8 生成的决策树 (a_2 作为子树的根结点)

如图 3.8 所示, 决策树可以转换成如下分类规则.

规则 1: 如果 a_3=Normal(体温正常), 那么 C=No(没有患流感).

规则 2: 如果 a_3=High(体温高), 且 a_1=None ache(不头痛), 那么 C=No(没有患流感).

规则 3: 如果 a_3=High(体温高), 且 a_1=Headache(头痛), 那么 C=Yes(患流感).

规则 4: 如果 a_3=Very high(体温非常高), 那么 C=Yes(患流感).

如图 3.9 所示, 决策树可以转换成如下分类规则.

规则 1: 如果 a_3=Normal(体温正常), 那么 C=No(没有患流感).

规则 2: 如果 a_3=High(体温高), 且 a_2=False(肌肉不痛), 那么 C=No(没有患流感).

规则 3: 如果 a_3=High(体温高), 且 a_2=True(肌肉痛), 那么 C=Yes(患流感).

规则 4: 如果 a_3=Very high(体温非常高), 那么 C=Yes(患流感).

3.6.3 连续值决策树归纳算法

解决连续值分类问题的一种直观想法是首先对连续值决策表进行离散化[58], 然后用离散值决策树归纳算法 (如 ID3 算法) 构建决策树. 但离散化会有信息丢失, 本节介绍一种直接从连续值决策表构建决策树的贪心算法, 即基于非平衡割点的连续值决策树归纳算法[61].

基于非平衡割点的连续值决策树归纳算法可以看做是 ID3 算法的推广, 它是在离散化思想的基础上提出的一种决策树归纳算法, 但不需要对连续数据进行离散化. 与 ID3 算法类似, 该算法也分为两步, 即选择扩展属性和划分样例集合, 并递归地构建决策树. 选择扩展属性所用的启发式和 ID3 算法类似, 可以是信息增益、Gini 指数、分类错误率等. 与 ID3 算法不同, 这些启发式是用于度量割点的, 而不是直接度量条件属性的, 它是通过找最优割点来确定扩展属性. 划分样例集合的方式和 ID3 算法也不同, 因为离散值属性是等价关系, 而等价关系对应的等价类是对样例集合的自然划分. 但连续值属性不是等价关系, 而是相容关系, 因此连续值属性对样例集合不能形成自然的划分, 它是通过割点划分样例集合, 而且这种划分是二分, 所以连续值属性决策树归纳算法构建的决策树是二叉树. 连续值属性决策表也可以表示为一个四元组 $DT=(U,A\bigcup C,V,f)$, 只是 A 中的任意一个属性都是连续值的. 下面首先介绍割点、平衡割点和非平衡割点的概念, 然后介绍基于非平衡割点的连续值决策树归纳算法.

定义 3.6.4 给定连续值决策表 $DT=(U,A\bigcup C,V,f)$, $U=\{\boldsymbol{x}_1,\boldsymbol{x}_2,\cdots,\boldsymbol{x}_n\}$, $A=\{a_1,a_2,\cdots,a_d\}$. 对于 $\forall a\in A$, 对 n 个样例在属性 a 上的取值由小到大排序, 排序后每两个值之间的中值, 称为属性 a 的一个割点, a 所有割点的集合记为 T_a.

显然, 对于 $\forall a\in A$, 属性 a 共有 $n-1$ 个割点. 下面给出平衡割点和非平衡割点的概念.

定义 3.6.5 给定连续值决策表 $DT=(U,A\bigcup C,V,f)$, 对于 $\forall a\in A$, 设 t 是属性 a 的一个割点. 如果割点 t 两边的样例属于相同的类别, 则称 t 为平衡割点; 否则, 称 t 为非平衡割点.

表 3.10 是一个包含 2 个条件属性, 12 个样例的连续值属性决策表, 这些样例被分为两类, 分别用“1”和“2”表示. 对决策表中的样例按属性 a_1 的取值由小到大排序, 如表 3.11 所示. a_1 有 11 个割点: $t_1,t_2,\cdots,t_{11}$. 其中, 平衡割点有 6 个, 如第 1 个割点 $t_1=\dfrac{33+47.4}{2}=40.2$, 它两边的样例 $\boldsymbol{x}_{11}$ 和 $\boldsymbol{x}_{10}$ 都属于第 2 类. 非平衡割点有 5 个, 如第 3 个割点 $t_3=\dfrac{59.4+60}{2}=59.7$, 它两边的样例属于不同的类别, $\boldsymbol{x}_8$ 属于第 2 类, $\boldsymbol{x}_1$ 属于第 1 类. 对决策表中的样例按属性 a_2 的取值由小到大排序, 如表 3.12 所示. a_2 有 8 个平衡割点, 3 个非平衡割点.

表 3.10 具有 12 个样例的连续值决策表

$\boldsymbol{x}$	a_1	a_2	c
$\boldsymbol{x}_1$	60.0	18.4	1
$\boldsymbol{x}_2$	81.0	20.0	1
$\boldsymbol{x}_3$	85.5	16.8	1
$\boldsymbol{x}_4$	64.8	21.6	1
$\boldsymbol{x}_5$	61.5	20.8	1
$\boldsymbol{x}_6$	110.1	19.2	1
$\boldsymbol{x}_7$	69.0	20.0	1
$\boldsymbol{x}_8$	59.4	16.0	2
$\boldsymbol{x}_9$	66.0	18.4	2
$\boldsymbol{x}_{10}$	47.4	16.4	2
$\boldsymbol{x}_{11}$	33.0	18.8	2
$\boldsymbol{x}_{12}$	63.0	14.8	2

表 3.11 12 个样例按属性 a_1 排序后的决策表

$\boldsymbol{x}$	a_1	a_2	c
$\boldsymbol{x}_{11}$	33.0	18.8	2
$\boldsymbol{x}_{10}$	47.4	16.4	2
$\boldsymbol{x}_8$	59.4	16.0	2
$\boldsymbol{x}_1$	60.0	18.4	1
$\boldsymbol{x}_5$	61.5	20.8	1
$\boldsymbol{x}_{12}$	63.0	14.8	2
$\boldsymbol{x}_4$	64.8	21.6	1
$\boldsymbol{x}_9$	66.0	18.4	2
$\boldsymbol{x}_7$	69.0	20.0	1
$\boldsymbol{x}_2$	81.0	20.0	1
$\boldsymbol{x}_3$	85.5	16.8	1
$\boldsymbol{x}_6$	110.1	19.2	1

表 3.12 12 个样例按属性 a_2 排序后的决策表

$\boldsymbol{x}$	a_1	a_2	c
$\boldsymbol{x}_{12}$	63.0	14.8	2
$\boldsymbol{x}_8$	59.4	16.0	2
$\boldsymbol{x}_{10}$	47.4	16.4	2
$\boldsymbol{x}_3$	85.5	16.8	1
$\boldsymbol{x}_1$	60.0	18.4	1
$\boldsymbol{x}_9$	66.0	18.4	2
$\boldsymbol{x}_{11}$	33.0	18.8	2
$\boldsymbol{x}_6$	110.1	19.2	1
$\boldsymbol{x}_7$	69.0	20.0	1
$\boldsymbol{x}_2$	81.0	20.0	1
$\boldsymbol{x}_5$	61.5	20.8	1
$\boldsymbol{x}_4$	64.8	21.6	1

对于 $\forall a \in A$, a 的任意一个割点 t 可以将样例集合 U 划分成两个子集 U_1 和 U_2. 其中, $U_1 = \{\boldsymbol{x}|(\boldsymbol{x} \in U) \wedge (f(\boldsymbol{x}, a) \leqslant t)\}$, $U_2 = \{\boldsymbol{x}|(\boldsymbol{x} \in U) \wedge (f(\boldsymbol{x}, a) > t)\}$, 即 U_1 是由属性 a 的取值小于等于割点 t 的样例构成的子集, U_2 是由属性 a 的取值大于 t 的样例构成的子集.

这里我们用 Gini 指数度量割点的重要性, 下面首先给出集合的 Gini 指数的定义, 然后给出割点的 Gini 指数的定义.

定义 3.6.6 给定连续值决策表 $DT = (U, A \bigcup C, V, f)$. 设 U 中的样例分为 k 类, 分别用 $C_1, C_2, \cdots, C_k$ 表示, 第 i 类样例所占比例为 $p_i = \dfrac{|C_i|}{|U|}(1 \leqslant i \leqslant k)$. 集合 U 的 Gini 指数定义为

$$\text{Gini}(U) = 1 - \sum_{i=1}^{k} p_i^2 \tag{3.34}$$

定义 3.6.7 给定连续值决策表 $DT = (U, A \bigcup C, V, f)$. 设 t 是属性 a 的一个割点, 它将样例集合 U 划分为 U_1 和 U_2 两个子集. 割点 t 的 Gini 指数定义为

$$\text{Gini}(t, a, U) = \left|\frac{U_1}{U}\right| \text{Gini}(U_1) + \left|\frac{U_2}{U}\right| \text{Gini}(U_2) \tag{3.35}$$

说明:

① 集合的 Gini 指数和集合的信息熵类似, 度量的也是集合中样例类别的不确定性. 集合的 Gini 指数越大, 集合中样例类别的混乱程度越高.

② 割点的 Gini 指数是割点划分出的两个样例子集 Gini 指数的平均值. 割点的 Gini 指数度量的是割点划分出的两个子集中样例类别的不确定性. 显然, 割点的 Gini 指数越小, 这个割点划分出的两个子集中样例类别的不确定性越小, 这个割点就越重要.

③ 割点 t 的重要性还可以用信息增益和信息熵来度量.

④ 对于 $\forall a \in A$, a 都有一个最优割点, 称为局部最优割点. 如果 A 中包含 d 个属性, 就可以找到 d 个局部最优割点. 这 d 个局部最优割点中, Gini 指数最小的割点称为全局最优割点, 它所对应属性即为最优属性或扩展属性.

关于全局最优割点, Fayyad 等 [61] 证明下面的结论是成立的.

定理 3.6.1　*全局最优割点一定是非平衡割点.*

我们在找局部最优割点时, 只需计算非平衡割点的 Gini 指数, 这样计算量会大大降低. 算法 3.9 给出了基于非平衡割点的连续值决策树归纳算法的步骤.

算法 3.9: 基于非平衡割点的连续值决策树归纳算法

---

1 **输入:** 连续值属性决策表 $DT = (U, A \cup C, V, f)$.
2 **输出:** 决策树.
3 **for** (*每一个属性* $a \in A$) **do**
4 　　**for** (*属性*a*的每一个非平衡割点*$t \in T_a$) **do**
5 　　　　用式(3.35)计算非平衡割点t的Gini指数$\text{Gini}\,(t, a, U)$;
6 　　**end**
7 **end**
8 选择属性a的局部最优割点t', 使得$t' = \underset{t \in T_a}{\text{argmin}}\ \{\text{Gini}\,(t, a, U)\}$;
9 将t'加入候选全局最优割点集合T中;
10 从T中找全局最优割点t^*, 使得$t^* = \underset{t' \in T}{\text{argmin}}\ \{\text{Gini}\,(t', a, U)\}$, t^*所对应的属性即为扩展属性a^*;
11 用全局最优割点t^*将数据集U划分为2个子集U_1和U_2. 其中, $U_1 = \{\boldsymbol{x} | (\boldsymbol{x} \in U) \wedge (f(\boldsymbol{x}, a) \leqslant t^*)\}$, $U_2 = \{\boldsymbol{x} | (\boldsymbol{x} \in U) \wedge (f(\boldsymbol{x}, a) > t^*)\}$;
12 **for** $(i = 1; i \leqslant 2; i++)$ **do**
13 　　**if** (U_i*中的样例属于同一类*) **then**
14 　　　　产生一个叶结点;
15 　　**else**
16 　　　　转第3步, 重复此过程;
17 　　**end**
18 **end**
19 输出决策树.

例 3.6.4　*对如表 3.10 所示的连续值属性决策表, 给出用基于非平衡割点的连续值决策树归纳算法生成决策树的过程.*

解: 与 ID3 算法类似, 基于非平衡割点的连续值决策树归纳算法的步骤也分为两步, 即选择扩展属性和划分样例集合递归地构建决策树.

(1) 选择扩展属性

与 ID3 算法不同, 基于非平衡割点的连续值决策树归纳算法是通过选择最优割点来选择扩展属性. 由表 3.11 我们知道, 条件属性 a_1 有 5 个非平衡割点: $t_1 = \dfrac{59.4+60}{2} = 59.7$, $t_2 = \dfrac{61.5+63}{2} = 62.25$, $t_3 = \dfrac{63+64.8}{2} = 63.9$, $t_4 = \dfrac{64.8+66}{2} = 65.4$, $t_5 = \dfrac{66+69}{2} = 67.5$. 下面分别计算这 5 个非平衡割点的 Gini 增益.

非平衡割点 t_1 将样例集合 U 划分为 U_1 和 U_2 两个子集. U_1 中的样例在属性 a_1 上的取值均小于等于 t_1, U_2 中的样例在 a_1 上的取值均大于 t_1. 由表 3.11 可以看出, $U_1 = \{\boldsymbol{x}_8, \boldsymbol{x}_{10}, \boldsymbol{x}_{11}\}$, $U_2 = U - U_1$. U_1 只包含第 2 类的样例, U_2 包含 7 个第 1 类的样例, 包含 2 个第 2 类的样例. 根据式 (3.34), 可得

$$\text{Gini}(U) = 1 - \left[\left(\frac{7}{12}\right)^2 + \left(\frac{5}{12}\right)^2\right] = 0.49$$

$$\text{Gini}(U_1) = 1 - \left[\left(\frac{0}{3}\right)^2 + \left(\frac{3}{3}\right)^2\right] = 0.00$$

$$\text{Gini}(U_2) = 1 - \left[\left(\frac{7}{9}\right)^2 + \left(\frac{2}{9}\right)^2\right] = 0.35$$

根据式 (3.35), 可得非平衡割点 t_1 的 Gini 指数为

$$\begin{aligned}\text{Gini}(t_1, a_1, U) &= \frac{|U_1|}{|U|}\text{Gini}(U_1) + \frac{|U_2|}{|U|}\text{Gini}(U_2) \\ &= \frac{3}{12} \times 0 + \frac{9}{12} \times 0.35 \\ &= 0.26\end{aligned}$$

类似地, 可计算条件属性 a_1 的其他 5 个非平衡割点的 Gini 指数, 分别为 $\text{Gini}(t_2, a_1, U) = 0.44$, $\text{Gini}(t_3, a_1, U) = 0.36$, $\text{Gini}(t_4, a_1, U) = 0.31$, $\text{Gini}(t_5, a_1, U) = 0.46$. 在 a_1 的这 4 个非平衡割点中, 因为 $t_1 = \dfrac{59.4+60}{2} = 59.7$ 的 Gini 指数最小, 所以 t_1 是 a_1 的局部最优割点 t_1', 将其加入候选全局最优割点集合 T 中.

条件属性 a_2 有 3 个非平衡割点, 它们的 Gini 指数分别为 $\text{Gini}(t_1, a_2, U) = 0.26$, $\text{Gini}(t_2, a_2, U) = 0.44$, $\text{Gini}(t_3, a_2, U) = 0.24$. 在 a_2 的这 3 个非平衡割点中, 因为 $t_3 = \dfrac{18.8+19.2}{2} = 19$ 的 Gini 指数最小, 所以 t_3 是 a_2 的局部最优割点 t_2', 将其加入候选全局最优割点集合 T 中.

从 T 中选择全局最优割点, 因为 a_2 的局部最优割点 $t_2' = 19$ 的 Gini 指数 0.24, 小于 a_1 的局部最优割点 $t_1' = 59.7$ 的 Gini 指数 0.26, 所以 $t_2' = 19$ 是全局最优割点 t^*, 相应的属性 a_2 选择为扩展属性.

(2) 划分样例集合递归地构建决策树

用条件属性 a_2 的割点 $t^* = 19$ 划分样例集合 U 为两个子集 U_1 和 U_2. 其中, U_1 包含的样例在属性 a_2 上的取值均小于等于 19, U_2 包含的样例在属性 a_2 上的取值均大于 19, 如图 3.10 所示. 因为 U_2 中的样例都属于第 1 类, 所以产生一

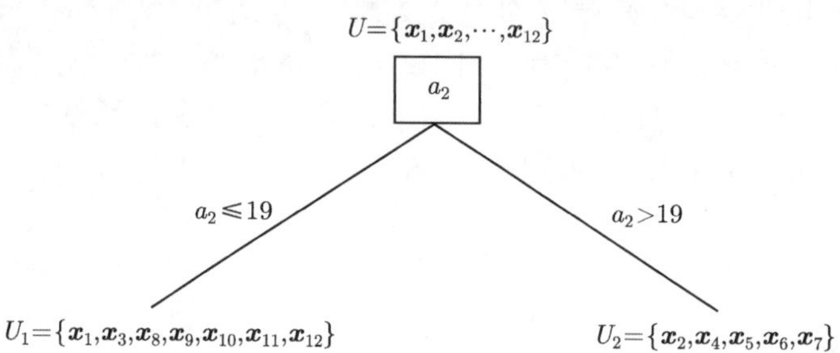

图 3.10　用最优割点 $t^* = 19$ 划分样例集合 U 为 U_1 和 U_2 两个子集

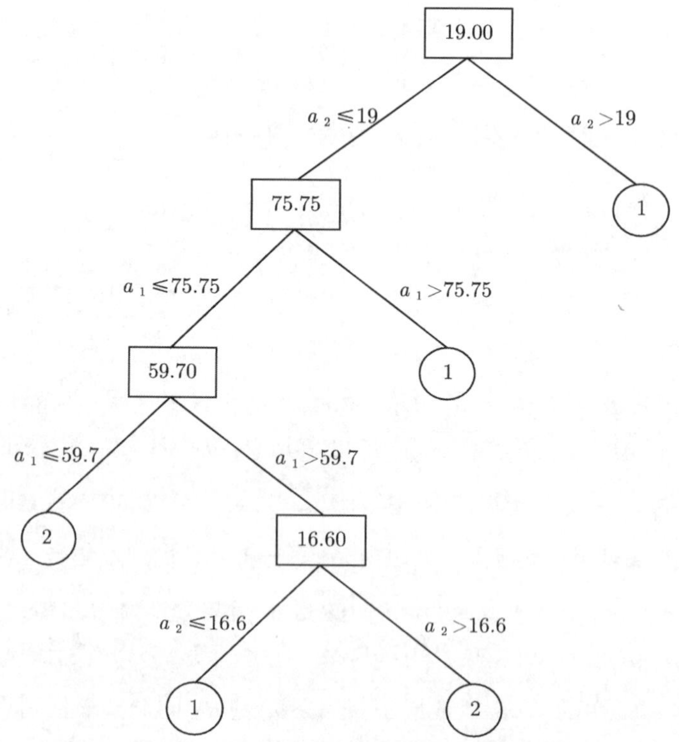

图 3.11　由表 3.10 用基于非平衡割点的连续值决策树归纳算法构建的决策树

个类别为"1"的叶结点. 而 U_1 中的样例不属于同一个类别, 所以在子集 U_1 上重复上述过程. 最终构建的决策树如图 3.11 所示.

图 3.11 所示的决策树有 5 个叶结点, 这样它可以转化为如下分类规则.

规则 1: 如果 $a_1 \leqslant 59.7$ 且 $a_2 \leqslant 19$, 则分类为 2.

规则 2: 如果 $59.7 < a_1 \leqslant 75.75$ 且 $a_2 \leqslant 16.6$. 则分类为 1.

规则 3: 如果 $59.7 < a_1 \leqslant 75.75$ 且 $16.6 < a_2 \leqslant 19$, 则分类为 2.

规则 4: 如果 $a_1 > 75.75$ 且 $a_2 \leqslant 19$, 则分类为 1.

规则 5: 如果 $a_2 > 19$, 则分类为 1.

3.7 梯度下降算法

梯度下降是一种解决可导优化问题的常用算法 [62], 也是一种贪心算法. 本节通过简单线性元的参数优化问题, 介绍梯度下降算法.

3.7.1 线性元模型

线性元 [63] 是一种简单的计算模型, 如图 3.12 所示.

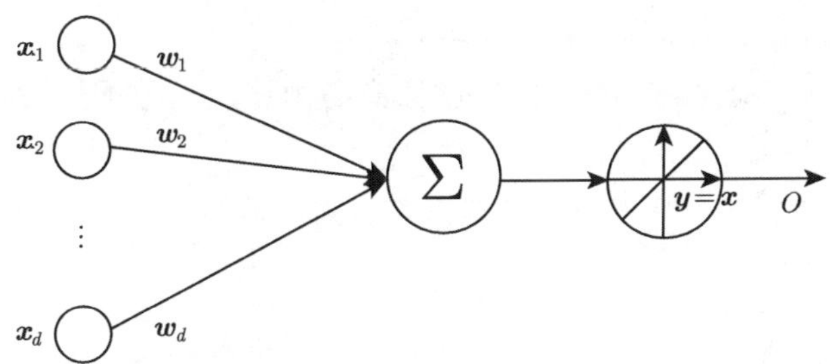

图 3.12 线性元模型

从图 3.12 容易看出, 线性元的输出为

$$\boldsymbol{o} = \boldsymbol{w} \cdot \boldsymbol{x} = \sum_{i=1}^{d} w_i x_i \tag{3.36}$$

给定一个训练集 $DT = \{(x_j, y_j) | 1 \leqslant j \leqslant n\}$, 线性元模型的训练误差由式 (3.37) 给出, 即

$$E(\boldsymbol{w}) = \frac{1}{2} \sum_{j=1}^{n} (y_j - o_j)^2 \tag{3.37}$$

其中, o_j 是线性元模型关于训练样例 x_j 的实际输出; y_j 是相应的期望输出.

对于 $d = 2$ 的特殊情况, 式 (3.37) 给出的误差曲面如图 3.13 所示, 箭头所指的是点 A 处的梯度下降方向. 下面介绍梯度下降算法.

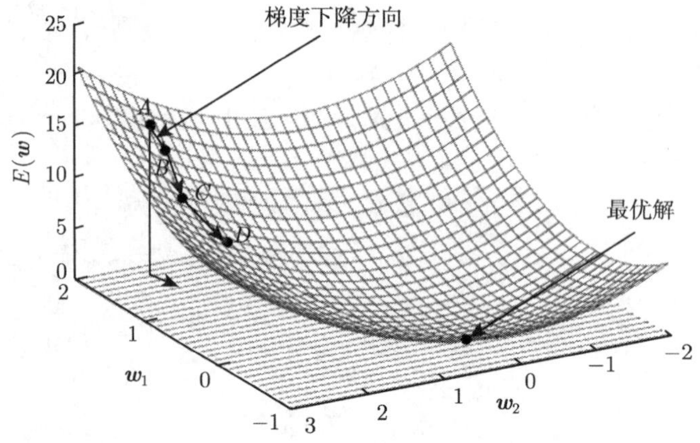

图 3.13 $d = 2$ 时的误差曲面

3.7.2 梯度下降算法

梯度下降算法是求解最优化问题的一种数值计算方法, 它从某一个初始点 (图 3.13 中 A 点) 开始, 沿着梯度下降的方向, 按一定的步长移动到另一点 (图 3.13 中 B 点), 如此重复进行, 直到找到问题的最优解.

梯度下降的方向是下降最快的方向, 该方向由误差函数的梯度向量决定, 下面给出梯度的定义.

定义 3.7.1 *式(3.38)给出的导数向量称为误差函数$E(\boldsymbol{w})$的梯度, 记为 $\triangledown E(\boldsymbol{w})$, 即*

$$\triangledown E(\boldsymbol{w}) = \left(\frac{\partial E}{\partial w_1}, \frac{\partial E}{\partial w_2}, \cdots, \frac{\partial E}{\partial w_d}\right) \tag{3.38}$$

实际上, 由 $\triangledown E(\boldsymbol{w})$ 确定的方向是权空间 (或参数空间) 中的最速上升方向, 负梯度方向 $-\triangledown E(\boldsymbol{w})$ 是最速下降方向, 如图 3.13 中箭头所指的方向.

梯度下降算法的权值更新规则 (δ 规则), 可由式 (3.39) 给出, 即

$$\boldsymbol{w} = \boldsymbol{w} - \eta \triangledown E(\boldsymbol{w}) \tag{3.39}$$

其中, η 是一个正常数, 称为学习率, 决定梯度下降的步长.

分量形式的权值更新规则由式 (3.40) 给出, 即

$$w_i = w_i - \eta \frac{\partial E}{\partial w_i} \tag{3.40}$$

其中

$$
\begin{aligned}
\frac{\partial E}{\partial w_i} &= \frac{\partial}{\partial w_i}\frac{1}{2}\sum_{j=1}^{n}(y_j - o_j)^2 \\
&= \frac{1}{2}\sum_{j=1}^{n}\frac{\partial}{\partial w_i}(y_j - o_j)^2 \\
&= \frac{1}{2}\sum_{j=1}^{n}2(y_j - o_j)\frac{\partial}{\partial w_i}(y_j - o_j) \\
&= \sum_{j=1}^{n}(y_j - o_j)(-x_{ij})
\end{aligned}
$$

权增量的计算由式 (3.41) 给出, 即

$$
\triangle w_i = \eta\sum_{j=1}^{n}(y_j - o_j)x_{ij} \tag{3.41}
$$

针对线性元模型的梯度下降贪心算法的伪代码如算法 3.10 所示.

算法 3.10: 梯度下降算法

输入: 训练集 $DT = \{(\boldsymbol{x}, \boldsymbol{y})\}$, 学习率 η

输出: 权向量 $\boldsymbol{w}$

初始化 w_i 为小随机数;

while (不满足停止条件时) **do**

    $\triangle w_i = 0$;

    for ($\forall(\boldsymbol{x}, \boldsymbol{y}) \in \mathbf{DT}$) **do**

        将 $\boldsymbol{x}$ 输入线性元模型, 计算相应的输出 $\boldsymbol{o}$;

        for ($\forall w_i$) **do**

            $\triangle w_i = \triangle w_i + \eta(\boldsymbol{y} - \boldsymbol{o})x_i$;

        end

    end

    for ($\forall w_i$) **do**

        $w_i = w_i + \triangle w_i$;

    end

end

Return $\boldsymbol{w}$.

3.8　基于贪心策略的 ELM 网络结构选择问题

极限学习机 (extreme learning machine, ELM) 网络是一种单隐含层前馈神经网络, 本节介绍这种网络结构选择问题. 需要指出的是, 本节介绍的算法 [64-66] 也适用于多隐含层前馈神经网络.

3.8.1　ELM 网络结构选择问题

神经网络是一种常用的数据挖掘方法 [62,63], 具有广泛的应用. 神经网络的结构选择问题就是通过选择隐含层的层数和隐含层的结点个数来确定网络结构. 如果网络结构过于复杂, 训练神经网络的时间会很长, 训练出的神经网络也容易产生过拟合, 使得神经网络的泛化能力较低; 相反, 如果网络结构过于简单, 虽然可以缩短训练神经网络的时间, 但是神经网络的性能可能达不到要求. 因此, 针对具体应用, 选择合适的网络结构具有重要意义. 实际上, ELM 网络结构选择问题就是确定合适的隐含层结点个数的问题.

常用的神经网络结构选择方法可分为增量方法 [67] 和剪枝方法 [68]. 增量方法也称为构造方法, 这种方法从一个规模较小的网络开始, 逐渐增加网络隐含层和隐含层结点, 直到满足预定义的停止条件. 增量方法的缺点是大多需要凭经验预先确定前馈神经网络的最大隐含层数和隐含层结点个数. 而这两个数字的精确确定往往比较困难, 若设置过大, 可能导致学习时间过长; 若设置过小, 可能得不到最优的网络结构.

剪枝方法首先从一个规模较大的网络开始, 然后利用某种度量方法剪去那些对网络性能不利或者贡献小的结点或连接权, 达到压缩网络结构的目的. 剪枝方法的缺点是需要初始化一个规模较大的网络, 但相对于增量算法剪枝算法更容易控制, 得到的网络结构也更紧凑. 剪枝算法已成为主流的网络结构选择方法.

此外, 因为当 ELM 的非线性随机变换确定后, ELM 网络模型实际上是一个线性回归模型, 所以 ELM 网络结构选择问题也可以看作线性回归中的模型选择 (或变量选择) 问题.

3.8.2　模型选择准则

因为 ELM 网络结构选择问题可以看作线性回归中的模型选择 (或变量选择) 问题, 所以线性回归中的模型选择 (或变量选择) 准则可以作为 ELM 网络结构选择的准则. 常用的线性回归模型选择 (或变量选择) 准则 [69,70] 包括 PRESS 统计量、AIC 信息判据和 C_p 统计量.

设初始的 ELM 网络模型包含 m 个隐含层结点, 相当于线性回归模型中的初始变量 (全部变量) 是 m 个. 模型选择就是从 m 个隐含层结点 (变量) 中按某种准

则选择 p 个出来, 构成选择模型. 下面简单介绍三种模型选择准则.

(1) PRESS 统计量

对于给定的包含 n 个样例的数据集 D, 将样例 x_i 放到一边, 用剩余的 $n-1$ 个样例训练候选模型. 每次去除一个样例, 这样得到 n 个预测误差 $e_{i,-i}=y_i-\hat{y}_{i,-i},(1\leqslant i\leqslant n)$, 称为 PRESS(PR ediction sum of square) 残差. PRESS 统计量定义为

$$\mathrm{PRESS}=\sum_{i=1}^{n}(e_{i,-i})^2=\sum_{i=1}^{n}(y_i-\hat{y}_{i,-i})^2 \tag{3.42}$$

显然, 我们应该选择使 PRESS 统计量的值达到最小的模型.

(2) AIC 统计量

AIC 统计量是日本统计学家 Akaike 根据最大似然原理提出的一种选择准则. 设模型的似然函数为 $L(\theta,x)$, θ 为似然参数, x 为随机样本. AIC 统计量定义为

$$\mathrm{AIC}=-2\ln L(\hat{\theta},x)+2p \tag{3.43}$$

其中, $\hat{\boldsymbol{\theta}}$ 为 $\boldsymbol{\theta}$ 的最大似然估计; p 为选择的变量的个数 (未知参数的个数).

如果模型的误差服从高斯分布 $N(0,\sigma^2)$, 则式 (3.43) 变为

$$\mathrm{AIC}=n\times\ln(\mathrm{SSE})+2p \tag{3.44}$$

其中, $\mathrm{SSE}=\sum\limits_{i=1}^{n}(\hat{y}_i-y_i)^2$, 称为模型的误差平方和.

显然, 我们也应该选择使 AIC 统计量的值达到最小的模型.

(3) C_p 统计量

假设候选模型包含 p 个变量, C_p 统计量的定义为

$$C_p=\frac{\mathrm{SSE}_p}{\sigma^2}-n+2p \tag{3.45}$$

其中, SSE_p 是包含 p 个变量模型的误差平方和; σ^2 是误差的方差.

对于实际问题, σ^2 是未知的, 通常用 $\hat{\sigma}^2=\dfrac{1}{n-m-1}\mathrm{SSE}_m$ 估计. 其中, SSE_m 是包含全部 m 个变量模型 (也称为全模型) 的误差平方和.

显然, 我们也应该选择使 C_p 统计量的值达到最小的模型.

3.8.3 基于结点敏感度的 ELM 网络结构选择算法

下面介绍基于结点敏感度的 ELM 网络结构选择算法. 该算法是一种贪心算法, 结点敏感度用作贪心选择的标准. 下面首先给出结点敏感度的定义, 然后给出 ELM 网络结构选择的贪心算法.

给定包含 m 个隐结点的单隐含层前馈神经网络 (single-hidden layer feed-forward neural networks, SLFNs), 我们用敏感度度量隐含层结点的重要性, 用贪心策略选择 ELM 网络结构. 算法的基本思想可描述为: 首先, 将数据集 D 划分为训练集 D_1、验证集 D_2 和测试集 D_3. 然后, 用训练集 D_1 训练包含 m 个隐结点的单隐含层前馈神经网络, m 是一个用户定义的比较大的正整数. 接下来, 用验证集 D_2 计算隐含层结点的敏感度, 并按某种阈值进行剪枝. 在该算法中, 我们用 q 个敏感度阈值 $\lambda_i(i=1,2,\cdots,q)$ 进行剪枝, 得到 q 个单隐含层前馈神经网络. 用上一节介绍的模型选择准则选择最终的 ELM 网络结构, 并用测试集 D_3 测试其性能. 下面给出隐含层结点敏感度的定义.

定义 3.8.1　给定包含 m 个隐结点的单隐含层前馈神经网络, 第 $i(1 \leqslant i \leqslant m)$ 个隐含层结点 h_i 的敏感度定义为

$$s(h_i)=\frac{1}{k|D_2|}\sum_{j=1}^{k}\sum_{x\in D_2}|p(\omega_j|x)-p'(\omega_j|x)| \tag{3.46}$$

其中, k 是样例的类别数; $|D_2|$ 表示验证集 D_2 中包含的样例数; $p(\omega_j|x)$ 表示用包含隐含层结点 h_i 的 SLFN 计算得到的样例 x 属于第 j 类的后验概率; $p'(\omega_j|x)$ 表示用不包含隐含层结点 h_i 的 SLFN 计算得到的样例 x 属于第 j 类的后验概率.

显然, $s(h_i)$ 的值介于 0~1. 算法的伪代码如算法 3.11 所示.

算法 3.11: 基于结点敏感度的ELM网络结构选择算法

输入: 数据集D, 激活函数g, 参数m, 一组敏感度阈值$\lambda_i(1 \leqslant i \leqslant q)$.
输出: 最优的SLFN.
将数据集D划分为训练集D_1、验证集D_2和测试集D_3;
初始化一个大的包含m个隐含层结点的单隐含层前馈神经网络SLFN;
用训练集D_1训练这个SLFN;
对训练好的SLFN的输出用式(2.29)做软最大化变换;
for (每一个样例$\boldsymbol{x} \in D_2$) **do**
　　for $(j=1; j \leqslant k; j=j+1)$ **do**
　　　　计算$p(\omega_j|x)$;
　　　　计算$p'(\omega_j|x)$;
　　end
end
for $(i=1; i \leqslant m; i=i+1)$ **do**

14 　　用式(3.46)计算隐含层结点的敏感度$s(h_i)$;
15 　　用$s(h_i)$按降序对隐含层结点排序;
16 **end**
17 **for** $(i=1;i\leqslant q;i=i+1)$ **do**
18 　　用阈值λ_i对训练好的SLFN进行剪枝, 将敏感度小于λ_i的隐含层结点去掉, 得到剪枝的SLFN$_i$;
19 　　用式(3.45)计算SLFN$_i$的C_p统计量;
20 　　用C_p统计量对SLFN$_i$按升序排序;
21 **end**
22 输出最优的SLFN$_1$.

说明:

① 算法 3.11 中有两处用到了贪心策略, 一是用结点敏感度 $s(h_i)$ 贪心选择重要的隐含层结点; 二是用 C_p 统计量贪心选择最优的 ELM 网络结构.

② 算法 3.11 中第 19 步的 C_p 也可以换成 PRESS 统计量和 AIC 统计量.

③ 算法 3.11 不仅适用于选择 ELM 网络结构, 也适用于一般的多层前馈神经网络.

下面分析算法 3.11 的计算时间复杂度. 算法 3.11 主要包括 4 个阶段.

① 划分数据集为训练集、验证集和测试集.

② 利用 ELM 算法训练单隐含层前馈神经网络.

③ 计算隐含层结点的敏感度, 并按敏感度进行排序.

④ 用 C_p 统计量选择最优的 ELM 网络结构.

显然, 第 1 个阶段的计算时间复杂度为 $O(n)$. 第 2 个阶段的计算时间复杂度实际上是 ELM 算法的计算时间复杂度, 而 ELM 算法的主要计算时间代价来自于计算隐含层输出矩阵的 Moore-Penrose 广义逆矩阵. 当 n 个训练样例彼此不同时, 隐含层输出矩阵以概率 1 为列满秩矩阵 [24,25], 因此 ELM 优化问题可作为满秩最小二乘问题来求解, 而求解该问题的计算时间复杂度为 $O(m^2n)$[24,25]. 从式 (3.46) 可以看出, 第 3 个阶段计算隐含层结点敏感度的计算时间复杂度为 $O(kmn)$. 从 C_p 的计算式 (3.45) 可以看出, 第 4 个阶段的计算时间复杂度为 $O(qn)$. 因此, 整个算法的计算时间复杂度为 $O(n)+O(m^2n)+O(kmn)+O(qn)$. 一般情况下, 样例的类别数 k 和敏感度阈值的个数 q 远小于样例个数 n, 因此算法 3.11 在最坏时间情况下的复杂度为 $O(m^2n)$.

习　题

1. 贪心选择性质是判断一个问题是否适宜用贪心算法求解的重要因素, 通过实例解释什么是贪心选择性质.

2. 对于给定的如图 3.14 所示的赋权无向图, 用和 3.4.2 节相同的贪心选择标准, 求解该旅行售货员问题, 得到的解却不是这个问题的最优解, 请问为什么? 能否设计出能找到旅行售货员问题最优解的贪心选择标准?

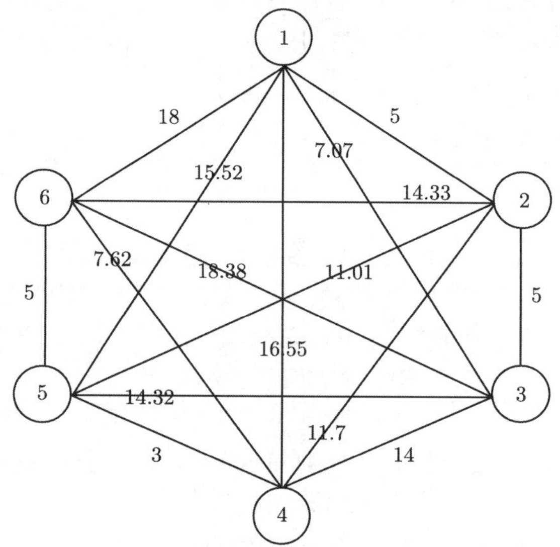

图 3.14　包含 6 个城市的旅行售货员问题

3. 给定如表 3.6 所示的天气数据集, 求 4 个条件属性之间的互信息.

4. 给定离散值决策表 $DT=(U,A\bigcup C,V,f)$, 对于任意的属性子集 $A'\subseteq A$, A' 是一个等价关系. 如果给定的决策表 DT 是连续值的, 请问 A' 是一个什么关系?

5. 从 3.5 节可以看出, 如果给定的数据集是离散值的, 那么其概率分布可以简单地用频率来计算. 如果给定的数据集是连续值的, 那么其概率分布如何计算?

6. 给定连续值随机变量 X 和 Y, 请问它们的熵、联合熵、条件熵和互信息如何定义?

7. 编程实现算法 3.4、算法 3.5 和算法 3.6.

8. 给定离散值决策表 $DT=(U,A\bigcup C,V,f)$, $A'\subseteq A$. 设 $U/A'=\{U_1,U_2,\cdots,U_m\}$, $U/C=\{U_1',U_2',\cdots,U_n'\}$. 如果 $\forall U_i\in U/A'(1\leqslant i\leqslant m)$, 至少存在一个 $U_j'(1\leqslant j\leqslant n)$, 使得 $U_i\subseteq U_j'$, 那么这两个划分之间是什么关系?

9. K-近邻算法是一种著名的分类算法, 虽然不是纯粹的贪心算法, 但是却蕴含着贪心算法的思想. 阅读下面的 K-近邻算法 3.12, 分析其计算时间复杂度.

算法 3.12: K-近邻算法

输入: 训练集 $DT=\{(\boldsymbol{x}_i,y_i)|\boldsymbol{x}_i\in\mathbf{R}^d,y_i\in Y,1\leqslant i\leqslant n\}$, 测试样例$\boldsymbol{x}$
输出: $\boldsymbol{x}$的类标$y\in Y$
for $(i=1;i\leqslant n;i=i+1)$ **do**
　　计算$\boldsymbol{x}$到$\boldsymbol{x}_i$之间的距离$d(\boldsymbol{x},\boldsymbol{x}_i)$;
end
在训练集DT中选择$\boldsymbol{x}$的$\mathbf{K}$个最近邻, 构成子集N;
计算$y=\underset{l\in Y}{\operatorname{argmax}}\sum\limits_{\boldsymbol{x}\in N}I(l=\operatorname{class}(\boldsymbol{x}))$; // $I(\cdot)$是特征函数
return y.

10. K 均值算法是一种著名的聚类算法, 是贪心算法, 阅读下面的 K 均值算法 3.13, 请问该算法的哪一步用到了贪心算法的思想, 并分析 K 均值算法的计算时间复杂度.

算法 3.13: K均值聚类算法

输入: 数据集$DT=\{\boldsymbol{x}_i|\boldsymbol{x}_i\in\mathbf{R}^d,1\leqslant i\leqslant n\}$, 聚类个数$k$.
输出: k个聚类$C_1,C_2,\cdots,C_k$.
从T中随机选择k个点作为k个聚类的中心$\boldsymbol{c}_1,\boldsymbol{c}_2,\cdots,\boldsymbol{c}_k$;
repeat
　　for $(i=1;i\leqslant n;i=i+1)$ **do**
　　　　for $(j=1;j\leqslant k;j=j+1)$ **do**
　　　　　　计算$\boldsymbol{x}_i$到$\boldsymbol{c}_j$的距离d_{ij};
　　　　end
　　　　$\boldsymbol{c}_j=\underset{1\leqslant j\leqslant k}{\operatorname{argmin}}\{d_{ij}\}$;
　　　　将样例$\boldsymbol{x}_i$分配到聚类C_j;
　　end
　　// 更新聚类中心
　　for $(j=1;j\leqslant k;j=j+1)$ **do**
　　　　$\boldsymbol{c}_j=\dfrac{1}{|C_j|}\sum\limits_{\boldsymbol{x}\in C_j}\boldsymbol{x}$;
　　end
until $(\sum\limits_{i=1}^{n}\operatorname{argmin}_j\parallel\boldsymbol{x}_i-\boldsymbol{c}_j\parallel$收敛$)$;
return $C_1,C_2,\cdots,C_k$.

11. 设 $x_1, x_2, \cdots, x_n$ 是实数轴上的 n 个点, 设计一个贪心算法, 用长度为 l 的闭区间覆盖这 n 个点, 使得使用的闭区间数最少.

12. 哈夫曼编码算法是贪心算法, 设字符 a, b, c, d, e, f 在文本中出现的频率分别为 7, 5, 3, 2, 12, 9. 试给出它们的最优编码, 要求给出求解过程.

13. KRUSKAL 算法和 PRIM 算法都是求解最小生成树问题的贪心算法, 图 3.15 是一个无向图. 试分别用这两种算法给出生成的最小生成树, 要求给出求解过程.

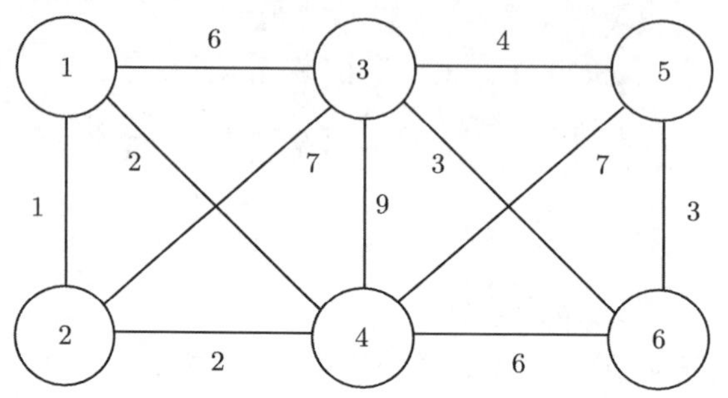

图 3.15 一个包含 6 个结点的无向图

14. 给定离散值决策表 3.7(流感数据集), 给出用算法 3.7(ID3 算法) 生成决策树的过程, 并比较对同一个离散值决策表 3.7, 用算法 3.7 和算法 3.8 生成的决策树是否相同? 两种启发式在选择扩展属性时, 是否具有一致性?

15. 给定离散值决策表 3.6(天气数据集), 给出用算法 3.8(基于依赖度的决策树归纳算法) 生成决策树的过程, 并比较对同一个离散值决策表 3.6, 用算法 3.7 和算法 3.8 生成的决策树是否相同? 两种启发式在选择扩展属性时, 是否具有一致性?

16. 编程实现算法 3.7 和算法 3.8, 并在多个离散值数据集上实验验证算法 3.7 和算法 3.8 生成的决策树是否相同? 两种启发式在选择扩展属性时, 是否具有一致性?

17. 算法 3.9(基于非平衡割点的连续值决策树归纳算法) 用 Gini 指数作为选择割点的贪心选择标准, 试分析如果把 Gini 指数换成信息熵, 算法 3.9 的结果是否会发生变化?

18. 算法 3.8(基于依赖度的决策树归纳算法) 是一种离散值决策树归纳算法, 请问如何改进该算法使之能够处理连续值决策表?

第4章 搜索算法

搜索算法是指利用某种搜索方式, 搜索问题的解或问题的最优解. 根据在搜索过程中是否利用启发式, 搜索算法可以分为启发式搜索和穷举式搜索. 根据搜索是个体行为还是群体行为, 搜索算法也可以分为群体搜索和个体搜索.

在数据挖掘领域, 比较常用的是启发式搜索和群体搜索. 群体搜索算法在搜索问题的解或最优解时, 个体之间相互协作, 依靠群体的智慧加速搜索的过程, 提高搜索的效率和准确性. 本章结合作者团队的工作, 重点介绍两种群体搜索算法 (遗传算法和粒子群算法), 简要介绍两种个体搜索算法 (回溯法和分支限界法).

4.1 遗传算法

4.1.1 遗传算法简介

遗传算法是美国密歇根大学 Holland [71] 于 1975 年提出的. 遗传算法模拟生物在自然环境中的遗传和进化过程, 通过群体搜索来寻找问题的整体最优解. 整个群体的搜索过程是一个进化过程, 也是一个优化过程. 通过个体的相互作用 (交叉、变异、选择) 不断改进和提高群体的适应能力. 遗传算法不需要目标函数的连续性、可微性等条件, 只利用适应度函数的信息.

在介绍遗传算法之前, 先介绍相关的基本概念.

定义 4.1.1 个体和群体 遗传算法处理的对象称为个体, 它模拟问题的一个可行解. 一些个体的集合称为群体, 也称为种群.

定义 4.1.2 问题编码 对待求解问题的解进行编码, 即用一个位串表示, 称为问题编码. 位串对应遗传学中的染色体, 位串中的每一位称为一个基因.

定义 4.1.3 适应度函数 度量群体中每一个个体适应环境能力的函数, 称为适应度函数.

定义 4.1.4 选择 从种群中选择繁衍下一代个体的操作, 称为选择, 用于模拟生物进化过程中的自然选择.

定义 4.1.5 交叉 两个个体的位串对应基因段的交换, 称为交叉, 用于模拟生物进化过程中的有性繁殖.

定义 4.1.6 变异 个体位串某一个基因位的改变, 称为变异, 用于模拟生物进化过程中的基因突变.

用遗传算法求解问题时, 首先要对问题的解空间进行编码. 它将问题的每个可能的解按某种形式进行编码, 编码后的解称作个体 (染色体). 然后, 随机选取 N 个个体构成初始种群, 再根据预定义的评价函数 (适应度函数) 对每个个体计算其适应环境的能力, 使得性能较好的个体具有较高的适应能力. 接下来, 选择适应值高的个体 (染色体) 进行复制, 通过遗传算子 (选择、交叉、变异) 产生新的更适应环境的种群. 这样一代一代不断繁殖、进化, 最后收敛到一个最适应环境的个体上, 即可求得问题的最优解. 用遗传算法求解问题的过程如图 4.1 所示.

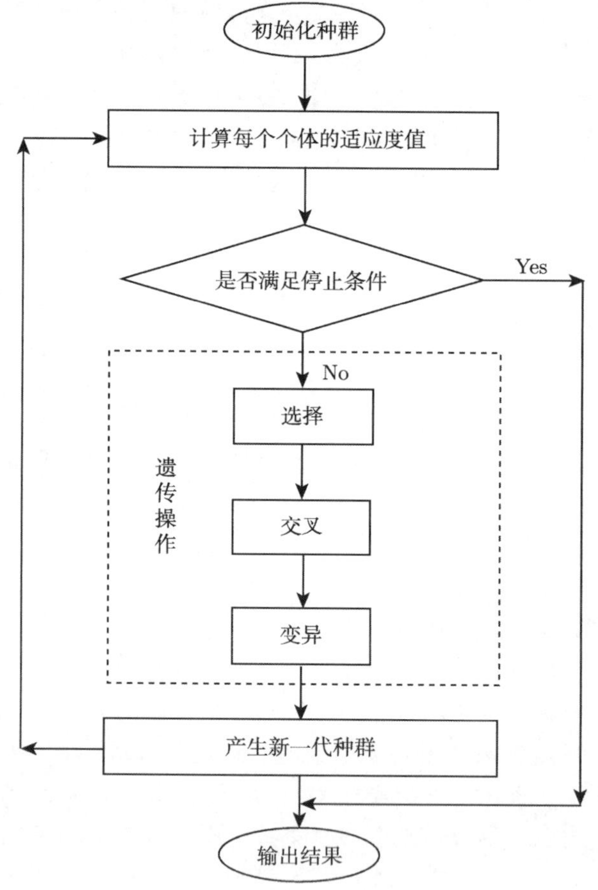

图 4.1 用遗传算法求解问题流程图

4.1.2 遗传算法的五要素

问题解的编码、初始群体的设定、适应度函数的设计、遗传操作的设计、控制参数的设定等要素构成了遗传算法的核心内容, 其中问题解的编码和适应度函数的设计是最重要的两个要素, 下面分别介绍.

1 问题解的编码

最常用的编码方法是二进制编码, 其次是实数编码.

(1) 二进制编码

二进制编码的基础是十进制数和二进制数之间的转换. 众所周知, 一个位长为 m 的二进制数 $b_1b_2\cdots b_m$, 表示的最小整数为 0, 最大整数为 2^m-1.

下面以一维解变量 x 为例说明编码的过程 [72]. 设 $x\in[a,b]$, 解的精度为 $10^{-\alpha}$. 那么如何用位长为 m 的二进制数表示 [a, b] 中的解呢? 下面介绍二进制编码思想.

将 $[a,b]$ 等分为若干个小区间, 只用二进制数表示等分点和区间的端点. 为了达到精度的要求, 需要将区间等分为 $(b-a)\times10^{\alpha}$ 个小区间. 这种思想可描述为, 要用二进制数表示 $[a,b]$ 中所有的等分点和端点, 则至少需要多少位二进制数才能满足精度要求? 设至少需要 m 位, 因为 m 位二进制数可表示 2^m 个整数, 所以 m 不应小于等分点的个数, 即

$$(b-a)\times10^{\alpha}+1\leqslant2^m \tag{4.1}$$

同时, $m-1$ 位二进制数又不能满足精度要求, 即

$$(b-a)\times10^{\alpha}+1>2^{m-1} \tag{4.2}$$

因此, m 应满足不等式 (4.3), 即

$$2^{m-1}-1<(b-a)\times10^{\alpha}\leqslant2^m-1 \tag{4.3}$$

问题解的二进制编码方法可用算法 4.1 伪代码表示.

算法 4.1: 二进制编码方法

1 由不等式(4.3)确定自然数m, 将 $[a,b]$ 等分为2^m-1份，等分点和两端点共有2^m个;

2 用线性变换一对一地将m位二进制数表示的2^m个整数点$(0,1,\cdots,2^m-1)$映射到 $[a,b]$ 中的2^m个等分点. 于是 $[a,b]$ 中的等分点便与$[0,\ 2^m-1]$中的整数点一一对应. 因此, 只要用二进制数表示出$[0,2^m-1]$中所有整数,便可对应出 $[a,b]$ 中的所有等分点， 产生一个m位二进制数$B=b_{m-1}b_{m-2}\cdots b_0$作为编码.

说明: m 位二进制数最小者为 0, 最大者为 2^m-1, 共有 2^m 个整数. 因此, 当二进制的位数为 m 时，便可以表示 $[0,\ 2^m-1]$ 中的所有整数, 且表示是唯一的.

解码方法可用算法 4.2 的伪代码描述.

算法 4.2: 二进制解码方法

1 设$B = b_{m-1}b_{m-2}\cdots b_0$为一个$m$位的二进制数, 则对应的十进制数为$s = \sum_{i=0}^{m-1} b_i 2^i$;

2 用如下线性变换(4.4)将s对应于$[a, b]$ 中的等分点x, 即

$$x = a + \frac{b-a}{2^m - 1} \times s \tag{4.4}$$

对于多维解的情况, 只要对每一维, 按上述的一维编码解码方法处理即可.

例 4.1.1　设一个 3 维问题的解空间为 $J = \{(x_1, x_2, x_3)|x_i \in [0,1], 1 \leqslant i \leqslant 3\}$, 用二进制编码方法对解空间中的解进行编码, 要求解的精度为 10^{-3}.

解: 对解空间 J 中的每一个解向量 $\boldsymbol{x} = (x_1, x_2, x_3)$, 只要分别对其分量 $x_i(1 \leqslant i \leqslant 3)$ 进行编码即可. 因为每一个分量都介于 [0, 1], 根据式 (4.3), 编码所需的位数 m 应满足下面的不等式, 即

$$2^{m-1} - 1 < (1-0) \times 10^3 \leqslant 2^m - 1 \tag{4.5}$$

解不等式 (4.5), 可得 $m = 10$, 即编码每一个分量 $x_i(1 \leqslant i \leqslant 3)$ 都需要 10 位二进制数. 这样编码这个解空间中的每个解需要 30 位二进制数.

例 4.1.2　3.5 节讨论了特征选择问题: 给定一个决策表 $DT = (U, A \bigcup C, V, f)$. 从 A 中选择一个子集 $A' \subseteq A$, 使得 $\gamma(A', C)$ 的值最大. $\gamma(A', C)$ 是属性子集 A' 与决策（类别）属性的相关性度量. 试对特征选择问题的解进行二进制编码.

解: 特征选择问题解空间可描述为 $J = \{(x_1, x_2, \cdots, x_n)|x_i \in \{0,1\}, 1 \leqslant i \leqslant n\}$. 其中, n 为集合 A 中包含的特征 (或属性) 的个数; $x_i = 1$ 表示选择特征 (或属性)a_i, $x_i = 0$ 表示不选择特征 (或属性)a_i. 这样, $\forall A' \subseteq A$, 在 J 中都有一个元素与之对应. 从而, 特征选择问题可以用一个 n 位的 0-1 串编码.

例 4.1.3　0-1 背包问题　有 n 件物品和一个容量为 C 的背包, n 件物品重量和价值分别为 $w_i(1 \leqslant i \leqslant n)$ 和 $v_i(1 \leqslant i \leqslant n)$. 0-1 背包问题就是如何选择物品装入背包, 使得装入背包中的物品可以获得最大的价值. 对于每一件物品, 只有装和不装两种选择. 试对 0-1 背包问题的解进行二进制编码.

解: 0-1 背包问题与 3.2 节讨论的背包问题的本质区别在于: 对于每一件物品, 0-1 背包问题只有装和不装两种选择, 不能装入物品的一部分. 将式 (3.1) 中的约束条件 $x_i \in [0,1]$ 改为 $x_i \in \{0,1\}$, 就得到描述 0-1 背包问题的数学模型, 即

$$\begin{aligned} &\max \sum_{i=1}^{n} v_i x_i \\ &\text{s.t.} \sum_{i=1}^{n} w_i x_i \leqslant C, \\ &x_i \in \{0,1\}, \quad w_i > 0, \quad v_i > 0 \end{aligned} \tag{4.6}$$

显然, 0-1 背包问题的解空间也可以描述为 $J = \{(x_1, x_2, \cdots, x_n) | x_i \in \{0,1\}, 1 \leqslant i \leqslant n\}$. J 中的元素, 即 0-1 背包问题的解, 也可以编码为 n 位的 0-1 串.

(2) 实数编码

如果问题的解空间是 n 维欧氏空间 $\mathbf{R}^n$, 或 $\mathbf{R}^n$ 中的一个区域, 那么问题的解可用实数编码. 实数编码就是用问题解空间中的点作为编码, 即 $\boldsymbol{x} = (x_1, x_2, \cdots, x_n)$. 例如, 对于 3.2 节介绍的背包问题 ($n$=3), 它的解空间为 $J = \{(x_1, x_2, x_3) | x_i \in [0,1], 1 \leqslant i \leqslant 3\}$. 对于 $\forall (x_1, x_2, x_3) \in J$, 都可以看作问题解的编码, 如图 4.2 所示的单位立方体中每一个点都是 3 件物品背包问题解的编码.

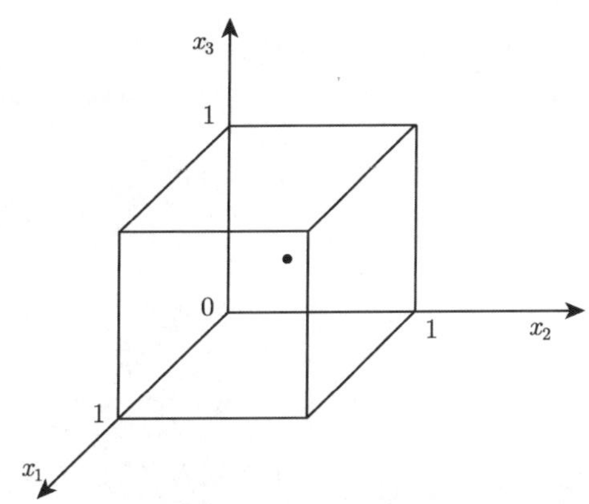

图 4.2 背包问题的解空间 (n=3)

一般地, 当用遗传算法求解高维高精度的优化问题时, 如果用二进制编码, 码串太长, 会导致计算量和存储量太大, 运算速度降低. 因此, 对于这类问题, 用实数编码比较合适. 实际上, 对大多数数值优化问题, 用实数编码更有效. 当然, 对于低维优化问题, 也可以用二进制编码. 例如, 对于 $n = 3$ 的背包问题.

2 初始种群的产生

初始种群的产生主要涉及群体的规模和初始化种群.

种群的规模越大, 种群的多样性越好, 遗传算法陷入局部极小的可能性也越小, 但种群规模太大, 计算量会很大, 收敛速度也会很慢. 种群规模太小, 遗传算法搜索的空间被限制在一个较小的范围内, 可能找不到问题的最优解, 导致所谓的早熟现象. 一般地, 应根据问题的维数和复杂程度来设定种群的规模. 维数和问题的复杂度越高, 种群的规模应越大. 建议种群的规模一般取为几十到几百.

初始化种群一般用随机化的方法产生初始种群. 例如, 对于 $n=3$ 的背包问题, 可用服从 [0, 1] 均匀分布的随机数, 初始化一个解的 3 个分量. 然后, 用选择的编码方法对 3 个分量分别进行编码, 如果种群的规模为 30, 那么重复 30 次即可.

3 适应度函数的设计

适应度函数的设计是遗传算法的关键. 一般地, 适应度函数与待求解的优化问题有关. 若求解的优化问题为 $\max\limits_{x\in D} f(x)$, 则适应度函数可设计为 $\mathrm{fit}(x)=f(x)-f_{\min}$. 其中, D 为 x 的取值范围, $f_{\min}$ 为 $f(x)$ 的下界. 若求解的优化问题为 $\min\limits_{x\in D} f(x)$, 则适应度函数可设计为 $\mathrm{fit}(x)=f_{\max}-f(x)$. 其中, $f_{\max}$ 为 $f(x)$ 的上界. 当然, 如果优化问题的目标函数为非负函数, 也可以直接用目标函数作为适应度函数. 在数据挖掘领域, 适应度函数往往和数据挖掘任务有关. 下面分两种情况, 通过用遗传算法解决特征选择问题, 说明适应度函数的设计. 一种是针对离散值特征选择 [54], 另一种是针对连续值特征选择 [52].

(1) 第 1 种情况: 离散值特征选择

文献 [54] 提出一种用遗传算法求解特征选择问题的算法, 设计的适应度函数为相对分类信息熵, 并从理论上证明了这种设计的合理性. 下面给出其定义及理论证明.

给定离散值决策表 $DT=(U,A\bigcup C,V,f)$, 设 $A'\subseteq A$, 则 A' 和 C 对论域 U 形成的划分 (或分类) 分别为

$$U/A'=\{X_1,X_2,\cdots,X_m\}$$
$$U/C=\{Y_1,Y_2,\cdots,Y_k\}$$

定义 4.1.7 划分 (或分类)U/A' 相对于划分 (或分类)U/C 的概率分布为

$$p_{ij}=\frac{|X_i\bigcap Y_j|}{|X_i|},\quad 1\leqslant i\leqslant m;1\leqslant j\leqslant k \tag{4.7}$$

定义 4.1.8 划分 (或分类)U/A' 相对于划分 (或分类)U/C 的分类信息熵定义为

$$H(U/A')=-\sum_{i=1}^{m}\sum_{j=1}^{k}\frac{|X_i|}{|U|}p_{ij}\log_2 p_{ij} \tag{4.8}$$

这种相对分类信息熵描述了分类 U/A' 相对于分类 U/C 的不一致程度. 相对分类信息熵的值越大, 分类 U/A' 相对于分类 U/C 的不一致程度越高; 相对分类信息熵的值越小, 分类 U/A' 相对于分类 U/C 的不一致程度越低. 在文献 [54] 中, 我们用式 (4.8) 作为适应度函数, 度量特征子集 A' 的重要性, 用遗传算法完成特征选择. 关于相对分类信息熵, 有定理 4.1.1 成立.

定理 4.1.1 给定决策表 $DT=(U,A\bigcup C,V,f)$, 假设 $A_1\subseteq A$, $A_2\subseteq A$, 如果 $A_1\subseteq A_2$, 那么 $H(U/A_1)\geqslant H(U/A_2)$.

证明: 仅考虑决策类包含两类的情况. 因为 $A_1\subseteq A_2$, 所以 $U/A_1\supseteq U/A_2$. 假设 $U/A_1=\{X_1,X_2,\cdots,X_m\}$, $U/A_2=\{Y_1,Y_2,\cdots,Y_n\}$, 那么 $X_i\in U/A_1$, 必然存在集合 $E_i\subset\{1,2,\cdots,m\}$, 使得 $X_i=\bigcup_{j\in E_i}Y_j$. 当 $i\neq j$ 时, 有 $E_i\neq E_j(1\leqslant i,j\leqslant n)$. 要证明定理 4.1.1 成立, 只需证明不等式 $H(X_1)+H(X_2)\leqslant H(X)$ 成立即可. 其中, $X=X_1\bigcup X_2$. 下面证明不等式 (4.9) 成立, 即

$$\begin{aligned}&x\log_2(x+c)+y\log_2(y+d)-(x+y)\log_2(x+y+c+d)\\ \leqslant&x\log_2 x+y\log_2 y-(x+y)\log_2(x+y)\end{aligned}\tag{4.9}$$

其中, $x>0;y>0;c>0;d>0$.

令

$$u(c,d)=x\log_2(x+c)+y\log_2(y+d)-(x+y)\log_2(x+y+c+d)\tag{4.10}$$

由

$$u'_c(c,d)=\frac{1}{\ln 2}\left(\frac{x}{x+c}-\frac{x+y}{x+y+c+d}\right)=0$$

可得 $\dfrac{x}{y}=\dfrac{c}{d}$. 而当 $\dfrac{x}{y}=\dfrac{c}{d}$ 时, 有

$$\begin{aligned}u''_c(c,d)&=-\frac{1}{\ln 2}\left[\frac{x}{(x+c)^2}-\frac{x+y}{(x+y+c+d)^2}\right]\\&=-\frac{1}{\ln 2}\times\frac{xy}{(x+c)^2(x+y)}<0\end{aligned}$$

所以, 当 $\dfrac{x}{y}=\dfrac{c}{d}$ 时, 式 (4.10) 达到最大值, 将 $\dfrac{x}{y}=\dfrac{c}{d}$ 带入式 (4.10), 整理可得

$$u_{\max}(c,d)=x\log_2 x+y\log_2 y-(x+y)\log_2(x+y)$$

从而式 (4.9) 成立.

整理式 (4.9), 可得

$$\begin{aligned}&x\log_2\left(\frac{x+c}{x+y+c+d}\right)+y\log_2\left(\frac{y+d}{x+y+c+d}\right)\\ \leqslant&x\log_2\left(\frac{x}{x+y}\right)+y\log_2\left(\frac{y}{x+y}\right)\end{aligned}\tag{4.11}$$

互换 x 与 c, y 与 d, 可得

$$\begin{aligned}&c\log_2\left(\frac{x+c}{x+y+c+d}\right)+d\log_2\left(\frac{y+d}{x+y+c+d}\right)\\ \leqslant&c\log_2\left(\frac{c}{c+d}\right)+d\log_2\left(\frac{d}{c+d}\right)\end{aligned}\tag{4.12}$$

式 (4.11) 和式 (4.12) 相加, 可得

$$
\begin{aligned}
&(x+c)\log_2\left(\frac{x+c}{x+y+c+d}\right)+(y+d)\log_2\left(\frac{y+d}{x+y+c+d}\right)\\
\leqslant& x\log_2\left(\frac{x}{x+y}\right)+y\log_2\left(\frac{y}{x+y}\right)+c\log_2\left(\frac{c}{c+d}\right)+d\log_2\left(\frac{d}{c+d}\right)
\end{aligned}
\tag{4.13}
$$

而

$$
\begin{aligned}
&\frac{x+c}{x+y+c+d}\log_2\left(\frac{x+c}{x+y+c+d}\right)+\frac{y+d}{x+y+c+d}\log_2\left(\frac{y+d}{x+y+c+d}\right)\\
\leqslant&\frac{x+y}{x+y+c+d}\log_2\left(\frac{x}{x+y}\log_2\frac{x}{x+y}+\frac{y}{x+y}\log_2\frac{y}{x+y}\right)\\
&+\frac{c+d}{x+y+c+d}\log_2\left(\frac{c}{c+d}\log_2\frac{c}{c+d}+\frac{d}{c+d}\log_2\frac{d}{c+d}\right)
\end{aligned}
\tag{4.14}
$$

假设 $X=X_1\bigcup X_2$, X 中包含 $x+y+c+d$ 个样例. 其中, $x+c$ 个正例, $y+d$ 个反例; X_1 中包含 $x+y$ 个样例, x 个正例, y 个反例; X_2 中包含 $c+d$ 个样例, c 个正例, d 个反例. 显然, $H(X_1)+H(X_2)\leqslant H(X)$.

实际上, 只要注意到在式 (4.14) 中, 令

$$
H(X)=\frac{x+c}{x+y+c+d}\log_2\left(\frac{x+c}{x+y+c+d}\right)+\frac{y+d}{x+y+c+d}\log_2\left(\frac{y+d}{x+y+c+d}\right)
$$

$$
H(X_1)=\frac{x+y}{x+y+c+d}\log_2\left(\frac{x}{x+y}\log_2\frac{x}{x+y}+\frac{y}{x+y}\log_2\frac{y}{x+y}\right)
$$

$$
H(X_2)=\frac{c+d}{x+y+c+d}\log_2\left(\frac{c}{c+d}\log_2\frac{c}{c+d}+\frac{d}{c+d}\log_2\frac{d}{c+d}\right)
$$

则有

$$
H(X_1)+H(X_2)\leqslant H(X)
$$

成立. 从而定理 4.1.1 成立.

定理 4.1.1 为用式 (4.8) 作为适应度函数度量特征子集的重要性提供了理论支撑, 使得相对分类信息熵达到最小的特征子集肯定是最优特征子集. 以式 (4.8) 作为适应度函数, 用遗传算法搜索最优特征子集, 进行特征选择的算法伪代码如算法 4.3 所示.

算法 4.3: 基于相对分类信息熵的遗传进化离散值特征选择算法

输入: 离散值决策表$DT=(U,A\cup D,V,f)$, 种群大小N、选择概率p_s、交叉概率p_c、变异概率p_m.
输出: $A'\subseteq A$.
随机初始化大小为N的种群;
repeat
  for $(i=1;i\leqslant N;i=i+1)$ **do**
    用式(4.8)计算种群中每一个个体的适应度值;
  end
  // 用赌轮法选择产生下一代的个体，下面循环体中的q_i是累积概率，其定义见式(4.22).
  for $(i=1;i\leqslant N;i=i+1)$ **do**
    产生[0, 1]中的一个随机数r;
    if $(r\leqslant q_1)$ **then**
      选择第1个个体;
    end
    if $(q_{i-1}\leqslant r\leqslant q_i)$ **then**
      选择第i个个体;
    end
  end
  按交叉概率p_c选择交叉个体, 并进行单点交叉操作;
  按变异概率p_m选择变异个体, 并进行单基因位变异操作;
until (满足终止条件);
输出A'.

(2) 第 2 种情况: 连续值特征选择

算法 4.3 的适应度函数, 即式 (4.8), 仅适用于离散值特征选择问题. 下面介绍一种适用于连续值特征选择问题的适应度函数, 它是基于类别可分离性判据 [52]. 其基本思想是, 对于不同类别的样例, 选择的特征子集应使同一类别内的样例尽可能紧凑, 而使不同类别间的样例尽可能散开. 如图 4.3(a) 中的特征 a_i 就是一个好的特征, 而图 4.3(b) 中的特征 a_j 就是一个不好的特征. 基于类别可分离性判据的适应度函数设计, 就是要找这样的特征子集, 将数据集中的样例点投影到这些特征 (方向) 上, 使类内散度尽可能小，类间散度尽可能大. 可用 Fisher 率度量这种类别可分离性, 下面介绍这一概念.

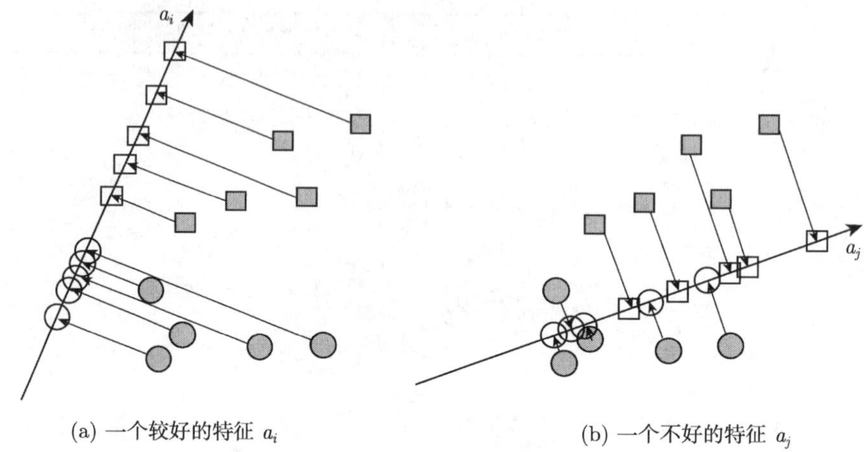

(a) 一个较好的特征 a_i (b) 一个不好的特征 a_j

图 4.3 具有不同类别分离性的特征

给定连续值决策表 $DT = (U, A \bigcup C, V, f)$, 设 U 中的样例分为 k 类, A 中包含 d 个特征. 又设 $\boldsymbol{x}_p^{(i)}$ 和 $\boldsymbol{x}_q^{(j)}$ 分别为第 i 类和第 j 类中的 d 维特征向量, $\delta(\boldsymbol{x}_p^{(i)}, \boldsymbol{x}_q^{(j)})$ 为这两个向量间的距离, 第 i 类和第 j 类的先验概率分别为 P_i 和 P_j, 则类间平均距离为

$$F = \frac{1}{2}\sum_{i=1}^{k} P_i \sum_{j=1}^{k} P_j \frac{1}{n_i n_j} \sum_{p=1}^{n_i}\sum_{q=1}^{n_j} \delta(\boldsymbol{x}_p^{(i)}, \boldsymbol{x}_q^{(j)}) \tag{4.15}$$

其中, n_i 和 n_j 分别为第 i 类和第 j 类包含的样例数; 距离度量 $\delta(\cdot,\cdot)$ 通常采用欧氏距离 $\delta(\boldsymbol{x}_p, \boldsymbol{x}_q) = (\boldsymbol{x}_p - \boldsymbol{x}_q)^{\mathrm{T}}(\boldsymbol{x}_p - \boldsymbol{x}_q)$.

类均值向量和总均值向量分别为

$$\boldsymbol{m}_i = \frac{1}{n_i}\sum_{p=1}^{n_i} \boldsymbol{x}_p^{(i)} \tag{4.16}$$

和

$$\boldsymbol{m} = \sum_{i=1}^{k} P_i \boldsymbol{m}_i \tag{4.17}$$

类间散度矩阵 $\boldsymbol{S}_b$ 的估计为

$$\tilde{\boldsymbol{S}}_b = \sum_{i=1}^{k} P_i (\boldsymbol{m}_i - \boldsymbol{m})(\boldsymbol{m}_i - \boldsymbol{m})^{\mathrm{T}} \tag{4.18}$$

类内散度矩阵 $\boldsymbol{S}_w$ 的估计为

$$\tilde{\boldsymbol{S}}_w = \sum_{i=1}^{k} P_i \frac{1}{n_i} \sum_{p=1}^{n_i} \left(\boldsymbol{m}_p^{(i)} - \boldsymbol{m}_i\right)\left(\boldsymbol{m}_p^{(i)} - \boldsymbol{m}_i\right)^{\mathrm{T}} = \sum_{i=1}^{k} P_i \boldsymbol{\Sigma}_i \tag{4.19}$$

其中, $\boldsymbol{\Sigma}_i$ 为第 i 类协方差矩阵.

F 可描述为

$$F = \operatorname{tr}\left(\tilde{\boldsymbol{S}}_w + \tilde{\boldsymbol{S}}_b\right) \tag{4.20}$$

式 (4.20) 可作为连续值特征选择问题的适应度函数, 其特点是简单直观、易于实现 (用样本计算). 基于遗传算法的连续值特征选择算法和算法 4.3 类似. 下面介绍遗传操作.

4 遗传操作的设计

遗传操作也称为遗传算子, 包括选择、交叉和变异. 它们的定义在前面已经给出, 这里介绍具体的操作.

(1) 选择

选择操作是指选择适应度高的个体, 用它们作为父本, 经过交叉产生下一代种群. 选择操作是建立在群体中个体的适应度基础上的, 个体的适应度越大, 被选中的概率就越大, 其子孙在下一代产生的个数就越多. 目前常用的选择算子有赌轮选择方法、精英选择方法、期望值选择方法等. 下面重点介绍赌轮选择方法, 简要介绍精英选择方法和期望值选择方法.

① 赌轮选择方法.

顾名思义, 赌轮选择模拟赌博中赌轮. 赌轮选择方法大致分为两个阶段: 首先计算选择概率和累积概率, 然后根据计算的结果进行选择.

个体 x_i 被选择的概率是根据其适应度计算得到的, 即

$$p_i = \frac{\operatorname{fit}(x_i)}{\sum\limits_{j=1}^{N} \operatorname{fit}(x_j)} \tag{4.21}$$

累积概率按下式计算, 即

$$q_i = \sum_{j=1}^{i} p_j, \quad i = 1, 2, \cdots, N \tag{4.22}$$

赌轮选择的过程可描述如下.

根据选择概率, 将圆盘形的赌轮分成 N 个扇形, 第 i 个扇形的中心角为 $2\pi p_i$. 在进行选择时, 可以假想随机转一下赌轮, 若参照点落入第 m 个扇形内, 则选择 x_m, 这样重复选择 N 次即可.

上述方法可用如下计算机算法模拟, 将 [0, 1] 分成长度为 $p_1, p_2, \cdots, p_N$ 的小区间. 按均匀分布在 [0, 1] 中产生一个随机数, 这个数属于哪个小区间, 就选出对应的个体. 如此重复 N 次即可.

赌轮选择算法的伪代码如算法 4.4 所示.

算法 4.4: 赌轮选择算法

根据式(4.22)计算累加概率;
for $(i=1; i \leqslant N; i=i+1)$ **do**
　　产生[0, 1]中的一个随机数r;
　　if $(r \leqslant q_1)$ **then**
　　　　选择x_1;
　　end
　　if $(q_{i-1} \leqslant r \leqslant q_i)$ **then**
　　　　选择x_i;
　　end
end

② 精英选择方法.

精英指的是适应度高于某个阈值的个体, 根据自然进化原则, 认为他们产生的后代适应环境的能力也强. 假设每次选择 M 个精英, 那么精英选择方法很简单, 就是将得到的 M 个最佳个体, 直接保留到下一代种群中, 其余 $N-M$ 个个体用其他方法 (如赌轮选择方法) 选择产生.

③ 期望值选择方法.

在赌轮选择方法中, 当种群规模不大时, 产生的随机数可能无法代表其随机变量的真正分布情况. 在选择时, 可能适应度值大的个体被淘汰, 而适应度值小的个体反而被选上. 期望值选择方法可以克服这种缺点, 伪代码如算法 4.5 所示.

算法 4.5: 期望值选择算法

// 根据式(4.23)计算每个个体在下一代生存的期望次数;
for $(i=1; i \leqslant N; i=i+1)$ **do**

$$M_i = \frac{\mathrm{fit}(x_i)}{\dfrac{1}{N}\sum_{i=1}^{N}\mathrm{fit}(x_j)} \tag{4.23}$$

end
for $(i=1; i \leqslant N; i=i+1)$ **do**
　　if (x_i被选择) **then**

```
        M_i = M_i − 0.5;
    else
        M_i = M_i − 1.0;
    end
end
for (i = 1; i ⩽ N; i = i + 1) do
    将个体x_i复制⌊M_i⌋份, 小数部分作为选择的概率, 再参加选择, 看个
    体x_i是否能再次被选中;
    if (个体x_i的生存期望次数降低到小于等于0) then
        淘汰个体x_i;
    end
end
```

(2) 交叉

交叉操作用于模拟生物进化过程中的有性繁殖, 是产生下一代种群的主要操作. 交叉操作以一定的概率 (称为交叉概率)p_c 相互交换两个个体之间的部分染色体, 以便产生新的种群. 一般地, 在具体应用中, 随机生成一个 [0, 1] 的随机数 r, 如果 r 小于 p_c, 则进行交叉; 否则, 不交叉. 交叉率一般取 [0.5, 1]. 交叉概率 p_c 的大小直接影响算法的收敛性 [73], 交叉概率越大, 新个体产生的速度就越快. 然而, 交叉概率过大, 遗传模式被破坏的可能性也越大, 使得具有高适应度的个体结构很快就会被破坏. 但是, 如果交叉概率过小, 会使搜索的过程缓慢, 甚至停滞不前. 为了解决这种两难的问题, 可以采用自适应的交叉概率, 不同的个体采用不同的交叉概率. 对于适应度值高于群体平均适应度值的个体, 给予较低的交叉概率, 使之得以保护而进入下一代; 对于低于平均适应度的个体, 给予较高的交叉概率, 使之被淘汰 [73]. 式 (4.24) 是文献 [73] 中给出的一种自适应交叉概率的计算方法, 即

$$p_c = \begin{cases} p_{c'} - \dfrac{(p_{c'} - \alpha)(f_{\max} - f)}{f_{\max} - \overline{f}}, & \text{if } f \geqslant \overline{f} \\ p_{c'}, & \text{其他} \end{cases} \tag{4.24}$$

其中, $p_{c'}$ 和 α 是用户定义的两个常数, 一般取 $p_{c'} \geqslant 0.9$, $\alpha \geqslant 0.6$; f 是群体中个体的适应度值; $f_{\max}$ 是群体适应度的最大值; $\overline{f}$ 是群体适应度的平均值.

常用的交叉方式有单点交叉、两点交叉和多点交叉. 对于给定的两个个体 (染色体), 选择一个交叉位置, 交换对应的基因串 (位段), 可以得到两个新的个体, 这种交叉方式称为单点交叉, 如图 4.4 所示. 两点 (多点) 交叉是选择两个 (多个) 交叉位置, 并进行位段的交换. 图 4.5 是两点交叉示意图.

$$A = a_1 a_2 a_3 | a_4 a_5 \qquad A' = a_1 a_2 a_3 | b_4 b_5$$
$$B = b_1 b_2 b_3 | b_4 b_5 \qquad B' = b_1 b_2 b_3 | a_4 a_5$$

(父代)　(子代)

图 4.4　单点交叉示意图

$$A = a_1 | a_2 a_3 | a_4 a_5 \qquad A' = a_1 | b_2 b_3 | a_4 a_5$$
$$B = b_1 | b_2 b_3 | b_4 b_5 \qquad B' = b_1 | a_2 a_3 | b_4 b_5$$

(父代)　(子代)

图 4.5　两点交叉示意图

在交叉操作中需要注意的是, 如果优化的参数之间有约束关系, 交叉操作后不能违背约束关系. 例如, 如下的优化问题 (4.25)[74], 优化参数 α,β,γ 之间有约束关系 $0 \leqslant \beta < \gamma < \alpha \leqslant 1, 0 \leqslant \tau \leqslant 1$, 即

$$\begin{aligned} &\min_{\alpha,\beta,\gamma,\tau} \{g(\alpha,\beta,\gamma,\tau)\} \\ &\text{s.t.} \quad 0 \leqslant \beta < \gamma < \alpha \leqslant 1, \quad 0 \leqslant \tau \leqslant 1 \end{aligned} \tag{4.25}$$

下面是一个单点交叉操作的例子, 这样的单点交叉操作就不会违背优化参数之间的约束条件, 即 $0 \leqslant \beta < \gamma < \alpha \leqslant 1, 0 \leqslant \tau \leqslant 1$.

$$\overbrace{10011 \mid 00011}^{\alpha_1}\overbrace{010010 \mid 1010}^{\beta_1}\overbrace{110 \mid 001101}^{\gamma_1}\overbrace{1100110 \mid 010}^{\tau_1}$$
$$\overbrace{01101 \mid 10001}^{\alpha_2}\overbrace{101001 \mid 0101}^{\beta_2}\overbrace{001 \mid 110101}^{\gamma_2}\overbrace{1010100 \mid 011}^{\tau_2}$$
$$\Downarrow$$
$$\overbrace{10011 \mid 10001}^{\alpha_1'}\overbrace{010010 \mid 0101}^{\beta_1'}\overbrace{110 \mid 110101}^{\gamma_1'}\overbrace{1100110 \mid 011}^{\tau_1'}$$
$$\overbrace{01101 \mid 00011}^{\alpha_2'}\overbrace{101001 \mid 1010}^{\beta_2'}\overbrace{001 \mid 001101}^{\gamma_2'}\overbrace{1010100 \mid 010}^{\tau_2'}$$

(3) 变异

变异操作模拟生物进化过程中的基因突变. 众所周知, 在生物进化过程中, 基因突变是很少发生的, 但也是客观存在的, 因此在遗传算法中, 变异以很小的概率 p_m, 随机地改变基因位串中某个位置上的值, 把这一位的内容进行变异. 例如, 在二进制编码中, 把 0 变成 1, 1 变成 0. 变异增加了遗传算法找到接近最优解的能力. 突变基因位的选择和是否突变都是随机确定的. 一般地, 在具体应用中, 选择基因位置后, 随机产生一个 [0, 1] 随机数 r, 如果 r 小于变异率 p_m, 则进行变异; 反之, 则不变异.

5 控制参数的设置

控制参数的设置对遗传算法的性能影响很大, 需要根据具体问题进行设置. 遗传算法中的控制参数包括个体编码长度 m、群体大小 N、选择概率 p_s、交叉概率 p_c、变异概率 p_m、终止代数 T, 这些参数的设置在前面已经进行了介绍, 这里不再赘述.

下面介绍一个因特网上大家都说好的一个例子, 它虽然简单, 但对于理解遗传算法非常有帮助, 这个例子的原创来自一篇博文 [75], 作者对有些地方做了修改.

例 4.1.4 用遗传算法求下面函数 $f(x_1, x_2)$ 的最大值.

$$f(x_1, x_2) = x_1^2 + x_2^2,$$
$$\text{s.t.}\quad x_1, x_2 \in \{1, 2, 3, 4, 5, 6, 7\}$$

解: (1) 问题编码

常用的编码包括二进制编码和实数编码, 本例采用二进制编码. 因为 (x_1, x_2) 为 1~7 的整数, 所以用 3 位二进制数即可表示 x_1 和 x_2, 将它们的二进制表示连接在一起, 组成的 6 位二进制位串即为 (x_1, x_2) 的编码, 表示一个可行解. 例如, 位串 101110 表示的可行解为 $x = (x_1, x_2) = (5, 6)$.

(2) 初始种群的产生

遗传算法是一种基于群体搜索的进化方法, 设初始种群的大小为 4, 即种群由 4 个个体组成, 每个个体通过随机化方法产生. 假设随机生成的初始种群为 011101, 101011, 011100, 111001.

(3) 适应度函数的设计

遗传算法中以个体适应度的大小来评定各个个体的优劣程度, 从而决定其遗传机会的大小. 因为目标函数 $f(x_1, x_2) \geqslant 0$, 并且求函数 $f(x_1, x_2)$ 的最大值, 所以可直接利用目标函数作为适应度函数. 函数的值作为个体的适应度.

(4) 选择操作

选择操作把当前种群中适应度较高的个体, 利用某种规则或方法遗传到下一代种群. 一般地, 适应度高的个体将有更多的机会遗传到下一代种群中. 本例采用与适应度成正比的概率来确定各个个体遗传到下一代种群中的数量. 具体选择过程如下.

① 计算种群中每一个个体的适应度 f_i, 并求种群的总适应度 $\sum\limits_{i=1}^{4} f_i$.

② 计算每个个体的相对适应度 $\dfrac{f_i}{\sum\limits_{i=1}^{4} f_i}$, 作为每一个个体被遗传到下一代种群中的概率.

③ 每一个概率值构成一个区域, 全部概率值之和为 1.

④ 随机生成一个 [0, 1] 的随机数 r, 根据 r 出现在上述哪一个概率区域内来确定每个个体被选中的次数, 如图 4.6 所示.

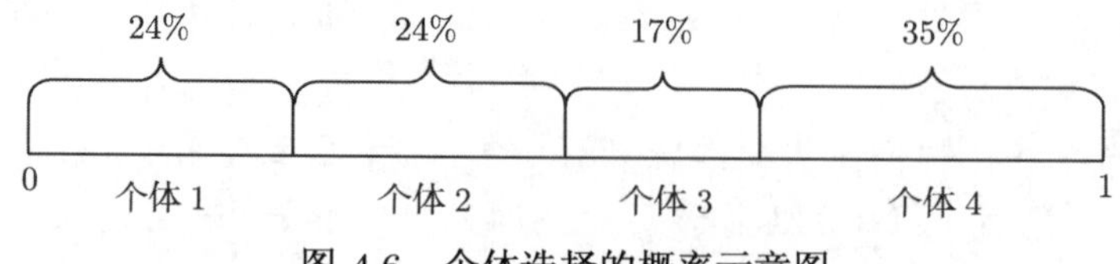

图 4.6　个体选择的概率示意图

初始种群、各个个体的适应度值及选择结果如表 4.1 所示.

表 4.1　初始种群、各个个体的适应度值及选择结果

个体编号	初始种群	x_1	x_2	适应度	相对适应度	选择次数	选择结果
1	011101	3	5	34	0.24	1	011101
2	101011	5	3	34	0.24	1	111001
3	011100	3	4	25	0.17	0	101011
4	111001	7	1	50	0.35	2	111001
总和				143	1	4	

(5) 交叉操作

交叉操作是遗传算法中产生新个体的主要操作过程, 用于模拟有性繁殖, 产生新的个体. 具体地, 交叉操作以某一概率相互交换某两个个体之间的部分染色体. 本例采用单点交叉的方法, 其具体操作过程如下.

① 对群体进行随机配对.

② 随机设置交叉点位置.

③ 相互交换配对染色体之间的部分基因.

交叉操作后的结果如表 4.2 所示.

表 4.2　交叉操作后的结果

个体编号	选择结果	配对情况	交叉点位置	交叉结果	x_1	x_2	适应度
1	011101			011001	3	1	10
2	111001	1-2	1-2: 2	111101	7	5	74
3	101011	3-4	3-4: 4	101001	5	1	26
4	111001			111011	7	3	53

可以看出, 在新一代种群中, 个体 2(111101)、4(111011) 和原来的相比, 适应度值都提高了.

(6) 变异操作

变异操作是对个体的某一个或某一些基因位上的基因值按某一较小的概率进行改变, 它也是产生新个体的一种方法. 在本例中，采用基因位变异的方法进行变异操作, 具体过程如下.

① 确定出各个个体的基因变异位置. 如表 4.3 所示为随机产生的变异点位置, 其中的数字表示变异点设置在该基因位处.

② 按某一概率将变异点的原有基因值取反.

表 4.3 交叉操作后的结果

个体编号	交叉结果	变异位置	变异结果	x_1	x_2	适应度
1	011001	4	011101	3	5	34
2	111101	5	111111	7	7	98
3	101001	2	111001	7	1	50
4	111011	6	111010	7	2	53

可以看出, 群体经过一代进化后, 已经找到了最佳个体 $x=(x_1,x_2)=(7,7)$.

4.1.3 基于不一致率的离散值遗传进化特征选择算法

在算法 4.3 中, 给出一种基于相对分类信息熵的遗传进化离散值特征选择算法. 该算法以相对分类信息熵作为适应度函数, 度量个体适应环境的能力. 如果将算法 4.3 第 6 步计算个体的适应度改为不一致率, 则得到基于不一致率的离散值遗传进化特征选择算法. 这里不再给出具体的算法, 只简单介绍作为适应度函数的不一致率, 并对两种算法进行实验比较.

(1) 不一致率

3.5.3 节介绍了不一致率的概念. 给定离散值决策表 $DT=(U,A\bigcup C,V,f)$, 设 $A'\subseteq A$, 特征子集 A' 的不一致率可定义为

$$IR(A')=\frac{\sum\limits_{X_i\in U/A'} IC_{A'}(X_i)}{|U|} \tag{4.26}$$

其中, X_i 为特征子集 A' 的等价类; $IC_{A'}(X_i)$ 为不一致样例数, 定义为

$$IC_{A'}(X_i)=|X_i|-\max_j\{|X_i(j)|\} \tag{4.27}$$

其中, $|X_i|$ 表示等价类 X_i 中包含的样例总数; $X_i(j)(1\leqslant j\leqslant k)$ 表示等价类 X_i 中属于第 j 类的样例.

(2) 两种离散值进化特征选择算法的比较

本节介绍的两种离散值进化特征选择算法, 除适应度函数不同, 其他都是一样的. 我们对这两种算法用实验的方法在 8 个 UCI 数据集 [76] 上进行比较, 8 个 UCI 数据集的基本信息如表 4.4 所示. 实验环境是 PC 机, Intel Core i3-4150(3.50GH) CPU, 4G 内存, Windows 7 操作系统, MATLAB R2013a 实验平台. 在实验中, 分类

器选用的是 ID3 算法, 80% 的样例用作训练集, 20% 的样例用作测试集. 出于数据集样例个数相对较少, 在综合考虑实验成本、突出对比的基础上, 种群数目统一设定为 20, 终止代数设定为 50. 交叉率和变异率参考遗传算法参数常用的取值范围, 并在实验中分别选取不同的取值进行实验, 择优确定不同数据集的交叉率和变异率, 具体参数的设置列于表 4.5 中. 两种算法选择的特征数及选择的特征子集的质量 (测试精度) 列于表 4.6 中. 可以看出, 适应度函数为分类信息熵的遗传算法的性能略优于

表 4.4　实验所用 8 个 UCI 数据集的基本信息

数据集	样例个数	属性个数	类别个数
Kr-vs-Kp	3196	36	2
Voting	435	16	2
Mushroom	8124	22	5
Nursery	12 960	8	4
Car	1726	6	4
Soybean	307	35	19
Tic-Tac-Toe	958	9	2
SPECT	267	22	2

表 4.5　实验中的参数设置

数据集	种群大小	交叉概率	变异概率	终止代数
Kr-vs-Kp	20	0.80	0.08	50
Voting	20	0.70	0.06	50
Mushroom	20	0.80	0.05	50
Nursery	20	0.75	0.05	50
Car	20	0.75	0.05	50
Soybean	20	0.80	0.08	50
Tic-Tac-Toe	20	0.75	0.05	50
SPECT	20	0.70	0.06	50

表 4.6　两种算法在选择的特征数和测试精度上的比较

数据集	选择的特征数		测试精度	
	遗传算法 (分类信息熵)	遗传算法 (不一致率)	遗传算法 (分类信息熵)	遗传算法 (不一致率)
Kr-vs-Kp	13	17	0.9516	0.9863
Voting	12	11	0.6224	0.5808
Mushroom	10	12	0.8371	0.8057
Nursery	7	7	0.9021	0.9017
Car	5	6	0.8628	0.9119
Soybean	19	19	0.9979	0.9945
Tic-Tac-Toe	7	7	0.9935	0.9997
SPECT	15	17	0.9769	0.9671

适应度函数为不一致率的遗传算法. 图 4.7 和图 4.8 给出了迭代次数和准确率 (测试精度) 之间的关系, 从图 4.7 和图 4.8 可以更直观地看出, 适应度函数为分类信息熵的遗传算法的性能略优于适应度函数为不一致率的遗传算法.

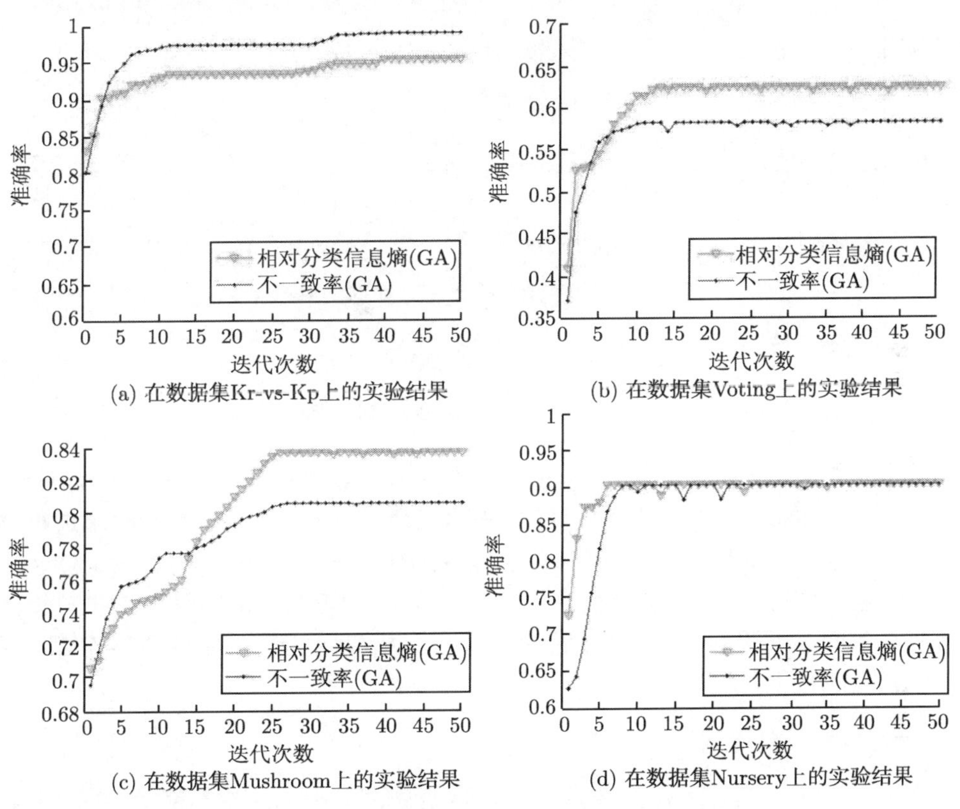

(a) 在数据集Kr-vs-Kp上的实验结果 (b) 在数据集Voting上的实验结果

(c) 在数据集Mushroom上的实验结果 (d) 在数据集Nursery上的实验结果

图 4.7 迭代次数和准确率之间的关系 1

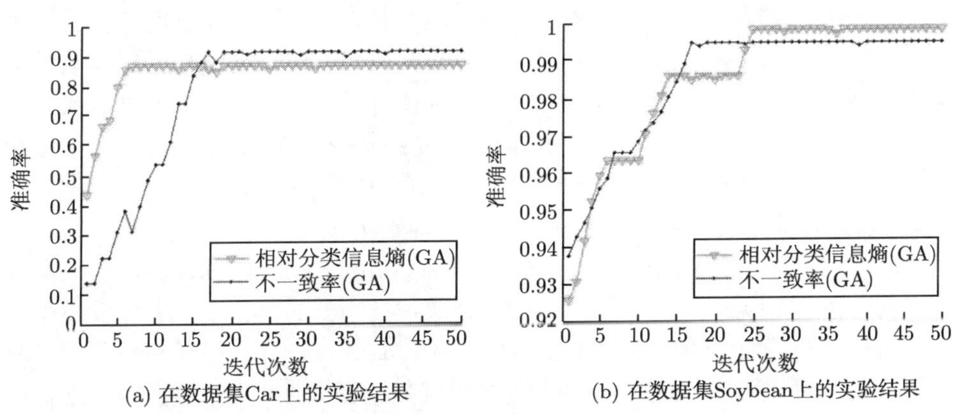

(a) 在数据集Car上的实验结果 (b) 在数据集Soybean上的实验结果

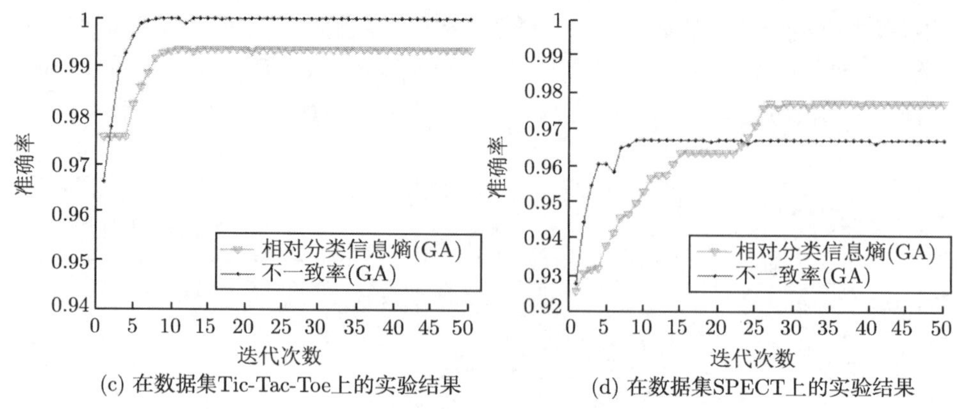

(c) 在数据集Tic-Tac-Toe上的实验结果　(d) 在数据集SPECT上的实验结果

图 4.8　迭代次数和准确率之间的关系 2

4.2 粒子群算法

粒子群算法 (particle swarm optimization, PSO) 是由 Kennedy 和 Eberhart [77] 于 1995 年提出的一种群智能优化算法. 与遗传算法相同, 粒子群算法也是通过群体搜索过程来寻找问题的整体最优解, 但是与遗传算法不同, 粒子群通过个体认知行为和社会认知行为寻找问题的整体最优解 [77-84]. 与遗传算法相比, 粒子群算法没有复杂的问题编码和遗传操作, 它简单易懂, 收敛速度更快. 本节介绍连续粒子群算法和离散粒子群算法.

4.2.1 连续粒子群算法

连续粒子群算法 [79] 是指搜索空间为连续空间 (如 n 维欧氏空间) 的粒子群算法. 在粒子群算法中, 每一个个体是一个粒子, 它有一个位置和一个速度, 表示待求解问题的一个可能的解. 假设问题的搜索空间为 D 维欧氏空间, 种群的规模为 N, 即种群中包括 N 个个体, 第 i 个粒子 (个体) 的位置和速度可分别表示为 $X_i = (x_{i1}, x_{i2}, \cdots, x_{iD})$ 和 $V_i = (v_{i1}, v_{i2}, \cdots, v_{iD})$. 粒子群算法根据预定义的适应度函数, 计算粒子在位置 X_i 处的适应度值, 并衡量其优劣. 粒子的速度一般限制在区间 $[v_{\min,d}, v_{\max,d}]$. 其中, $v_{\min,d}$ 和 $v_{\max,d}$ 分别是粒子在第 $d(1 \leqslant d \leqslant D)$ 维运动的最小速度和最大速度. 在实际应用中, 速度限制区间常取对称区间.

通过计算种群中各个粒子的适应度, 可以确定第 $t(1 \leqslant t \leqslant T)$ 次迭代时粒子 $i(1 \leqslant i \leqslant N)$ 的个体最优位置 $P_i = (p_{i1}, p_{i2}, \cdots, p_{iD})$, 即个体认知行为, 相关文献常用 Pbest 表示. 粒子 i 的社会认知行为是通过搜索其近邻, 计算 i 的近邻中各个粒子的适应度, 确定近邻的最优位置 $P_g = (p_{g1}, p_{g2}, \cdots, p_{gD})$, 近邻可以是整个种群, 相关文献常用 Gbest 表示. 种群中的粒子根据位置和速度进行调整 (运动), 产

生 (进化) 新一代的种群. 在二维空间中, 粒子调整位置如图 4.9 所示.

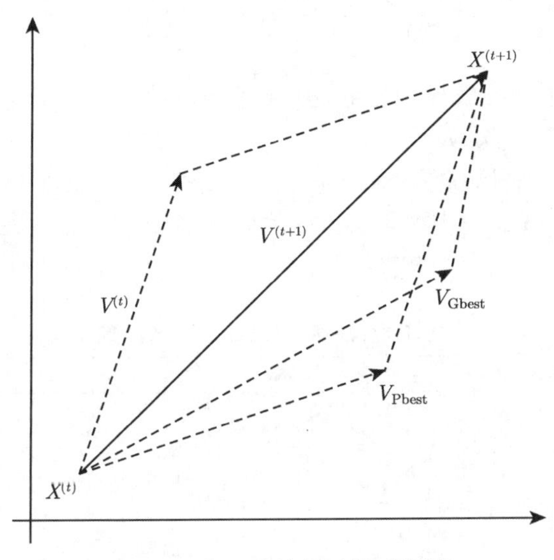

图 4.9 粒子调整位置的示意图

粒子的速度和位置分别按式 (4.28) 和式 (4.29) 进行更新, 即

$$V_{id}^{(t+1)} = \omega V_{id}^{(t)} + c_1 r_1 (p_{id} - X_{id}) + c_2 r_2 (p_{gd} - X_{id}) \tag{4.28}$$

$$X_{id}^{(t+1)} = X_{id}^{(t)} + V_{id}^{(t+1)} \tag{4.29}$$

其中, ω 是惯性权重参数; c_1 和 c_2 是加速参数; r_1 和 r_2 是在 [0, 1] 服从均匀分布的两个随机数.

与遗传算法类似, 应用粒子群算法解决实际问题, 也有 5 个要素, 即初始种群 (粒子群) 的产生、适应度函数的设计、个体认知行为的计算、社会认知行为的计算、控制参数的确定. 在这 5 个要素中, 前两个要素的确定和遗传算法相同. 第 3 个要素通过粒子自身的适应度值确定. 第 4 个要素通过粒子的局部近邻中每个个体的适应度值决定. 第 5 个要素中的控制参数包括粒子群的规模 N、迭代次数 T、惯性权重 ω、个体认知行为参数 c_1 和社会认知行为参数 c_2. 前两个参数的确定和遗传算法类似, 后 3 个参数的确定没有统一的规则, 有的研究人员建议 $\omega \in [0.9, 1.2]$[77,78], c_1 和 c_2 取 1.42694[80]. 有的研究人员 [81] 建议惯性权重 ω 及加速系数 c_1 和 c_2 应随搜索过程而线性变化. 其中, c_1 随迭代次数的增加而减少, 而 c_2 随迭代次数的增加而增加. 其理由是在搜索的早期, 粒子的运动主要受个体最优位置的影响较大, 而在搜索的后期, 粒子的运动受近邻最优位置的影响较大, 这样可以提高粒子在整

个搜索空间的搜索能力 [82]. 惯性权重 ω 按式 (4.30) 进行变化, 即

$$\omega=(\omega_s-\omega_f)\times\frac{T_{\max}-T_{\text{cur}}}{T_{\max}}+\omega_f \tag{4.30}$$

其中, ω_s 和 ω_f 分别表示算法开始和结束时的惯性权重; $T_{\max}$ 和 T_{cur} 分别表示最大迭代次数和当前迭代次数.

一般地, 较大的惯性权重有助于提升全局搜索能力, 而较小的惯性权重有助于提升局部搜索能力. Shi 等 [77,78] 实验研究发现, 对于表 4.7 中的大多数标准测试函数, 取 $\omega_s=0.9$, $\omega_f=0.4$ 比较合适.

表 4.7　粒子群算法标准测试函数

模态	函数表达式
单模态	$f_1(x)=\sum_{i=1}^{n}x_i^2$
	$f_2(x)=\sum_{i=1}^{n}\lvert x_i\rvert+\prod_{i=1}^{n}\lvert x_i\rvert$
	$f_3(x)=\sum_{i=1}^{n-1}\left[100\left(x_{i+1}-x_i^2\right)^2+(x_i-1)^2\right]$
	$f_4(x)=\sum_{k=1}^{K}\left(\sum_{j=1}^{k}x_{ij}\right)^2$
多模态	$f_5(x)=10n+\sum_{i=1}^{n}(x_i^2-10\cos(2\pi x_i))$
	$f_6(x)=\sum_{i=1}^{n}(x_i^2-10\cos(2\pi x_i)+10)$
	$f_7(x)=-20\exp\left(-0.2\sqrt{\frac{1}{n}\sum_{i=1}^{n}x_i^2}\right)-\exp\left(\frac{1}{n}\sum_{i=1}^{n}\cos(2\pi x_i)\right)+20$
	$f_8(x)=\frac{1}{4000}\sum_{i=1}^{n}x_i^2-\prod_{i=1}^{n}\cos\left(\frac{x_i}{\sqrt{i}}\right)+1$
	$f_9(x)=\sum_{i=1}^{n}-x_i\sin(\sqrt{x_i})$

加速系数 c_1 和 c_2 分别按式 (4.31) 和式 (4.32) 进行变化, 即

$$c_1=(c_{1s}-c_{1f})\times\frac{T_{\max}-T_{\text{cur}}}{T_{\max}}+c_{1f} \tag{4.31}$$

$$c_2=(c_{2s}-c_{2f})\times\frac{T_{\max}-T_{\text{cur}}}{T_{\max}}+c_{2f} \tag{4.32}$$

其中, $c_{is}(i=1,2)$ 和 $c_{if}(i=1,2)$ 表示算法开始和结束时 $c_i(i=1,2)$ 的值; $T_{\max}$ 和 T_{cur} 分别表示最大迭代次数和当前迭代次数.

Ratnaweera 等 [81] 实验研究发现, 对列于表 4.7 中的大多数标准测试函数, 取 $c_{1s}=2.5$, $c_{1f}=0.5$; $c_{2s}=0.5$, $c_{2s}=2.5$ 比较合适.

对速度和位置施加约束的连续粒子群算法的伪代码如算法 4.6 所示.

算法 4.6: 连续粒子群算法

输入: 迭代次数T, 种群规模N, 解空间维数D, 参数ω, c_1和c_2.
输出: 问题的解 X.
随机初始化一个种群;
for $(t=1;t\leqslant T;t=t+1)$ **do**
  for $(i=1;i\leqslant N;i=i+1)$ **do**
    for $(d=1;d\leqslant D;d=d+1)$ **do**
      // 利用下面的公式更新粒子的速度. 其中,
      // $P_i=(p_{i1},p_{i2},\cdots,p_{iD})$是第 i 个粒子 $X_i^{(t+1)}$ 当前最好的位
      // 置, $P_g=(p_{g1},p_{g2},\cdots,p_{gD})$ 是整个群体当前最好的位置;
      $V_{id}^{(t+1)}=\omega V_{id}^{(t)}+c_1r_1(p_{id}-X_{id})+c_2r_2(p_{gd}-X_{id})$;
      // 速度限制;
      $V_{id}^{(t+1)}=\min\left(V_{\max},\max\left(-V_{\max},V_{id}^{(t+1)}\right)\right)$;
      // 更新位置;
      $X_{id}^{(t+1)}=\min\left(\max{}_d,\max\left(-\min{}_d,X_{id}^{(t)}+V_{id}^{(t+1)}\right)\right)$;
    end
    计算第i个粒子$X_i^{(t+1)}$的适应度值;
    if (P_i和P_g分别小于当前最优值) **then**
      更新P_i和P_g;
    end
  end
  if (P_g满足问题的需要) **then**
    算法终止;
  end
end
输出X;

4.2.2 离散粒子群算法

离散粒子群算法 [79] 是指搜索空间为离散空间 (如 0-1 二值空间) 的粒子群算法. 下面重点介绍数据挖掘领域中常用的二进制粒子群优化.

在二进制粒子群优化算法中, 利用一个 Sigmoid 函数将粒子的速度由实数值映射为 0-1 值, Sigmoid 函数的定义为

$$S(V_{id}) = \frac{1}{1 + \mathrm{e}^{-V_{id}}} \tag{4.33}$$

其中, V_{id} 是粒子群中第 i 个粒子在第 d 维的速度分量.

二进制粒子群优化算法的速度更新公式和连续值粒子群优化算法的速度更新公式一样, 而位置更新公式修改为

$$X_{id}(t) = \begin{cases} 1, & \text{if } \rho_{id} < S(V_{id}) \\ 0, & \text{其他} \end{cases} \tag{4.34}$$

其中, ρ_{id} 是一个服从 [0, 1] 均匀分布的随机数.

对于不同的速度, 由 Sigmoid 函数将其变换为 0(概率 0) 或 1(概率 1) 的过程如图 4.10 所示. 二进制粒子群优化算法的伪码如算法 4.7 所示.

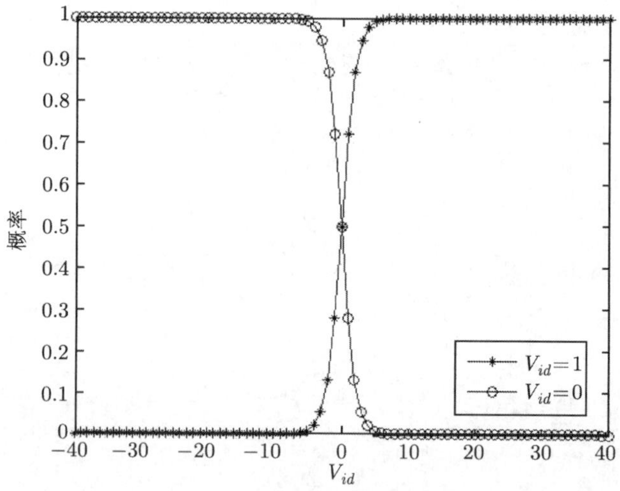

图 4.10 速度概率转换示意图

算法 4.7: 二进制粒子群算法

输入: 迭代次数T, 种群规模N, 解空间维数D, 参数ω, c_1和c_2.

输出: 问题的解 X.

随机初始化一个种群;

for $(t = 1; t \leqslant T; t = t + 1)$ **do**

for $(i=1; i \leqslant N; i=i+1)$ **do**
  for $(d=1; d \leqslant D; d=d+1)$ **do**
    // 利用下面的公式更新粒子的速度．其中，
    // $P_i=(p_{i1},p_{i2},\cdots,p_{iD})$ 是第 i 个粒子 $X_i^{(t+1)}$ 当前最好的位
    // 置，$P_g=(p_{g1},p_{g2},\cdots,p_{gD})$ 是整个群体当前最好的位置;
    $V_{id}^{(t+1)}=\omega V_{id}^{(t)}+c_1r_1(p_{id}-X_{id})+c_2r_2(p_{gd}-X_{id})$;
    // 速度限制;
    $V_{id}^{(t+1)}=\min\left(V_{\max},\max(-V_{\max},V_{id}^{(t+1)})\right)$;
    // 更新位置;
    对速度V_{id}进行Sigmoid 变换: $S(V_{id})=\dfrac{1}{1+\mathrm{e}^{-V_{id}}}$;
    生成服从[0, 1]区间均匀分布的随机数ρ_{id};
    if $(\rho_{id}<S(V_{id}))$ **then**
      $X_{id}(t)=1$;
    else
      $X_{id}(t)=0$;
    end
  end
  计算第i个粒子$X_i^{(t+1)}$的适应度值;
  if (P_i和P_g 分别小于当前最优值) **then**
    更新P_i和P_g;
  end
end
if (P_g 满足问题的需要) **then**
  算法终止;
end
end
输出X;

例 4.2.1 用二进制粒子群算法求函数 $f(x_1,x_2)$ 的最大值.

$$f(x_1,x_2)=x_1^2+x_2^2$$

$$\text{s.t.}\quad x_1,x_2\in\{1,2,3,4,5,6,7\}$$

解: 本例的问题编码、初始种群的产生和适应度函数的设计与例 4.1.4 相同, 这里不再重复. 下面从初始化开始.

(1) 初始化

随机初始化每个粒子的速度. 速度的维数应与粒子位置的二进制表示的位串长度相一致, 即 6. 设定 $|V_{\max}|=2$, 当每个粒子的速度分量超过 $V_{\max}$ 时, 将其值定为 2 或 −2. 计算每个粒子的适应度值, 并记录粒子的历史最佳位置 Pbest 和全局最佳位置 Gbest. 初始化种群和速度如表 4.8 所示.

表 4.8 初始化种群和速度

个体编号	初始种群	x_1	x_2	速度	适应度值	Pbest	Gbest
1	011101	3	5	$(2,1,0,-2,0,-1)$	34	011101	111001
2	101011	5	3	$(0,1,1,-1,1,-2)$	34	101011	
3	011100	3	4	$(-2,0,2,0,0,0)$	25	011100	
4	111001	7	1	$(-1,0,2,0,0,-1)$	50	111001	

(2) 更新速度和位置

根据二进制粒子群算法速度和位置的定义 (4.33) 和 (4.34), 利用位置、速度、Pbest 和 Gbest, 更新粒子的速度和位置. 需要注意的是, 由于粒子位置是用二进制表示的, 即粒子 p_i 的位置信息中的每个分量 $x_{id}^{(t)}$ 只能取 0 或 1. 为适应位置信息的改变, 粒子 p_i 的速度信息也赋予了新的意义, 即 $v_{id}^{(t)}$ 被 Sigmoid 函数映射到 (0, 1), 表示 $v_{id}^{(t)}$ 在下一次迭代中取值为 1 的概率. 在该例中, 参数 w、c_1 和 c_2 分别取 1、1.4 和 1.4. 第一次迭代更新的结果如表 4.9 所示, 第二次迭代更新的结果如表 4.10 所示.

表 4.9 第 1 次迭代更新的结果

个体编号	初始种群	x_1	x_2	速度	适应度值	Pbest	Gbest
1	111010	7	2	$(2,1,0,-1.16,0,-1)$	53	111010	011111
2	111010	7	2	$(0,1.84,1,-1,0.16,-2)$	53	111010	
3	011111	3	7	$(-1.16,0,2,-0.84,0,0.84)$	58	011111	
4	011110	3	6	$(-1,0,2,0,0,-1)$	45	111001	

表 4.10 第 2 次迭代更新的结果

个体编号	初始种群	x_1	x_2	速度	适应度值	Pbest	Gbest
1	111111	7	7	$(0.6,1,0,0.24,0,0.4)$	98	111111	111111
2	011111	3	7	$(-1.4,1.84,1,0.4,0.16,-0.6)$	58	011111	
3	011111	3	7	$(-1.16,0,2,-0.84,0,0.84)$	58	011111	
4	111101	7	5	$(0.4,0,2,-1.4,-1.4,1.8)$	74	111101	

可以看出, 经过 2 次迭代, 已经找到问题的最优解 $(x_1,x_2)=(7,7)$. 比较例

4.1.4 和例 4.2.1, 我们发现, 用粒子群算法和遗传算法解决同一个问题, 粒子群算法更具优势. 粒子群算法比遗传算法包含的参数少, 算法思想简单易懂、易于编程实现; 粒子群算法的收敛速度更快, 可更早找到最优解; 粒子群算法具有个体和社会认知能力, 可在保持自身优势的同时, 不断向全局最优粒子靠拢, 直至找到最终解.

4.2.3 基于相对分类信息熵的二进制粒子群优化特征选择算法

因为特征选择问题的解可用一个 0-1 二值向量来表示, 所以二进制粒子群优化算法可方便高效地解决特征选择问题. 下面给出一种用相对分类信息熵作为适应度函数的粒子群优化特征选择算法.

4.1.2 节已经给出了相对分类信息熵的定义及其计算公式. 这里只给出基于相对分类信息熵的二进制粒子群优化特征选择算法 (算法 4.8).

算法 4.8: 基于相对分类信息熵的二进制粒子群优化特征选择算法

1 **输入:** 离散值决策表 $DT=(U,A\cup C,V,f)$, 种群大小N、惯性系数w、加速系数c_1和c_2、数据集的维数D.
2 **输出:** $A'\subseteq A$.
3 随机初始化大小为N的种群;
4 **repeat**
5   **for** $(i=1;i\leqslant N;i=i+1)$ **do**
6   利用式(4.8), 计算种群中每一个个体的适应度值;
7   更新第i个粒子的最佳位置Pbest;
8   **end**
9   更新全局(整个种群)最佳位置Gbest;
10   **for** $(i=1;i\leqslant N;i=i+1)$ **do**
11   **for** $(d=1;d\leqslant D;d=d+1)$ **do**
12   更新速度V_{id};
13   更新位置X_{id};
14   **end**
15   **end**
16 **until** (满足终止条件);
17 输出A'.

在算法 4.8 中, 如果将第 6 步中计算个体的适应度改为不一致率, 则得到基于不一致率的二进制粒子群优化特征选择算法. 这里不再给出具体的算法, 只对这两种算法用实验的方法进行比较. 实验环境及实验所用的数据集和 4.1.3 节相同. 在实验中, 分类器选用的还是 ID3 算法, 70% 的样例用作训练集, 30% 的样例用作测试集. 参数的设置 $N = 20$, $w = 1$, $c_1 = c_2 = 1.42694$. 终止代数设定为 50. 两种算法选择的特征数及选择的特征子集的质量 (测试精度) 如表 4.11 所示, 可以看出, 基于相对分类信息熵的二进制粒子群优化特征选择算法的性能略优于基于不一致率的二进制粒子群优化特征选择算法. 图 4.11 和图 4.12 给出了迭代次数和准确率 (测试精度) 之间的关系, 可以更直观地看出上述结论.

表 4.11　两种算法在选择的特征数和测试精度上的比较

数据集	选择的特征数		测试精度	
	粒子群算法 (分类信息熵)	粒子群算法 (不一致率)	粒子群算法 (分类信息熵)	粒子群算法 (不一致率)
Kr-vs-Kp	12	15	0.9733	0.9893
Voting	10	11	0.6558	0.6326
Mushroom	8	12	0.8829	0.8469
Nursery	6	6	0.9197	0.9087
Car	5	6	0.8773	0.8895
Soybean	16	18	0.9987	0.9981
Tic-Tac-Toe	7	7	0.9929	0.9925
SPECT	12	15	0.9842	0.9772

我们还对用遗传算法解决特征选择问题及用粒子群优化解决特征选择问题的效果进行了比较. 在此只给出实验比较的结果, 请读者自己进行分析. 基于相对分类信息熵的遗传进化特征选择算法与基于相对分类信息熵的粒子群优化特征选择

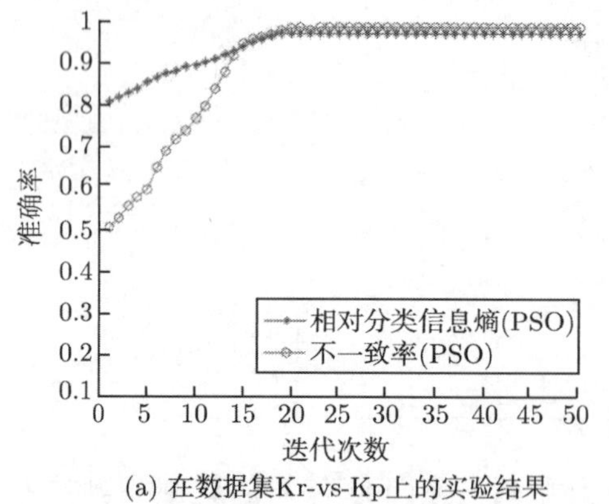

(a) 在数据集Kr-vs-Kp上的实验结果

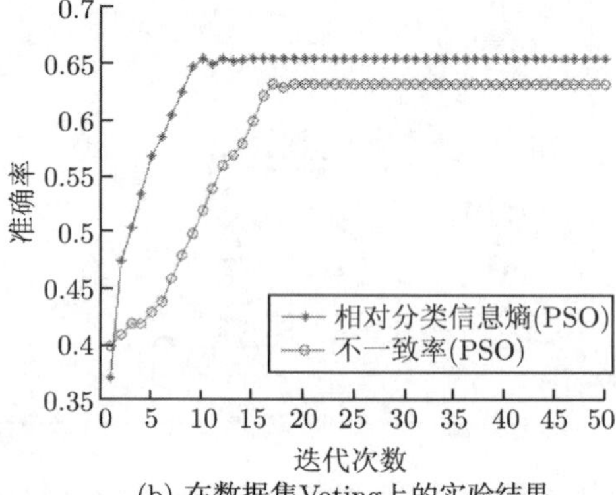

(b) 在数据集Voting上的实验结果

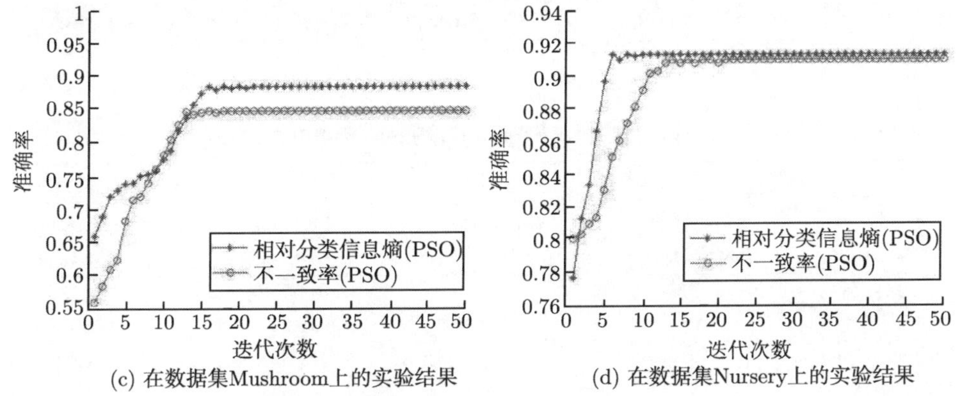

(c) 在数据集Mushroom上的实验结果
(d) 在数据集Nursery上的实验结果

图 4.11 迭代次数和准确率之间的关系 1

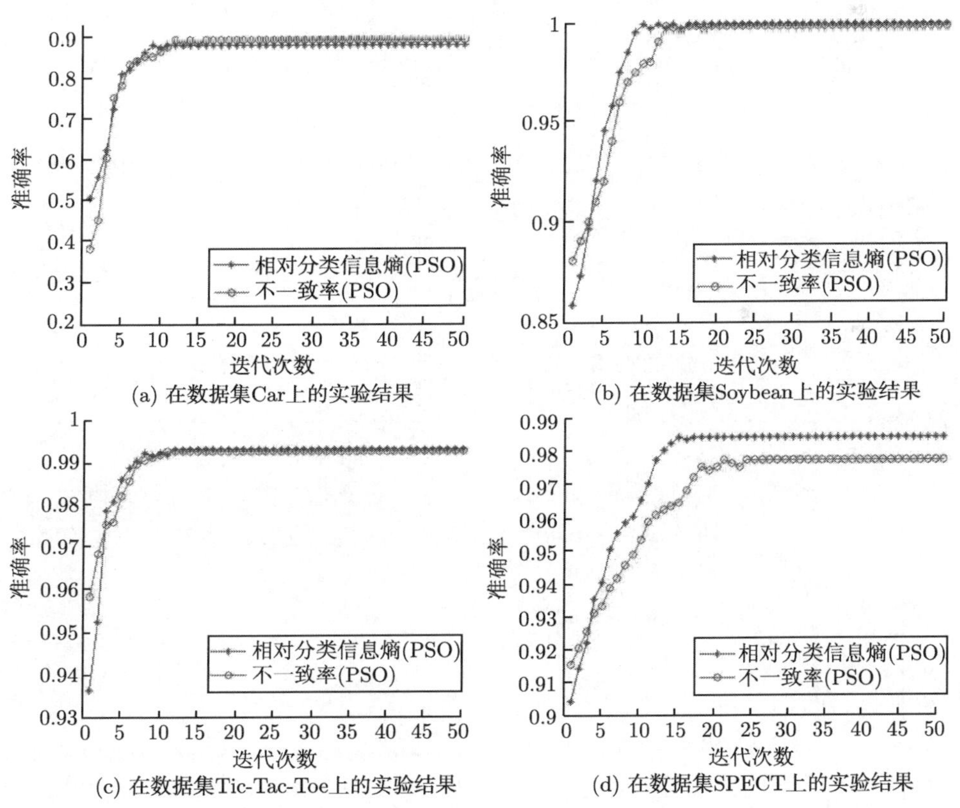

(a) 在数据集Car上的实验结果
(b) 在数据集Soybean上的实验结果
(c) 在数据集Tic-Tac-Toe上的实验结果
(d) 在数据集SPECT上的实验结果

图 4.12 迭代次数和准确率之间的关系 2

算法的比较列于表 4.12, 相应的迭代次数和准确率 (测试精度) 之间的关系如图 4.13 和图 4.14 所示. 基于不一致率的遗传进化特征选择算法与基于不一致率的粒子群优化特征选择算法的比较如表 4.13 所示. 相应的迭代次数和准确率 (测试精度) 之间的关系如图 4.15 和图 4.16 所示.

表 4.12　两种算法在选择的特征数和测试精度上的比较

数据集	选择的特征数		测试精度	
	遗传算法 (分类信息熵)	粒子群算法 (分类信息熵)	遗传算法 (分类信息熵)	粒子群算法 (分类信息熵)
Kr-vs-Kp	13	12	0.9516	0.9733
Voting	12	10	0.6224	0.6558
Mushroom	10	8	0.8371	0.8829
Nursery	7	6	0.9021	0.9197
Car	5	5	0.8628	0.8773
Soybean	19	16	0.9979	0.9987
Tic-Tac-Toe	7	7	0.9935	0.9929
SPECT	15	12	0.9769	0.9842

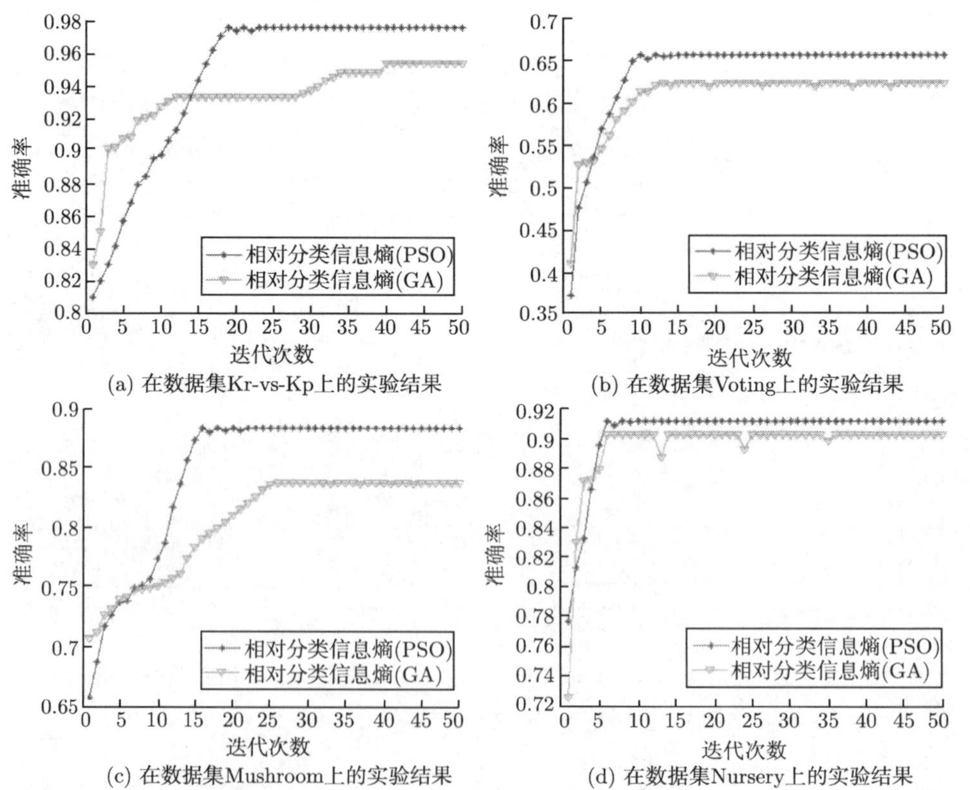

(a) 在数据集Kr-vs-Kp上的实验结果　(b) 在数据集Voting上的实验结果
(c) 在数据集Mushroom上的实验结果　(d) 在数据集Nursery上的实验结果

图 4.13　迭代次数和准确率之间的关系 1

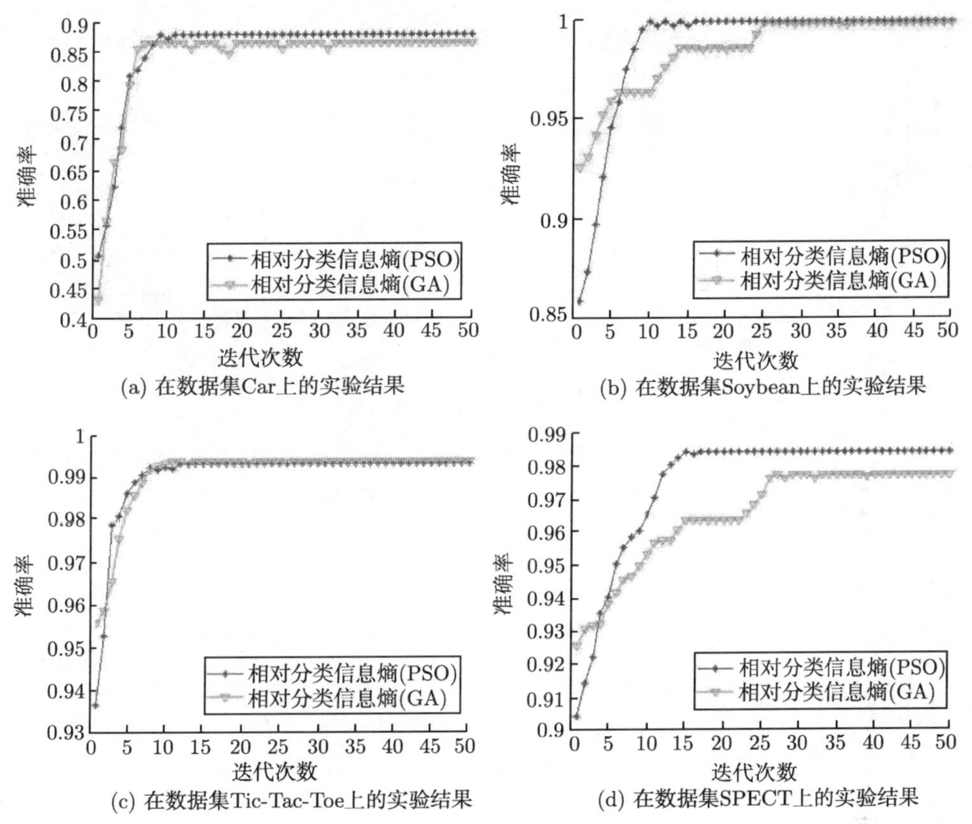

(a) 在数据集Car上的实验结果
(b) 在数据集Soybean上的实验结果
(c) 在数据集Tic-Tac-Toe上的实验结果
(d) 在数据集SPECT上的实验结果

图 4.14 迭代次数和准确率之间的关系 2

表 4.13 两种算法在选择的特征数和测试精度上的比较

数据集	选择的特征数		测试精度	
	遗传算法(不一致率)	粒子群算法(不一致率)	遗传算法(不一致率)	粒子群算法(不一致率)
Kr-vs-Kp	17	15	0.9863	0.9893
Voting	11	11	0.5808	0.6326
Mushroom	12	12	0.8057	0.8469
Nursery	7	6	0.9017	0.9087
Car	6	6	0.9119	0.8895
Soybean	19	18	0.9945	0.9981
Tic-Tac-Toe	7	7	0.9997	0.9925
SPECT	17	15	0.9671	0.9772

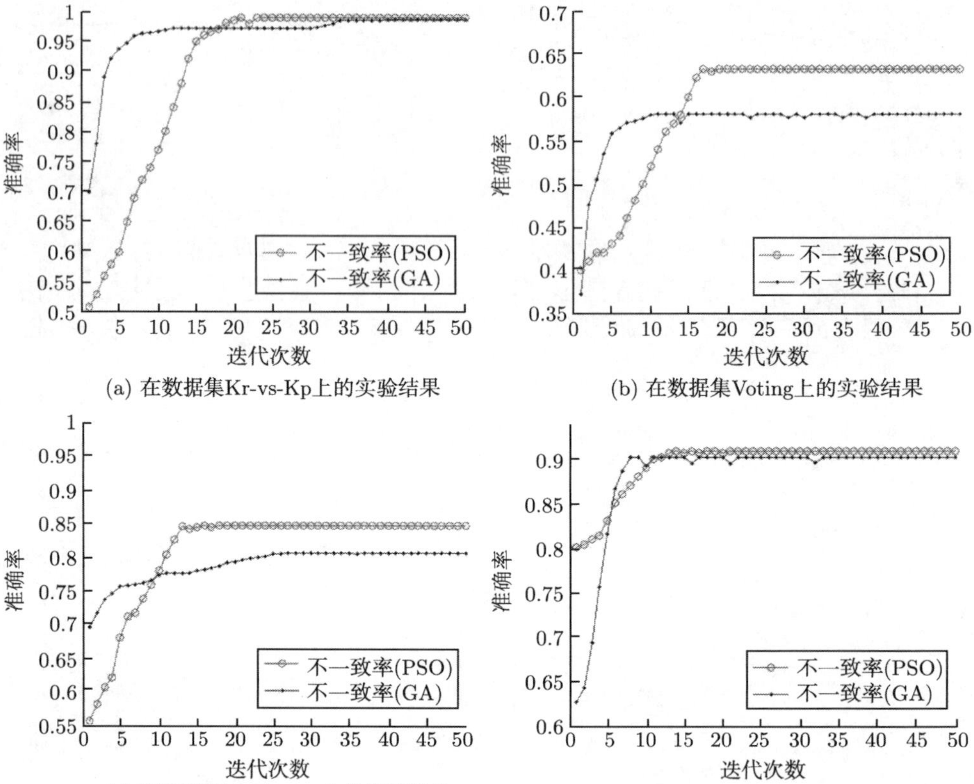

(a) 在数据集Kr-vs-Kp上的实验结果

(b) 在数据集Voting上的实验结果

(c) 在数据集Mushroom上的实验结果

(d) 在数据集Nursery上的实验结果

图 4.15　迭代次数和准确率之间的关系 1

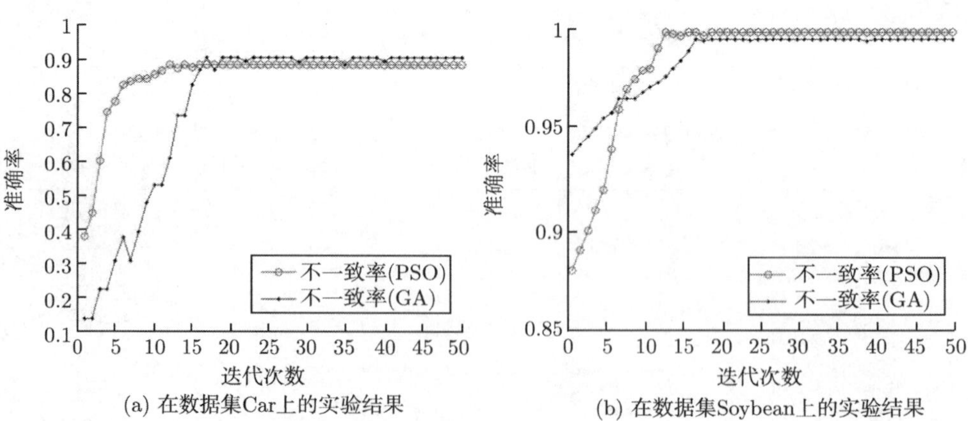

(a) 在数据集Car上的实验结果

(b) 在数据集Soybean上的实验结果

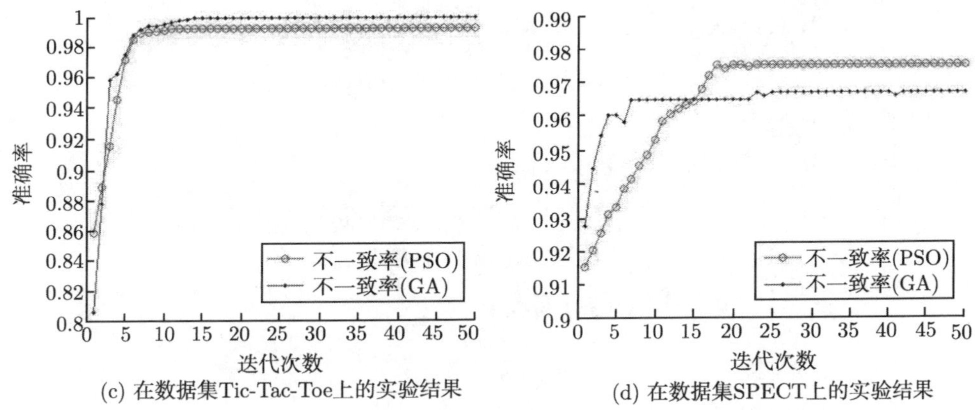

(c) 在数据集Tic-Tac-Toe上的实验结果 (d) 在数据集SPECT上的实验结果

图 4.16 迭代次数和准确率之间的关系 2

4.2.4 混合粒子群算法

混合粒子群算法 [79] 是指搜索空间既有连续子空间, 又有离散子空间的粒子群算法. 混合粒子群算法是连续粒子群算法和离散粒子群算法的组合, 速度更新方法和连续粒子群算法一样. 位置更新则分为两种情况. 如果 X_{id} 是连续值的, 则其按连续粒子群算法策略更新; 如果 X_{id} 是 0-1 二值的, 则其按二进制粒子群算法策略更新. 混合粒子群算法的伪代码如算法 4.9 所示.

算法 4.9: 混合粒子群算法

输入: 迭代次数T, 种群规模N, 解空间维数D, 参数ω, c_1和c_2.
输出: 问题的解 X.
随机初始化一个种群;
for $(t=1; t\leqslant T; t=t+1)$ **do**
    for $(i=1; i\leqslant N; i=i+1)$ **do**
        for $(d=1; d\leqslant D; d=d+1)$ **do**
            // 利用下面的公式更新粒子的速度. 其中,
            // $P_i=(p_{i1},p_{i2},\cdots,p_{iD})$是第 i 个粒子 $X_i^{(t+1)}$ 当前最好的位
            // 置, $P_g=(p_{g1},p_{g2},\cdots,p_{gD})$ 是整个群体当前最好的位置;
            $V_{id}^{(t+1)}=\omega V_{id}^{(t)}+c_1r_1(p_{id}-X_{id})+c_2r_2(p_{gd}-X_{id})$;
            // 速度限制;
            $V_{id}^{(t+1)}=\min\left(V_{\max},\max(-V_{\max},V_{id}^{(t+1)})\right)$;
            // 更新位置;

```
            if ($X_{id}$是连续值的) then
                $X_{id}^{(t+1)} = \min\left(\max_d, \max(-\min_d, X_{id}^{(t)} + V_{id}^{(t+1)})\right)$;
            end
            if ($X_{id}$是0-1二值的) then
                对速度$V_{id}$进行Sigmoid-变换: $S(V_{id}) = \frac{1}{1+e^{-V_{id}}}$;
                生成服从[0, 1]均匀分布的随机数$\rho_{id}$;
                if ($\rho_{id} < S(V_{id})$) then
                    $X_{id}(t) = 1$;
                else
                    $X_{id}(t) = 0$;
                end
            end
        end
        计算第$i$个粒子$X_i^{(t+1)}$的适应度值;
        if ($P_i$和$P_g$分别小于当前最优值) then
            更新$P_i$和$P_g$;
        end
    end
    if ($P_g$ 满足问题的需要) then
        算法终止;
    end
end
输出$X$;
```

接下来的两节介绍回溯法和分支限界法 [15-17]. 因为在数据挖掘中, 这两种算法应用相对较少, 所以只简单介绍这两种算法的基本思想及其差异. 这两种算法求解问题的思路是相同的.

① 针对所给问题, 定义问题的解空间.

② 将解空间组织为易于搜索的树.

③ 搜索解空间树, 并在搜索过程中进行剪枝, 避免无效搜索, 提高搜索的效率.

下面分别介绍这两种算法.

4.3 回 溯 法

回溯法 [15-17] 以深度优先的方式搜索解空间树. 它从根结点出发, 搜索至任意结点时, 先判断该结点是否包含问题的解. 如果不包含问题的解, 则剪掉以该结点为根的子树, 并向其祖先结点回溯; 否则, 进入该子树, 继续深度优先搜索. 如果用回溯法求解问题的最优解或所有解, 则需要搜索完整棵解空间树; 如果用回溯法求解问题的一个解, 那么搜索到一个解后就可以停止.

用回溯法求解问题的关键是定义问题的解空间, 并将解空间组织为树. 另外, 剪枝也是回溯法中不可或缺的一个重要环节. 剪枝可以避免无效的搜索, 提高回溯法的效率. 剪枝可分为约束剪枝和限界剪枝. 约束剪枝是由问题自身的语义决定的, 而限界剪枝需要自己定义限界剪枝条件. 我们将在后面几节介绍具体的剪枝策略.

4.3.1 0-1 背包问题

0-1 背包问题的数学模型为

$$\begin{aligned}&\max\ \sum_{i=1}^{n} v_i x_i\\&\text{s.t.}\ \sum_{i=1}^{n} w_i x_i \leqslant C,\\&x_i \in \{0,1\},\quad w_i > 0,\quad v_i > 0\end{aligned} \tag{4.35}$$

下面介绍用回溯法求解 0-1 背包问题的步骤.

(1) 定义问题的解空间

显然, 0-1 背包问题的解可以用一个 n 元 0-1 向量表示, 其物理含义是如果第 i 个分量 $x_i = 0(1 \leqslant i \leqslant n)$, 则意味着第 i 件物品不装入背包; 如果第 i 个分量 $x_i = 1(1 \leqslant i \leqslant n)$, 则意味着第 i 件物品装入背包. 所有 n 元 0-1 向量构成的集合称为 0-1 背包问题的解空间, 记为 $J = \{(x_1, x_2, \cdots, x_n) | x_i \in \{0,1\}, 1 \leqslant i \leqslant n\}$. 因为 $x_i(1 \leqslant i \leqslant n)$ 的取值有 0 和 1 两种可能, 所以 J 中包含的 n 维 0-1 向量 (或称为点) 的个数为 2^n. 此外, 虽然我们称 J 为 0-1 背包问题的解空间, 但是 J 中有的元素并不是问题的解.

(2) 将解空间组织为树

我们可以将 0-1 背包问题的解空间组织为一棵二叉树, 称为 0-1 背包问题的解空间树. 图 4.17 是 $n = 3$ 的 0-1 背包问题的解空间树, 我们对解空间树中的结点, 按从上到下、从左到右进行了编号. 可以看出, n 件物品的 0-1 背包问题的解空间树包含 2^n 个叶结点, 这个值正好等于 J 中包含的点的个数.

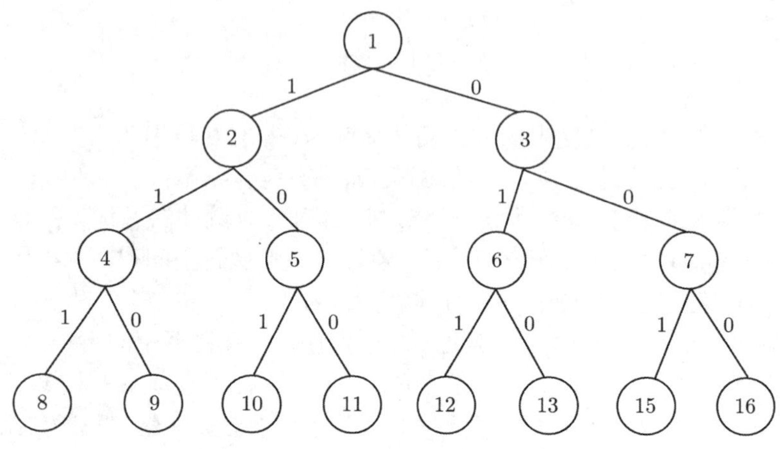

图 4.17　0-1 背包问题的解空间树

说明:

① 3 件物品的 0-1 背包问题, 其解空间树 (二叉树) 包含 3 层; n 件物品的 0-1 背包问题, 其解空间树 (二叉树) 包含 n 层.

② 解空间树的第 1 层 (根结点和其孩子结点之间), 描述的是 x_1 的取值. 左分支 $x_1 = 1$, 表示第 1 件物品装入背包; 右分支 $x_1 = 0$, 表示第 1 件物品不装入背包.

③ 解空间树的第 2 层, 表示在 x_1 确定的前提下, x_2 的取值. 解空间树的第 3 层, 表示在 x_1 和 x_2 确定的前提下, x_3 的取值.

④ 由解空间树的根结点到叶结点的路径构成的 0-1 向量, 可能是 0-1 背包问题的解, 也可能不是. 例如, 对于 $n = 3$ 的 0-1 背包问题: $w = (16, 15, 15)$, $v = (45, 25, 25)$, $C = 30$. 显然, $(1, 1, 1)$ 不是问题的解, 而 $(1, 0, 0)$ 是问题的解, 但不是问题的最优解, $(0, 1, 1)$ 是问题的解, 也是问题的最优解.

⑤ 按结点分层, 如根结点所在的层是第 1 层, 根结点的孩子结点所在的层是第 2 层, 其他依此类推.

(3) 搜索解空间树及剪枝

因为 0-1 背包问题求解的是最优解, 所以需要搜索整个解空间树. 另外, 因为 n 件物品的 0-1 背包问题的解空间树, 仅叶结点数就达 2^n 个, 所以在搜索解空间树时, 穷举搜索显然是行不通的. 一般地, 在搜索解空间树的过程中, 需要进行剪枝.

搜索从解空间树的根结点 1 开始. 此时, 它是唯一的活结点, 也是当前的扩展结点. 根结点 1 有两个孩子结点 2 和 3, 可以沿纵深方向扩展至结点 2 或结点 3. 如果扩展至结点 2, 那么意味着 $x_1 = 1$, 即第 1 件物品装入背包. 如果扩展至结点 3, 那么意味着 $x_1 = 0$, 即第 1 件物品不装入背包. 假定按先左后右的顺序进行扩展, 这样扩展至结点 2. 此时, 结点 2 为当前扩展结点, 活结点有两个, 即结点 1 和结点

2. 第 1 件物品装入了背包, 因此在结点 2 处, 背包的剩余容量为 14, 获得的价值为 45. 从结点 2 处可以扩展至结点 4 和结点 5, 扩展至结点 4, 意味着要将第 2 件物品装入背包, 但装入第 2 件物品至少需要 15 个单位的背包容量, 而现在背包的剩余容量为 14, 故扩展至结点 4 将导致一个不可行解. 此时, 把以结点 4 为根的子树剪掉, 这种剪枝称为约束剪枝. 扩展至结点 5, 意味着不装入第 2 件物品. 此时, 背包的剩余容量是 14, 获得的价值还是 45. 结点 5 有两个孩子结点 10 和 11, 它们都是叶结点. 扩展至结点 10 意味着要将第 3 件物品装入背包, 但装入第 3 件物品至少需要 15 个单位的背包容量, 而现在背包的剩余容量为 14, 故扩展至结点 10 将导致一个不可行解, 将以结点 10 为根的子树剪掉. 扩展至结点 11, 意味着不装入第 2 件物品. 此时, 得到一个可行解 $(1,0,0)$, 当前最优值为 45. 从结点 5 向其祖先结点 2 回溯, 结点 5 成为死结点. 因为结点 2 的两个孩子结点均已搜索, 所以再向它的祖先结点 1 回溯, 结点 2 成为死结点. 因为结点 1 的右子树还没有搜索, 所以它再次成为扩展结点, 当然也是活结点. 扩展至结点 3 是可行的, 这意味着 $x_1 = 0$, 即第 1 件物品不装入背包. 结点 3 有两个孩子结点 6 和 7, 这两个结点都是可以扩展的. 先扩展至结点 6, 这意味着 $x_2 = 1$, 即将第 2 件物品装入背包. 此时, 背包的剩余容量是 15, 获得的价值为 25. 结点 6 有两个孩子结点 12 和 13, 它们都是可行的叶结点. 扩展至结点 12 得到一个可行解 $(0,1,1)$, 获得的价值为 50. 因为 $50 > 45$, 所以将当前最优值 45 替换为 50, 当前最优解为 $(0,1,1)$. 扩展至结点 13 也得到一个可行解 $(0,1,0)$, 其对应的价值为 25. 因为 $25 < 50$, 所以当前最优值和当前最优解均保持不变. 从结点 6 向其祖先结点 3 回溯, 结点 6 成为死结点. 结点 3 再次成为扩展结点, 从结点 3 可以扩展至结点 7(请思考此时的活结点有几个? 都是哪几个结点?). 结点 7 有两个孩子结点 15 和 16, 它们都是可扩展的结点. 扩展至结点 15, 得到一个可行解 $(0,0,1)$, 对应的最优值为 25. 因为 $25 < 50$, 所以当前最优值和当前最优解均保持不变. 扩展至结点 16, 也得到一个可行解 $(0,0,0)$, 对应的最优值为 0. 因为 $0 < 50$, 所以最优值和最优解均保持不变. 接下来, 从结点 7 往其祖先结点 3 回溯, 结点 7 成为死结点. 因为结点 3 的两个孩子结点均已搜索, 所以再往它的祖先结点 1 回溯, 结点 3 成为死结点. 因为结点 1 是根结点, 它的两个孩子结点均已搜索, 所以结点 1 成为死结点, 搜索结束. 最终得到的最优解为 $(0,1,1)$, 最优值为 50.

从上面的搜索过程, 我们可以看出扩展至右子树总是安全的, 不会违背约束条件. 这样, 对右子树不会进行约束剪枝, 约束剪枝仅针对左子树进行. 那么右子树就真的不需要剪枝吗? 答案是否定的. 下面介绍的限界剪枝就是针对右子树的. 对右子树的每一个结点, 可以定义一个界. 对于最小化问题, 定义下界; 对于最大化问题, 定义上界.

设结点 k 是解空间树第 i 层的当前扩展结点, curw 是当前装入背包中的物品

的重量, bestv 是当前最优解对应的最优值, r 是剩余物品的总重量, 即

$$r = \sum_{j=i+1}^{n} w_j \tag{4.36}$$

因为 0-1 背包问题是最大化问题, 所以要定义上界函数. 上界函数可定义为 curw+r, 在以 k 为根的子树中, 因为任意一个叶结点对应可行解的装载量均不超过 curw+r, 所以当 curw+r≤bestw 时, 可将以 k 为根的右子树剪去. 例如, 在这个例子中, 结点 3 的右子树就没有必要搜索, 可将其剪枝掉, 这种剪枝称为限界剪枝.

定义 4.3.1　如果一个问题的解空间树表示的是从 n 个元素的集合中, 找出满足某种性质的一个子集, 则称这种解空间树为子集树.

0-1 背包问题的解空间树就是一个子集树, 子集树回溯搜索算法的伪代码如算法 4.10 所示.

算法 4.10: 子集树回溯搜索算法

```
输入: 问题的子集树.
输出: 问题的最优解 x.
void backtrack (int t)
if (t > n) then
    输出 x;
else
    for (i = 0; i ⩽ 1; i = i + 1) do
        if (t 满足约束条件和限界条件 ) then
            backtrack(t+1);
        end
    end
end
```

4.3.2　n 皇后问题

在 $n \times n$ 的棋盘上放置 n 个皇后, 使她们彼此不相互攻击. 不相互攻击是指每两个皇后不能在同行、同列、同对角线上. n 皇后问题有多个解, 如图 4.18 所示是 4 皇后问题的两个解. 下面介绍用回溯法求解 n 皇后问题的步骤.

(1) 定义问题的解空间

为使问题简单, 给棋盘的行与列都从 $1-n$ 进行编号, n 个皇后也给予 $1-n$ 的编号. 因为不同的皇后在不同的行上, 不失一般性, 假设皇后 i 将放在第 $i(1 \leqslant i \leqslant n)$

行上, 所以 n 皇后问题的解可表示为一个 n 元向量 $(x_1, x_2, \cdots, x_n)$. 其中, $x_i(1 \leqslant i \leqslant n)$ 是皇后 i 所在的列号. 故 n 皇后问题的解空间为 $J = \{(x_1, x_2, \cdots, x_n)|x_i = 1, 2, \cdots, n\}$. 因为 $x_i(1 \leqslant i \leqslant n)$ 的取值有 n 种可能 $1, 2, \cdots, n$, 所以 J 中包含的元素个数为 n^n. 此外, 与 0-1 背包问题的解空间一样, J 中有的元素不是问题的解.

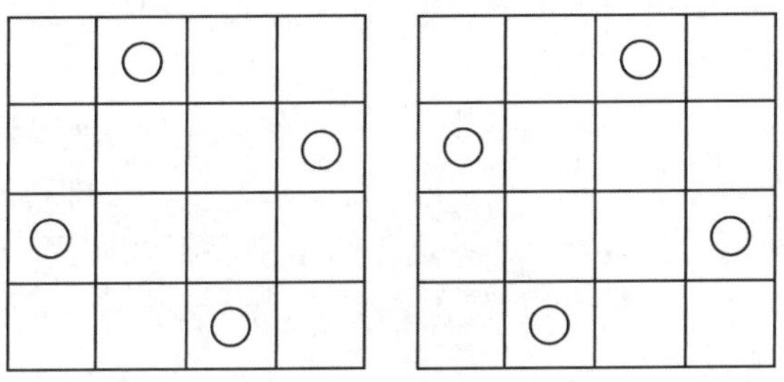

图 4.18 4 皇后问题的两个解

(2) 将解空间组织为树

n 皇后问题的解空间可组织为一棵满 n 叉树. 如果我们将明显不包含问题解的子树去掉, 那么 n 皇后问题的解空间树就不是一棵满 n 叉树. 图 4.19 是 4 皇后问题的解空间树, 与 0-1 背包问题的解空间树一样, 第 1 层是 x_1 的取值, 第 2 层是在 x_1 确定的前提下, x_2 的取值, 其他依此类推. 从图 4.19 可以看出, 从根结点到叶结点的路径表示 1-4 的一个无重复排列. 显然, n 皇后问题的解空间树包含 $n!$ 个叶结点.

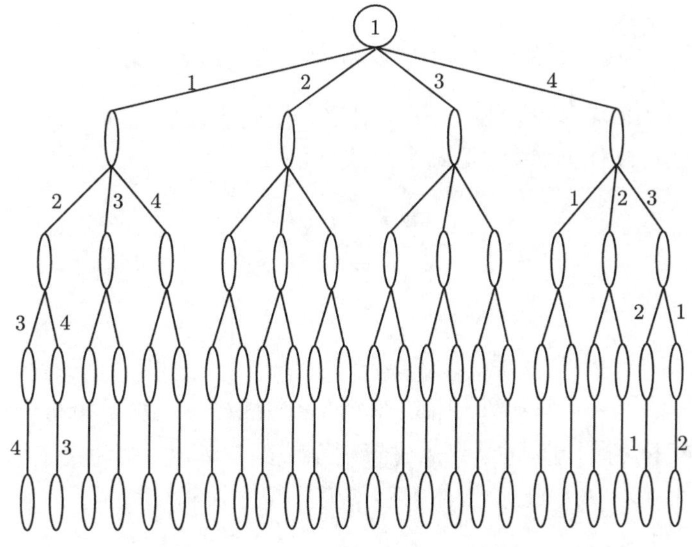

图 4.19 4 皇后问题的解空间树

定义 4.3.2 如果一个问题的解空间树表示的是 n 个数的排列, 那么称这种解空间树为排列树.

(3) 搜索解空间树及剪枝

n 皇后问题的解空间树就是一棵排列树. 此外, 因为 n 皇后问题有多个解, 所以要想找出它的所有解, 需要搜索完整棵解空间树. 与 0-1 背包问题一样, 在搜索过程中, 可以对解空间树进行剪枝. 显然, 对于 n 皇后问题, 不存在限界剪枝, 下面仅介绍约束剪枝.

根据前面的假设, 第 i 个皇后在第 i 行, 这样已经解决每两个皇后不能在同一行的约束. 每两个皇后不能在同一列的约束, 只要 $x_i \neq x_j$ 即可. 实际上, 如图 4.19 所示的解空间树 (一棵排列树) 已经满足每两个皇后不能在同一列的约束. 这样只需考虑每两个皇后不能在同一对角线的约束. 对斜率 $k = -1$ 的对角线上的元素, 有 "行号 − 列号" 相等; 对斜率 $k = +1$ 的对角线上的元素, 有 "行号 + 列号" 相等, 如图 4.20 所示为 $n = 4$ 的情况.

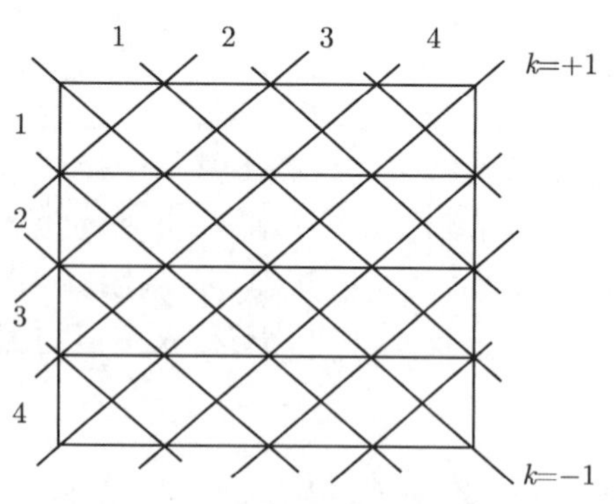

图 4.20 4 皇后问题的对角线约束

若两个皇后的放置位置分别分为 (i, j) 和 (k, l), 那么当 $i-j = k-l$ 或 $i+j = k+l$ 时, 两皇后在同一条对角线上. 这两个等式等价于

$$\begin{aligned} i-k &= j-l \\ i-k &= l-j \end{aligned} \tag{4.37}$$

写成统一形式为

$$|i-k| = |j-l| \tag{4.38}$$

综上所述, 对于 n 皇后问题, 如果给定的解空间树是一棵无重复排列的排列树, 那么在搜索解空间树的过程中, 只需进行对角线约束剪枝, 即如果 $|i-k| = |j-l|$, 则进行剪枝. 图 4.21 给出了 4 皇后问题的完整搜索及剪枝过程, × 表示约束剪枝, 最终得到两个解.

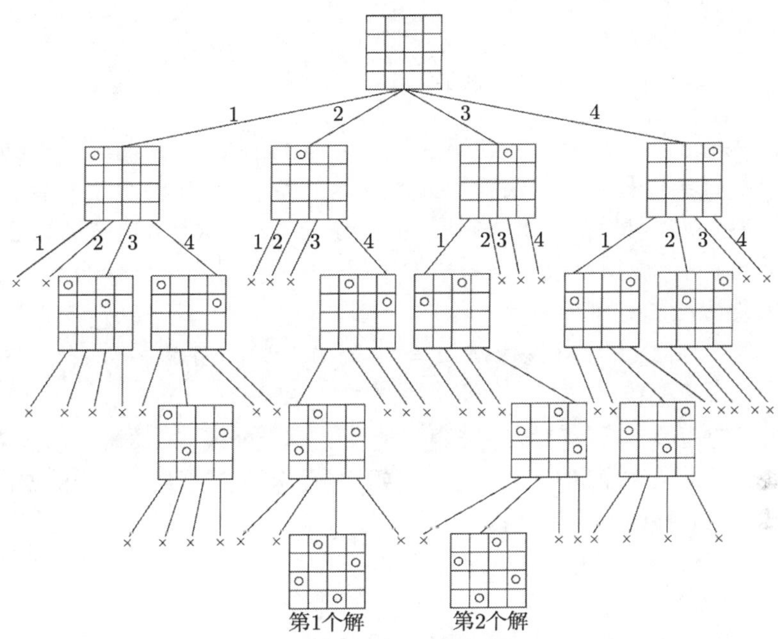

图 4.21　4 皇后问题的完整搜索及剪枝过程

排列树回溯搜索算法的伪代码如算法 4.11 所示.

算法 4.11: 排列树回溯搜索算法

输入: 问题的排列树.
输出: 问题的最优解 x.
void backtrack (int t)
if $(t > n)$ **then**
　　输出 x;
else
　　for $(i = t; i \leqslant n; i = i + 1)$ **do**
　　　　交换 $x[t]$ 和 $x[i]$;
　　　　if (t 满足约束条件和限界条件) **then**
　　　　　　backtrack(t+1);
　　　　else 交换 $x[t]$ 和 $x[i]$;
　　　　end
　　end
end

4.4　分支限界法

分支限界法 [17] 也是一种基于搜索的算法设计方法. 与回溯法不同, 分支限界法在每一个扩展结点处要根据限界函数计算一个界 (最小化问题计算下界; 最大化问题计算上界). 对于最大 (小) 化问题, 如果这个界小 (大) 于当前最优解, 则该结点没有必要再扩展, 剪掉以该结点为根的子树. 下面通过一个具体的 0-1 背包问题, 介绍分支限界方法的基本思想.

例 4.4.1　*用分支限界法求解* $n = 4$ *的 0-1 背包问题*: $w = (4, 7, 5, 3)$, $v = (40, 42, 25, 12)$, $C = 10$.

解: 我们知道 0-1 背包问题的解空间树是一棵子集树 (二叉树). 用分支限界法求解该问题, 搜索从解空间树的根结点开始, 对于每一扩展结点, 要根据限界函数计算一个上界. 上界函数可定义为

$$\text{ub} = v + (C - w) \times \frac{v_{i+1}}{w_{i+1}} \tag{4.39}$$

在根结点 1 处, 由于没有物品装入背包, 根据式 (4.39), 可得根结点 1 对应的上界为 $\text{ub} = 0 + (10 - 0) \times \dfrac{40}{4} = 100$. 从根结点 1 可扩展至其孩子结点 2 和 3, 扩展至结点 2, 意味着 $x_1 = 1$, 即装入第 1 件物品, 结点 2 的上界为 $\text{ub} = 40 + (10 - 4) \times \dfrac{42}{7} = 76$. 扩展至结点 3, 意味着 $x_1 = 0$, 即不装入第 1 件物品, 结点 3 的上界为 $\text{ub} = 0 + (10 - 0) \times \dfrac{42}{7} = 60$. 因为结点 2 对应的上界比结点 3 对应的上界大 (即 $76 > 60$), 所以先扩展结点 2. 它有两个孩子结点 4 和 5, 扩展至结点 4, 意味着 $x_2 = 1$, 即装入第 2 件物品. 此时背包的剩余容量还有 6 个单位, 而装入第 2 件物品需要 7 个单位, 因此扩展至结点 3 将导致一个不可行解, 从而剪掉以该结点为根的子树 (也不用计算它所对应的上界), 如图 4.22 所示. 扩展至结点 5, 意味着 $x_2 = 0$, 即不装入第 2 件物品, 它是可行结点, 对应的上界为 $\text{ub} = 40 + (10 - 4) \times \dfrac{25}{5} = 70$. 因为结点 5 的上界大于结点 3 的上界 (即 $70 > 60$), 所以下一个扩展结点为结点 5. 结点 5 有两个孩子结点 6 和 7, 扩展至结点 6 意味着 $x_3 = 1$, 即装入第 3 件物品. 装入第 3 件物品需要 5 个单位的容量, 因为此时背包的剩余容量为 6, 所以结点 6 是可行结点, 对应的上界为 $\text{ub} = 65 + (10 - 9) \times \dfrac{12}{3} = 69$. 扩展至结点 7 意味着 $x_3 = 0$, 即不装入第 3 件物品. 结点 7 是可行结点, 对应的上界为 $\text{ub} = 40 + (10 - 4) \times \dfrac{12}{3} = 64$. 此时, 有 3 个可以扩展的结点 3、6 和 7. 因为结点 6 的上界最大, 所以先扩展结点 6. 结点 6 有两个孩子结点 8 和 9. 扩展至

结点 8 意味着 $x_4=1$, 即装入第 4 件物品. 装入第 4 件物品需要 3 个单位的容量, 但此时背包的剩余容量为 1, 所以结点 8 是不可行结点, 将其剪掉, 如图 4.22 所示. 扩展至结点 9 意味着 $x_4=0$, 即不装入第 4 件物品. 结点 9 是可行的, 而且是叶结点, 这样得到一个可行解 $(1,0,1,0)$, 对应的当前最优值为 65. 现在可以扩展的结点还有两个, 即结点 3 和 7. 因为这两个结点的上界分别为 60 和 64, 均小于当前最优值, 故剪掉以它们为根的子树, 如图 4.22 所示. 至此, 已经没有可扩展的结点, 算法结束. 最终得到的最优解为 $(1,0,1,0)$, 最优值为 65.

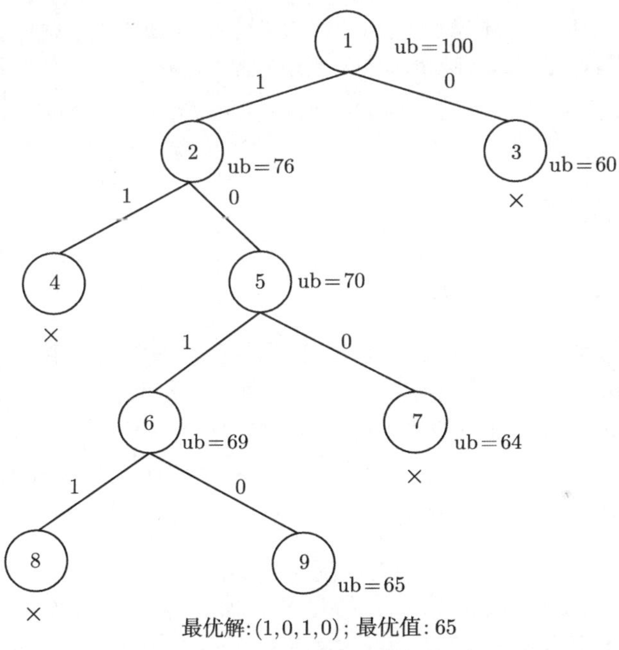

图 4.22　例 4.4.1 所示 0-1 问题的完整搜索及剪枝过程

例 4.4.1 给出的搜索过程就是分支限界搜索过程, 请读者考虑在搜索过程中, 最大的活结点数是多少?

习　题

1. 用遗传算法编程求解下列优化问题, 要求编码采用二进制编码.

$$\begin{aligned} &\min \sum_{i=1}^{10} x_i^2 \\ &\text{s.t.} \ -10 \leqslant x_i \leqslant +10 \end{aligned} \tag{4.40}$$

2. 第 1 题用二进制编码方法对优化问题 (4.40) 进行编码, 请问如何确定编码长度? 试举例说明.

3. 用粒子群算法编程求解第 1 题的优化问题 (4.40), 并比较用遗传算法求解和粒子群算法求解的异同.

4. 4.2.2 节介绍的离散粒子群算法是 0-1 二值离散粒子群算法, 请问如何设计多值 (如 N 值, $0,1,\cdots,N-1$) 离散粒子群算法? 给出 N 值离散粒子群算法的伪代码.

5. 在 4.2.1 节和 4.2.2 节我们分别给出求解离散值特征选择问题的遗传算法和粒子群算法. 试设计求解样例选择问题的遗传算法和粒子群算法.

6. 例 4.1.1 介绍的 0-1 背包问题 (4.6) 是一个约束优化问题, 请用遗传算法求解该问题, 如何处理问题的约束条件?

7. 用遗传算法求解 0-1 背包问题 (4.6), 显然二进制编码是一种自然的选择. 如果用遗传算法求解下面的背包问题, 那么请问应如何对问题的解进行编码?

$$\begin{aligned} &\max \sum_{i=1}^{n} v_i x_i \\ &\text{s.t.} \sum_{i=1}^{n} w_i x_i \leqslant C, \\ &x_i \in [0,1], \quad w_i > 0, \quad v_i > 0 \end{aligned} \tag{4.41}$$

8. 分别用遗传算法和粒子群算法求解极限学习机网络结构选择问题.

9. 给定 n 个作业的集合 $j=\{J_1,J_2,\cdots,J_n\}$. 每一个作业 $J_i(1\leqslant i\leqslant n)$ 都有两个任务要分别在两台机器上完成, 而且必须先由机器 1 处理, 然后再由机器 2 处理. 作业 J_i 需要机器 j 的处理时间为 $t_{ji}(i=1,2,\cdots,n;j=1,2)$. 对于一个确定的作业调度, 设 F_{ji} 是作业 i 在机器 j 上完成处理的时间. 所有作业在机器 2 上完成处理的时间和为 $f=\sum_{i=1}^{n} F_{2i}$, f 称为该作业调度的完成时间和. 批处理作业调度问题: 对于给定的 n 个作业, 制定一个最佳的调度方案, 使其完成时间和最小. 试给出 $n=3$ 的批处理作业调度问题的解空间, 并画出解空间树. 批处理调度问题的解空间树是子集树, 还是排列树?

10. 给定如图 4.23 所示的赋权无向图, 假定售货员住在 1 号城市. 给出旅行售货员问题的解空间, 并画出解空间树, 旅行售货员问题的解空间树是子集树还是排列树, 并用回溯法寻找该问题的最优解.

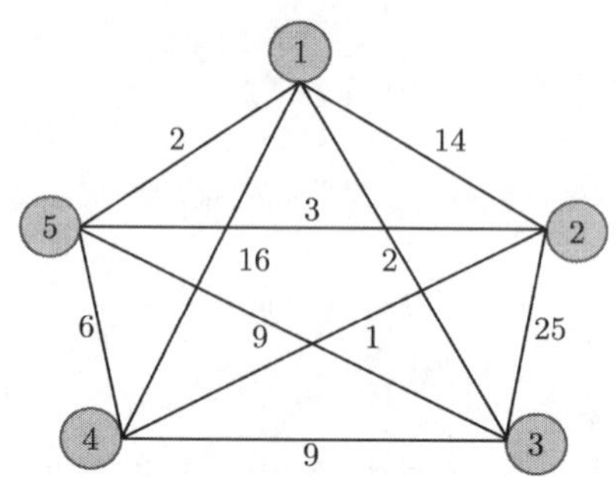

图 4.23 包含 5 个城市的旅行售货员问题

11. 试述回溯法和分支限界法的异同点.

12. 用分支限界法求解第 10 题中的旅行售货员问题, 要求给出限界函数, 画出搜索及剪枝的过程.

13. 请问在例 4.4.1 的分支限界搜索过程中, 活结点是如何组织的? 需要哪种辅助数据结构?

第 5 章　动态规划算法

动态规划算法在数据挖掘领域应用较少, 本章重点介绍动态规划算法的基本思想, 并通过 4 个问题介绍应用动态规划算法求解问题的步骤.

5.1　动态规划算法简介

动态规划算法也是一种基于分治的算法, 但它不要求分解得到的子问题相互独立. 求解每一个子问题时, 它首先通过检查辅助数据结构, 判断该子问题是否已经求解. 如果已经求解, 则输出子问题的解. 如果没有求解, 则递归地求解该子问题, 并把得到的解存储到辅助数据结构中. 动态规划算法保证每一个子问题只需求解一次, 但与分治算法相比, 它需要更多的辅助存储空间, 所以有些人认为动态规划算法是用空间换效率. 动态规划算法常用于求解最优化问题, 用动态规划算法求解问题的步骤如下 [15].

① 找出最优解的性质, 并刻画其结构特征.

② 递归地定义最优值.

③ 以自底向上的方式计算最优值.

④ 根据计算最优值时得到的信息, 构造最优解.

第 1 步是基础, 第 2 步是关键, 第 3 步和第 4 步相对比较简单. 第 1 步主要分析待求解问题的最优解是否具有最优子结构性质. 最优子结构性质是指一个问题的最优解包含其相关子问题的最优解. 下一节我们通过具体例子解释这一性质. 实际上, 一个问题是否具有最优子结构性质, 是衡量该问题是否适宜用动态规划算法求解的要素. 另一个要素是重叠子问题性质, 这个要素处于次要地位. 实际上, 一个问题只要具有最优子结构性质, 就可以用动态规划算法求解, 子问题重叠的越多, 越能显示出动态规划算法的优势. 如果子问题没有重叠, 那么一般采用更简单的分治算法求解. 第 2 步利用问题的最优子结构性质, 递归地定义最优值. 第 3 步常用以自底向上的方式计算最优值. 其实, 也可以利用以自顶向下的方式计算最优值. 第 4 步利用第 3 步计算最优值时保存在辅助数据结构中的信息, 构造最优解.

5.2 多段图问题

5.2.1 问题描述

设 $G=(V,E)$ 是一个赋权有向图, 其顶点集 V 被划分成 k 个不相交的子集 $V_i(1\leqslant i\leqslant k, k>2)$. 其中, V_1 和 V_k 分别只有一个顶点 s(称为源) 和一个顶点 t(称为汇). 对于 $(u,v)\in E$, 其始点和终点都在相邻的两个子集 V_i 和 V_{i+1} 中, 即 $u\in V_i$, $v\in V_{i+1}$. 这样的赋权有向图称为多段图, 图 5.1 是一个包含 12 个顶点的 5 段图. 在图 5.1 中, 我们对顶点按从左到右, 从上到下的顺序进行编号. 顶点 1 为源 s, 顶点 12 为汇 t.

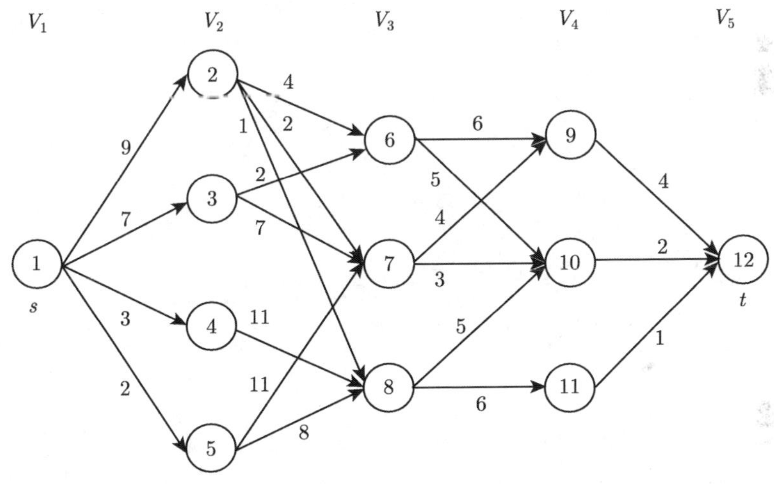

图 5.1 一个包含 12 个顶点的 5 段图

定义 5.2.1 给定一个多段图 $G=(V,E)$, $s\in V$ 为源, $t\in V$ 为汇. 多段图问题是求源 s 到汇 t 的最小成本路径.

多段图问题具有最优子结构性质, 下面我们通过如图 5.1 所示的多段图问题解释这一概念. 实际上, 这个问题的最优解是 ① → ② → ⑦ → ⑩ → ⑫, 如图 5.2 所示. 多段图问题的子问题有两种定义方法, 一种是汇保持不变, 另一种是源保持不变. 对于第一种情况, 顶点 2 至顶点 11 中的任何一个顶点都可以作为源. 例如, 以 V_2 中的顶点 2 为源的子问题, 对应的多段图如图 5.3 所示. 多段图问题的最优子结构性质是说, 如图 5.3 所示的子问题的最优解肯定是 ② → ⑦ → ⑩ → ⑫, 如图 5.4 所示, 它包含在原问题的最优解中. 多段图问题最优子结构性质的证明非常简单, 用反证法很容易证明. 对于其他的问题, 最优子结构性质的证明是类似的, 都可以用反证法证明.

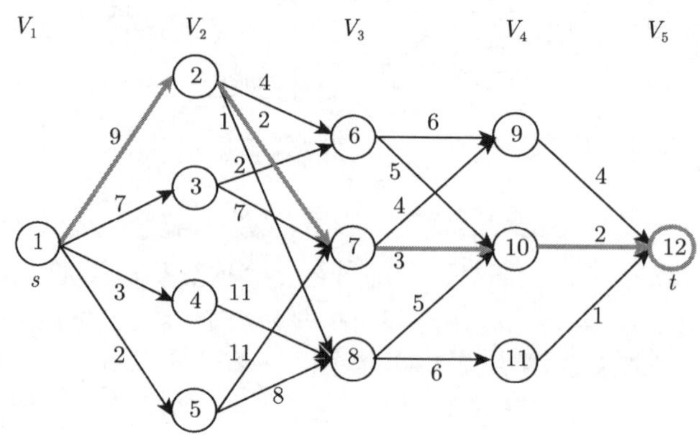

图 5.2　上述 5 段图问题的最优解

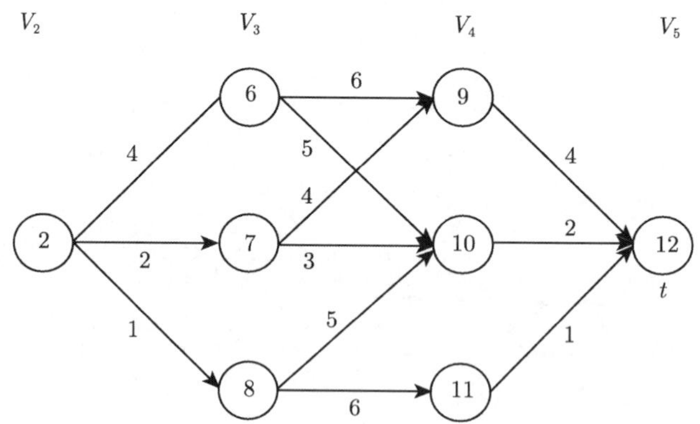

图 5.3　以 V_2 中的顶点 2 为源的子问题

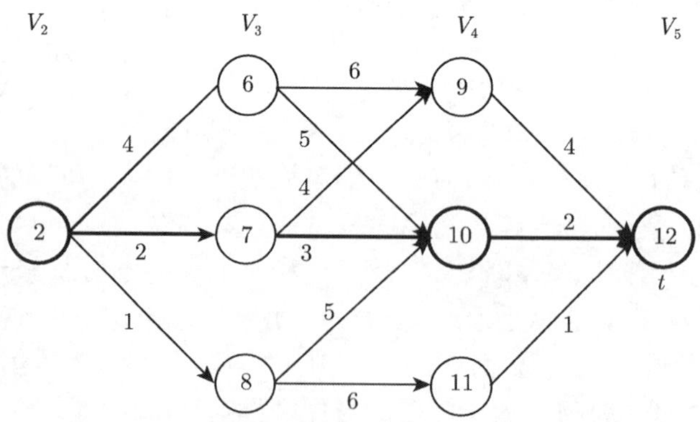

图 5.4　以 V_2 中的顶点 2 为源的子问题的最优解

对于第二种情况, 顶点 2-顶点 11 中的任何一个顶点都可以作为汇. 例如, 以 V_4 中的顶点 10 为汇的子问题, 对应的多段图如图 5.5 所示. 多段图问题的最优子结构性质是说, 如图 5.5 所示的子问题的最优解肯定是 ① → ② → ⑦ → ⑩, 如图 5.6 所示.

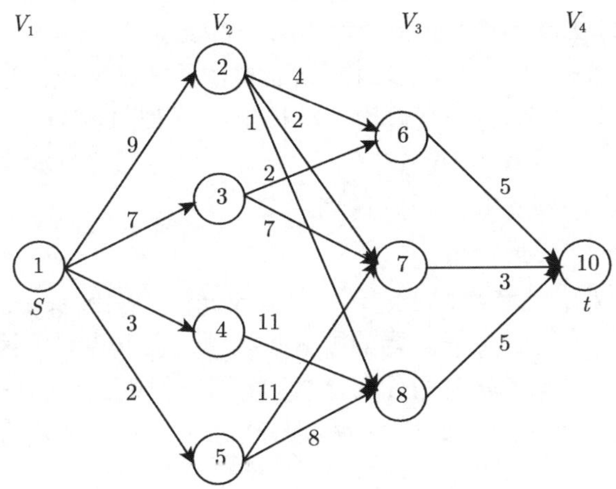

图 5.5 以 V_4 中的顶点 10 为汇的子问题

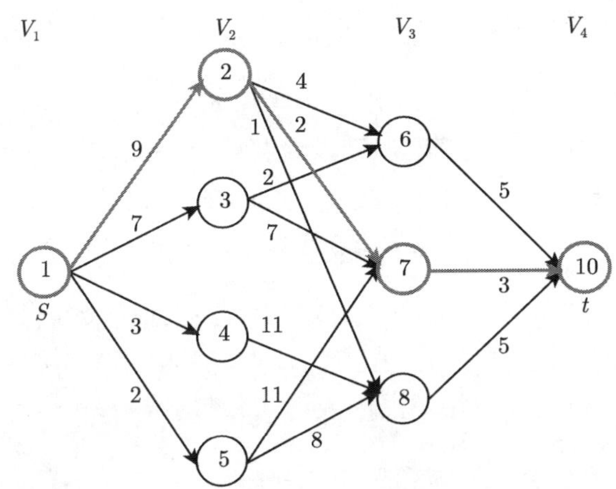

图 5.6 以 V_4 中的顶点 10 为汇的子问题的最优解

说明: 关于多段图问题的子问题的两种定义方法, 可以用如下形式化的方法定义.

① 以 V_2 中的顶点 2 为源, 汇保持不变的子问题可用二元组 (2,2) 表示. 第一个元素 2 表示顶点集的标号, 第二个元素 2 表示相应顶点集中顶点的编号. 这种子问题的定义方法, 推广到一般情况, 子问题可以定义为 (i,j), 表示的是以 V_i 中的顶点 j 为源, 汇为 t(汇不变) 的子问题.

② 对于第二种情况, 可以类似地对子问题进行定义, 不再赘述.

5.2.2 问题求解

下面用动态规划算法求解问题的步骤求解多段图问题.

第一步, 找出最优解的性质, 并刻画其结构特征.

对于给定的待求解问题, 第一步所要做的事情就是分析该问题是否具有最优子结构性质, 或者说其最优解是否有最优子结构特征. 如果问题具有最优子结构性质, 则要给出证明. 对于多段图问题, 第一步已在上一节介绍过, 即多段图问题具有最优子结构性质, 这个问题适宜用动态规划求解.

第二步, 递归地定义最优值.

这一步是应用最优子结构性质, 给出求解最优值的递归表达式. 这一步的关键是定义子问题, 我们知道定义子问题的方式有两种. 这里我们用第一种方式定义子问题, 用第 2 种方式定义子问题留作思考题. 在第一种方式下, 汇保持不变, 这种处理方式也称为前向处理方式 (即从汇往源推导). 此时, 多段图问题的子问题可以用一个二元组 (i,j) 来表示. 假设子问题 (i,j) 的最优解为 $P(i,j)$, 最优值为 $C(i,j)$. $C(i,j)$ 等于最优路径 $P(i,j)$ 上边的权值之和, 可利用如图 5.7 所示的求解思路.

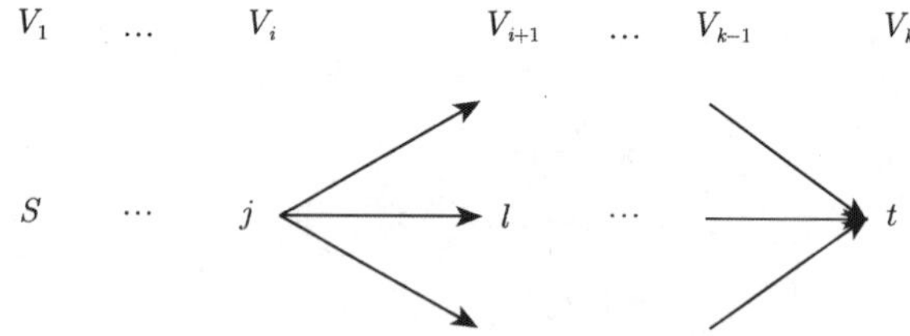

图 5.7 求解最优值 $C(i,j)$ 的思路

从图 5.7 可以看出, 要想求 $C(i,j)$, 必须先求出以顶点集 V_{i+1} 中各个顶点 l 为源的子问题的最优解, l 是与 j 有边相连的顶点. 顶点 j 的出度决定了要在几个值中求最小值, 最优值 $C(i,j)$ 可用下面的表达式递归求解, 即

$$C(i,j)=\min_{l\in V_{i+1},(j,l)\in E}\{w(j,l)+C(i+1,l)\} \tag{5.1}$$

其中, $w(j,l)$ 表示 V_i 中的顶点 j 和 V_{i+1} 中的顶点 l 构成的边 $(j,l)\in E$ 上的权值; $C(i+1,l)$ 表示以 V_{i+1} 中的顶点 l 为源 (汇不变) 的子问题的最优值.

如果 $(j,t)\in E$, 则 $C(k-1,j)=w(j,t)$; 如果 $(j,t)\notin E$, 则 $C(k-1,j)=0$. 显然, 原问题的最优值为 $C(1,s)$.

第三步, 以自底向上的方式计算最优值.

下面通过如图 5.1 所示的例子来说明如何以自底向上的方式计算最优值, 目标是计算最优值 $C(1,s)$. 要想计算 $C(1,s)$, 必须先计算出 $C(2,j)(j=2,3,4,5)$; 要想计算 $C(2,j)$, 必须先计算出 $C(3,j)(j=6,7,8)$; 要想计算 $C(3,j)$, 必须先计算

出 $C(4,j)(j=9,10,11)$. 而 $C(4,j)$ 可以直接从多段图 5.1 中得到, $C(4,9)=4$, $C(4,10)=2$, $C(4,11)=1$. 这样我们就可以计算 $C(3,j)$ 了.

$$C(3,6)=\min\{6+C(4,9),5+C(4,10)\}=\min\{6+4,5+2\}=7$$
$$C(3,7)=\min\{4+C(4,9),5+C(4,10)\}=\min\{4+4,3+2\}=5$$
$$C(3,8)=\min\{5+C(4,10),6+C(4,11)\}=\min\{5+2,6+1\}=7$$

有了 $C(3,j)$, 就可以计算 $C(2,j)$ 了.

$$\begin{aligned}C(2,2)&=\min\{4+C(3,6),2+C(3,7),1+C(3,8)\}\\&=\min\{4+7,2+5,1+7\}\\&=7\\C(2,3)&=\min\{2+C(3,6),7+C(3,7)\}\\&=\min\{2+7,7+5\}\\&=9\\C(2,4)&=\min\{11+C(3,8)\}\\&=\min\{11+7\}\\&=18\\C(2,5)&=\min\{11+C(3,7),8+C(3,8)\}\\&=\min\{11+5,8+7\}\\&=15\end{aligned}$$

有了 $C(2,j)$, 就可以计算 $C(1,s)$ 了.

$$\begin{aligned}C(1,s)&=\min\{9+C(2,2),7+C(2,3),3+C(2,4),2+C(2,5)\}\\&=\min\{9+7,7+9,3+18,2+15\}\\&=16\end{aligned}$$

因此, 如图 5.1 所示的多段图问题的最优值是 16. 从计算过程中, 我们容易看出自底向上的计算过程.

第四步, 构造最优解.

利用第 3 步计算最优值时的决策信息来构造最优解. 具体地, 在计算每个 $C(i,j)$ 时, 记下每个状态 (顶点 j) 所作的决策, 即使 $w(j,l)+C(i+1,l)$ 取最小值的 l, 并将它存储在一个辅助数据结构 $D(i,j)$ 中. 这样容易求出最优解 $P(i,j)$.

对如图 5.1 所示的多段图问题, 有

$$D(3,6)=10,\quad D(3,7)=10,\quad D(3,8)=10$$
$$D(2,2)=7,\quad D(2,3)=6,\quad D(2,4)=8,\quad D(2,5)=8$$
$$D(1,1)=2$$

易得, 图 5.1 所示的多段图问题的最优解为 $P(i,j)=$ ① → ② → ⑦ → ⑩ → ⑫, 如图 5.2 所示.

为使算法易于理解, 可事先对顶点集 V 中的顶点按下述方式编号. 首先将 s 编号为 1, 然后对 V_2 中的顶点编号, V_3 的顶点接着 V_2 中的最后一个编号继续往下编号, 如此继续, 最后将 t 编号为 n, 则 V_{i+1} 中的编号均大于 V_i 中的编号, 于是, $C(i,j)$ 和 $D(i,j)$ 都可按 $n-1, n-2, \cdots, 1$ 的次序计算, 而无需考虑 C, D, P 中标识顶点所在段数的第一个下标. 算法的伪代码如算法 5.1 所示.

算法 5.1: 求解多段图问题的动态规划算法

输入: 多段图$G=(V,E)$, 段参数k.
输出: 最优路径$P[k]$.
for $(j=n-1; j\geqslant 1; j=j-1)$ **do**
  设$r\in V$, $(j,r)\in E$, 且使得$w(j,r)+C(r)$取得最小值;
  $C(j)=w(j,r)+C(r)$;
  $D(j)=r$;
end
$P[1]$=1;
$P[k]$=n;
for $(j=2; j\leqslant k-1; j=j+1)$ **do**
  $P[j]$=$D[P[j-1]]$;
end
输出$P[k]$.

5.3 矩阵连乘问题

5.3.1 问题描述

矩阵连乘问题也称为矩阵连乘积的完全加括号问题 [15,16], 可以递归地定义如下.

① 单个矩阵是完全加括号的.

② 矩阵连乘积 A 是完全加括号的，则 A 可表示为 2 个完全加括号的矩阵连乘积 B 和 C 的乘积并加括号, 即 $A=(BC)$.

实际上, 矩阵连乘积的完全加括号给出的是矩阵连乘的计算方案. 不同的计算方案, 矩阵连乘积所用的数乘次数相差非常大. 例如, 设有 4 个矩阵 A、B、C 和 D, 它们的阶数分别为 50×10、10×40、40×30 和 30×5. 用穷举法, 我们知道共有 5 种完全加括号的方式, 即 $(A((BC)D))$、$(A(B(CD)))$、$((AB)(CD))$、$(((AB)C)D)$ 和 $((A(BC))D)$. 它们所需的数乘次数分别为 16 000、10 500、36 000、87 500 和 34 500, 最少数乘次数 10 500 和最多数乘次数 87 500 相差近 8 个数量级. 这个例子只有 4 个矩阵连乘, 当矩阵连乘积包含的矩阵个数比较多, 或问题的规模比较大时, 最优计算方案和最差计算方案的数乘次数相差非常悬殊. 下面给出矩阵连乘积问题的形式化定义.

定义 5.3.1 给定 n 个矩阵 $M_1, M_2, \cdots, M_n$, 其中 M_i 和 M_{i+1} 是可乘的, $i=1,2,\cdots,n-1$. 矩阵连乘积问题是找出一种计算方案, 或矩阵完全加括号的一种方案, 使得矩阵连乘积的数乘次数最少.

下面给出求解矩阵连乘积问题的动态规划算法.

5.3.2 问题求解

第一步, 找出最优解的性质, 并刻画其结构特征.

这一步主要考虑矩阵连乘问题是否具有最优子结构性质. 问题的关键是子问题的定义, 受上一节子问题定义的启发. 矩阵连乘问题的子问题也可以用一个二元组 (i,j) 来定义. 子问题 (i,j) 表示从矩阵 M_i 到矩阵 M_j 的连乘积 $M_iM_{i+1}\cdots M_j$, $1\leqslant i\leqslant j\leqslant n$, 记为 $M[i:j](i\leqslant j)$. 从形式上看, $M[i:j]$ 是一个矩阵链, 原问题可表示为 $M[1:n]$. 矩阵连乘积问题具有下列的最优子结构性质.

性质 5.3.1 设矩阵连乘积 $M[i:j]$ 的最优计算次序在矩阵 A_k 和 A_{k+1} 之间将矩阵链断开, $i\leqslant k<j$, 则子问题 $M[i:k]$ 和 $M[(k+1):j]$ 的相应计算次序也是最优的.

性质 5.3.1 容易用反证法证明, 这里不再赘述.

第二步, 递归地定义最优值.

设计算子问题 $M[i:j]$ 的最少数乘次数为 $C(i,j)$, 显然计算原问题的最少数乘次数为 $C(1,n)$. 根据矩阵连乘积的最优子结构性质, 容易得到

$$C(i,j)=C(i,k)+C(k+1,j)+\delta \tag{5.2}$$

其中, $C(i,k)$ 和 $C(k+1,j)$ 分别是子链 $M[i:k]$ 和 $M[(k+1):j]$ 的最少数乘次数, 两个子链乘积的结果是两个矩阵, 这两个矩阵还要相乘; δ 是这两个矩阵乘积所需

的数乘次数.

如果假设矩阵 M_i 的阶数为 $r_{i-1} \times r_i$, 则有 $\delta = r_{i-1}r_kr_j$. 需要注意的是, k 的位置有 $j-i$ 种可能. 从而可得计算 $C(i,j)$ 的递归表达式, 即

$$C(i,j) = \begin{cases} 0, & \text{if } i=j \\ \min\limits_{i \leqslant k < j} \{C(i,k) + C(k+1,j) + r_{i-1}r_kr_j\}, & \text{if } i<j \end{cases} \tag{5.3}$$

第三步, 以自底向上的方式计算最优值.

有了计算最优值的递归表达式 (5.3), 就可以以自底向上的方式计算最优值了. 下面通过一个例子, 再次说明自底向上的计算过程, 并解释矩阵连乘积的重叠子问题性质.

例 5.3.1 设有 6 个可连乘的矩阵 $M_1, M_2, \cdots, M_6$, 它们的阶数分别为 30×35, 35×15, 15×5, 5×10, 10×20 和 20×25. 试根据式 (5.3), 计算矩阵连乘积 $M[1:6]$ 所需的最少数乘次数 $C(1,6)$.

解: 因为对于矩阵连乘积 $M[1:6]$, k 有 5 种可能的位置, 所以要计算 $C(1,6)$, 必须先计算出以下最少数乘次数

① $C(1,1)$, $C(2,6)$: 矩阵链 $M[1:6]$ 在 $M[1]$ 和 $M[2]$ 之间断开.

② $C(1,2)$, $C(3,6)$: 矩阵链 $M[1:6]$ 在 $M[2]$ 和 $M[3]$ 之间断开.

③ $C(1,3)$, $C(4,6)$: 矩阵链 $M[1:6]$ 在 $M[3]$ 和 $M[4]$ 之间断开.

④ $C(1,4)$, $C(5,6)$: 矩阵链 $M[1:6]$ 在 $M[4]$ 和 $M[5]$ 之间断开.

⑤ $C(1,5)$, $C(6,6)$: 矩阵链 $M[1:6]$ 在 $M[5]$ 和 $M[6]$ 之间断开.

不难发现, 这里有很多子问题要重复计算, 这种性质就称为重叠子问题性质. 矩阵连乘积问题 $M[1:6]$ 的重叠子问题性质可用图 5.8 描述.

从图 5.8 可以看出, 要计算子问题 $M[2:5]$ 的最少数乘次数 $C(2,5)$, 就必须计算出其左边 3 个子问题的最优值和其下边 3 个子问题的最优值, 在图 5.8 中用虚线椭圆框标出. 下面仅给出 $C(2,5)$ 的计算结果, 其他子问题的计算读者可作为练习.

$$C(2,5) = \begin{cases} C(2,2) + C(3,5) + r_1r_2r_5 = 0 + 2500 + 35 \times 15 \times 20 = 13\ 000 \\ C(2,3) + C(4,5) + r_1r_3r_5 = 2625 + 1000 + 35 \times 5 \times 20 = 7\ 125 \\ C(2,4) + C(5,5) + r_1r_4r_5 = 4375 + 0 + 35 \times 10 \times 20 = 11\ 373 \end{cases} \tag{5.4}$$

从式 (5.4) 可以看出, 子问题 $M[2:5]$ 的最优值是在 $k=3$ 时取得的.

实际上, 图 5.8 也给出了计算矩阵连乘问题最优值的过程. 首先计算对角线 $d=1$ 上的元素 (矩阵链长度为 1 的子问题), 这条对角线上的元素只需要初始化即可; 然后计算对角线 $d=2$ 上的元素 (矩阵链长度为 2 的子问题), 接下来计算其他

对角线上的元素 (矩阵链长度逐渐增加); 最后计算原问题的最优值. 这种计算矩阵连乘问题的算法的伪代码如算法 5.2 所示.

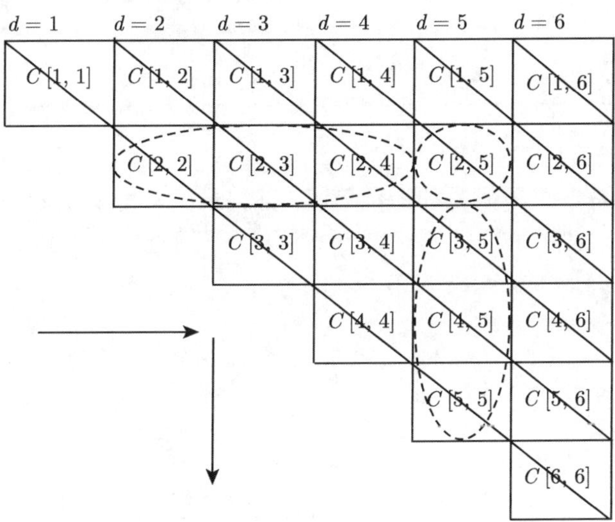

图 5.8 矩阵连乘积问题 $M[1:6]$ 的重叠子问题性质

算法 5.2: 求解矩阵连乘问题的动态规划算法

```
输入: 矩阵的阶数数组r[], 矩阵链的长度n.
输出: 最优值数组C[][], 最优解数组S[][].
for (i = 1; i ⩽ n; i = i + 1) do
    C[i][i] = 0;
end
for (d = 2; d ⩽ n; d = d + 1) do
    for (i = 1; i ⩽ n − d + 1; i = i + 1) do
        j = i + d − 1;
        C[i][j] = C[i + 1][j] + r[i − 1] × r[i] × r[j];
        S[i][j] = i;
        for (k = i + 1; k < j; k = k + 1) do
            T = C[i][k] + C[k + 1][j] + r[i − 1] × r[k] × r[j];
            if (T < C[i][j]) then
                C[i][j] = T;
                S[i][j] = k;
            end
```

```
        end
    end
end
输出C[i][j]和S[i][j].
```

第四步, 构造最优解.

如果在计算每一个子问题的最优值时, 都记录下取得最优值的 k, 那么就很容易构造出最优解. 针对上面的例子, 记录的各个子问题的最优值如图 5.9 所示, 记录的各个子问题的最优解如图 5.10 所示.

$C[i,j]$

i \ j	1	2	3	4	5	6
1	0	15 750	7875	9375	11 875	15 125
2		0	2625	4375	7125	10 500
3			0	750	2500	5375
4				0	1000	3500
5					0	5000
6						0

图 5.9 记录的各个子问题的最优值

$S[i,j]$

i \ j	1	2	3	4	5	6
1	0	1	1	3	3	3
2		0	2	3	3	3
3			0	3	3	3
4				0	4	5
5					0	5
6						0

图 5.10 记录的各个子问题的最优解

显而易见, 原问题的最优解 (或最优计算次序) 为 $((M_1(M_2M_3))((M_4M_5)M_6))$.

5.4 0-1 背包问题

第 4 章介绍了 0-1 背包问题及求解 0-1 背包问题的回溯算法. 本节介绍求解 0-1 背包问题的动态规划算法, 这里重点介绍子问题的定义和求解最优值的递归表达式, 其他问题 (例如, 如何证明 0-1 背包问题的最优子结构性质? 最优解如何构造?), 请读者自己思考.

5.4.1 子问题的定义

实际上, 0-1 背包问题是一个多阶段决策问题. 对于包含 n 件物品的 0-1 背包问题, 第 i 个阶段的决策就是判断第 i 件物品是装入背包, 还是不装入背包. 进行第 i 个阶段的决策时, 意味着前 $i-1$ 个阶段的决策已经完成. 换句话说, 前 $i-1$ 件物品是否装入背包已有结论, 此时背包的剩余容量也是已知的. 这样, 受前两节子问题定义的启发, 0-1 背包问题的子问题也可以用一个二元组 (i,j) 来定义. 子问题 (i,j) 的含义是目前需要处理的是第 i 件物品, 背包的剩余容量为 j. 子问题 (i,j) 的数学模型可以描述为

$$\begin{aligned} &\max \sum_{k=i}^{n} v_k x_k \\ &\text{s.t.} \sum_{k=i}^{n} w_k x_k \leqslant j, \\ &x_k \in \{0,1\}, \quad w_k > 0, \quad v_k > 0, \quad i \leqslant k \leqslant n \end{aligned} \tag{5.5}$$

0-1 背包问题具有最优子结构性质, 这一结论的证明我们留作思考题.

5.4.2 递归的定义最优值

设 $V(i,j)$ 为式 (5.5) 描述的子问题的最优值, 根据最优子结构性质, 可得

$$V(i,j) = \begin{cases} 0, \quad \text{if } i=0 \text{ or } j=0 \\ V(i+1,j), \quad \text{if } j < w_i \\ \max\{V(i+1,j), V(i+1,j-w_i)+v_i\}, \quad \text{if } i>0 \text{ and } j \geqslant w_i \end{cases} \tag{5.6}$$

求解 0-1 背包问题的动态规划算法的伪代码如算法 5.3 所示.

算法 5.3: 求解0-1背包问题的动态规划算法

输入: 重量数组$w[\,]$, 价值数组$v[\,]$, 背包的容量C, 物品个数n.
输出: 最优值$V[n][C]$.
for $(i=1; i \leqslant n; i=i+1)$ **do**
　　$V[i][0]=0;$
end
for $(j=0; j \leqslant C; j=j+1)$ **do**
　　$V[0][j]=0;$
end
for $(i=1; i \leqslant n; i=i+1)$ **do**
　　for $(j=0; j \leqslant C; j=j+1)$ **do**
　　　　$V[i][j]=V[i+1][j];$
　　　　if $(j \geqslant w_i)$ **then**
　　　　　　$V[i][j]=\max\{V(i+1,j), V(i+1,j-w_i)+v_i\};$
　　　　end
　　end
end
输出$V[n][C]$.

5.5　所有点对之间的最短距离问题

5.5.1　问题描述

设 $G=(V,E)$ 是一个赋权有向图, 对于图中任意一条边 $(i,j) \in E$, 有一个正实数 $l(i,j)$ 与之对应, 表示这条边的长度 (或权值). 对于顶点 $i,j \in V$, 如果顶点 i 和 j 之间没有边相连, 则对应的实数 $l(i,j)=\infty$.

定义 5.5.1　给定一个赋权有向图 $G=(V,E)$, 所有点对之间最短距离问题定义为 [16]: 对于每一个顶点 $i \in V$, 寻找它与所有其他顶点 $j \in V$ 之间的最短距离, 这里的距离是指顶点 i 和顶点 j 之间路径上边的长度 (或权值) 之和.

5.5.2　问题求解

为简单起见, 假设 $V=\{1,2,\cdots,n\}$, i 和 j 是 V 中两个不同的顶点. 定义 $d_{i,j}^k$ 是顶点 i 到顶点 j 之间最短路径的距离, 这条最短路径不通过顶点子集 $\{k+1,k+2,\cdots,n\}$ 中的任何一个顶点. 根据 $d_{i,j}^k$ 的定义可以看出, $d_{i,j}^n$ 就是顶点 i 和顶点 j

之间的最短路径的长度. 我们可以用式 (5.7) 递归地计算 $d_{i,j}^k$, 即

$$d_{i,j}^k = \begin{cases} l(i,j), & \text{if } k=0 \\ \min\{d_{i,j}^{k-1}, d_{i,k}^{k-1} + d_{k,j}^{k-1}\}, & \text{if } 1 \leqslant k \leqslant n \end{cases} \tag{5.7}$$

根据计算 $d_{i,j}^k$ 的递归表达式, 要想计算 $d_{i,j}^n$, 就需要先计算出 $d_{i,j}^0, d_{i,j}^1, \cdots, d_{i,j}^{n-1}$. 因此, 需要 $n+1$ 个阶数为 $n \times n$ 的矩阵 $\boldsymbol{D}_0, \boldsymbol{D}_1, \cdots, \boldsymbol{D}_n$ 来保存这些最短距离. 实际上, 矩阵 $\boldsymbol{D}_n$ 存储了所有点对之间的最短路径的长度.

在迭代计算时, 对于 $\boldsymbol{D}_0$, 只需根据给定的赋权有向图进行初始化即可. 具体地, 对于 $\forall i, \boldsymbol{D}_0[i,i] = 0$; 对于 $i \neq j$, 如果顶点 i 和顶点 j 之间有边相连, 则 $\boldsymbol{D}_0[i,j] = l[i,j]$; 否则, $\boldsymbol{D}_0[i,j] = \infty$. 对于 $\boldsymbol{D}_k(k \neq 0)$, 可利用式 (5.8) 进行计算, 即

$$\boldsymbol{D}_k[i,j] = \min\{\boldsymbol{D}_{k-1}[i,j], \boldsymbol{D}_{k-1}[i,k] + \boldsymbol{D}_{k-1}[k,j]\} \tag{5.8}$$

下面通过一个简单例子说明迭代计算的过程.

例 5.5.1 给定如图 5.11 所示的赋权有向图 $G=(V,E)$, $V=\{1,2,3\}$. 计算 $\boldsymbol{D}_0$、$\boldsymbol{D}_1$、$\boldsymbol{D}_2$ 和 $\boldsymbol{D}_3$.

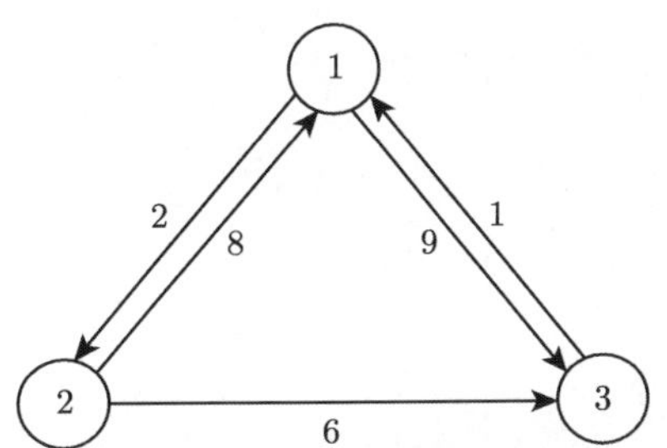

图 5.11 包含 3 个顶点的赋权有向图

解: 根据图 5.11, 对矩阵 $\boldsymbol{D}_0$ 初始化, 可得

$$\boldsymbol{D}_0 = \begin{bmatrix} 0 & 2 & 9 \\ 8 & 0 & 6 \\ 1 & \infty & 0 \end{bmatrix}$$

下面根据式 (5.8) 计算 $\boldsymbol{D}_1$, 即

$$\boldsymbol{D}_1[1,1] = \boldsymbol{D}_1[2,2] = \boldsymbol{D}_1[2,2] = 0$$

$$\boldsymbol{D}_1[1,2] = \min\{\boldsymbol{D}_0[1,2], \boldsymbol{D}_0[1,1] + \boldsymbol{D}_0[1,2]\} = \min\{2, 0+2\} = 2$$

$$\boldsymbol{D}_1[1,3] = \min\{\boldsymbol{D}_0[1,3], \boldsymbol{D}_0[1,1] + \boldsymbol{D}_0[1,3]\} = \min\{9, 0+9\} = 9$$

$$\boldsymbol{D}_1[2,1] = \min\{\boldsymbol{D}_0[2,1], \boldsymbol{D}_0[2,1] + \boldsymbol{D}_0[1,1]\} = \min\{8, 8+0\} = 8$$

$$\boldsymbol{D}_1[2,3]=\min\{\boldsymbol{D}_0[2,3],\boldsymbol{D}_0[2,1]+\boldsymbol{D}_0[1,3]\}=\min\{6,8+9\}=6$$
$$\boldsymbol{D}_1[3,1]=\min\{\boldsymbol{D}_0[3,1],\boldsymbol{D}_0[3,1]+\boldsymbol{D}_0[1,1]\}=\min\{1,1+0\}=1$$
$$\boldsymbol{D}_1[3,2]=\min\{\boldsymbol{D}_0[3,2],\boldsymbol{D}_0[3,1]+\boldsymbol{D}_0[1,2]\}=\min\{\infty,1+2\}=3$$

因此, 可得

$$\boldsymbol{D}_1=\begin{bmatrix}0&2&9\\8&0&6\\1&3&0\end{bmatrix}$$

下面根据式 (5.8) 计算 $\boldsymbol{D}_2$, 即

$$\boldsymbol{D}_2[1,1]=\boldsymbol{D}_2[2,2]=\boldsymbol{D}_2[2,2]=0$$
$$\boldsymbol{D}_2[1,2]=\min\{\boldsymbol{D}_1[1,2],\boldsymbol{D}_1[1,2]+\boldsymbol{D}_1[2,2]\}=\min\{2,2+0\}=2$$
$$\boldsymbol{D}_2[1,3]=\min\{\boldsymbol{D}_1[1,3],\boldsymbol{D}_1[1,2]+\boldsymbol{D}_1[2,3]\}=\min\{9,2+6\}=8$$
$$\boldsymbol{D}_2[2,1]=\min\{\boldsymbol{D}_1[2,1],\boldsymbol{D}_1[2,2]+\boldsymbol{D}_1[2,1]\}=\min\{8,0+8\}=8$$
$$\boldsymbol{D}_2[2,3]=\min\{\boldsymbol{D}_1[2,3],\boldsymbol{D}_1[2,2]+\boldsymbol{D}_1[2,3]\}=\min\{6,0+6\}=6$$
$$\boldsymbol{D}_2[3,1]=\min\{\boldsymbol{D}_1[3,1],\boldsymbol{D}_1[3,2]+\boldsymbol{D}_1[2,1]\}=\min\{1,3+8\}=1$$
$$\boldsymbol{D}_2[3,2]=\min\{\boldsymbol{D}_1[3,2],\boldsymbol{D}_1[3,2]+\boldsymbol{D}_1[2,2]\}=\min\{3,3+0\}=3$$

因此, 可得

$$\boldsymbol{D}_2=\begin{bmatrix}0&2&8\\8&0&6\\1&3&0\end{bmatrix}$$

下面根据式 (5.8) 计算 $\boldsymbol{D}_3$, 即

$$\boldsymbol{D}_3[1,1]=\boldsymbol{D}_2[2,2]=\boldsymbol{D}_2[2,2]=0$$
$$\boldsymbol{D}_3[1,2]=\min\{\boldsymbol{D}_2[1,2],\boldsymbol{D}_2[1,3]+\boldsymbol{D}_2[3,2]\}=\min\{2,8+3\}=2$$
$$\boldsymbol{D}_3[1,3]=\min\{\boldsymbol{D}_2[1,3],\boldsymbol{D}_2[1,3]+\boldsymbol{D}_2[3,3]\}=\min\{8,8+0\}=8$$
$$\boldsymbol{D}_3[2,1]=\min\{\boldsymbol{D}_2[2,1],\boldsymbol{D}_2[2,3]+\boldsymbol{D}_2[3,1]\}=\min\{8,6+1\}=7$$
$$\boldsymbol{D}_3[2,3]=\min\{\boldsymbol{D}_2[2,3],\boldsymbol{D}_2[2,3]+\boldsymbol{D}_2[3,3]\}=\min\{6,6+0\}=6$$
$$\boldsymbol{D}_3[3,1]=\min\{\boldsymbol{D}_2[3,1],\boldsymbol{D}_2[3,3]+\boldsymbol{D}_2[3,1]\}=\min\{1,0+1\}=1$$
$$\boldsymbol{D}_3[3,2]=\min\{\boldsymbol{D}_2[3,2],\boldsymbol{D}_2[3,3]+\boldsymbol{D}_2[3,2]\}=\min\{3,0+3\}=3$$

因此, 可得

$$\boldsymbol{D}_3=\begin{bmatrix}0&2&8\\7&0&6\\1&3&0\end{bmatrix}$$

矩阵 $\boldsymbol{D}_3$ 保存了所有点对之间的最短距离.

求解所有点对之间最短距离问题的动态规划算法, 也称为 Floyd 算法, 其伪代码如算法 5.4 所示.

算法 5.4: 求解所有点对之间最短距离问题的动态规划算法

输入: 赋权有向图 $G=(V,E)$, $V=\{1,2,\cdots,n\}$, 阶数为 $n\times n$ 的矩阵 $\boldsymbol{L}[\,][\,]$, $\boldsymbol{L}[i,j]$ 是边 $(i,j)\in E$ 的长度.
输出: 阶数为 $n\times n$ 的矩阵 $\boldsymbol{D}[\,][\,]$, $\boldsymbol{D}[i,j]$ 是顶点 i 和顶点 j 之间的最短距离.
$\boldsymbol{D}=\boldsymbol{L}$;
for $(k=1;k\leqslant n;k=k+1)$ **do**
　　for $(i=1;i\leqslant n;i=i+1)$ **do**
　　　　for $(j=1;j\leqslant n;j=j+1)$ **do**
　　　　　　$\boldsymbol{D}_k[i,j]=\min\{\boldsymbol{D}_{k-1}[i,j],\boldsymbol{D}_{k-1}[i,k]+\boldsymbol{D}_{k-1}[k,j]\}$;
　　　　end
　　end
end
输出 $\boldsymbol{D}[\,][\,]$.

习　题

1. 在 5.2 节, 讨论用动态规划算法求解多段图问题时, 第三步采用以自底向上的方式计算最优值. 请问能否采用以自顶向下的方式计算最优值? 针对图 5.1 所示的多段图问题, 给出如图 5.7 所示的类似的求解思路.

2. 针对图 5.1 所示的多段图问题, 采用自顶向下的方式计算最优值, 给出式 (5.1) 那样的递归计算公式, 并给出详细的计算原问题最优值的过程.

3. 针对图 5.1 所示的多段图问题, 采用自顶向下的方式计算最优值, 给出这种计算方式的算法伪代码.

4. 什么是最优子结构性质? 什么是重叠子问题性质? 以图 5.1 所示的多段图问题为例, 举例说明重叠子问题性质.

5. 第 4 章介绍了求解 0-1 背包问题的回溯算法, 试分析求解 0-1 背包问题的回溯算法和动态规划算法的计算复杂度, 包括时间复杂度和空间复杂度, 比较它们各自的优缺点.

6. 用动态规划算法求解问题的关键是子问题的定义, 试比较多段图问题、矩阵连乘积问题和 0-1 背包问题子问题定义的异同点.

7. 在用动态规划算法求解问题时, 求解问题最优值的递归表达式, 是根据问题的最优子结构性质给出的. 举例说明如何根据问题的最优子结构性质, 给出计算最优值的递归表达式.

8. 证明 0-1 背包问题具有最优子结构性质.

9. 给定 $n=3$ 的 0-1 背包问题: $\boldsymbol{w}=(16,15,15)$, $\boldsymbol{v}=(45,25,25)$, $C=30$. 解答下列问题.

① 试用该 0-1 背包问题, 解释什么是最优子结构性质.

② 用式 (5.6) 计算该 0-1 背包问题的最优值, 并给出最优解, 要求给出构造最优解的过程.

10. 背包问题适宜用贪心算法求解, 而 0-1 背包问题适宜用动态规划算法求解. 0-1 背包问题是背包问题的特例, 试根据背包问题的求解策略, 比较这两种算法之间的差异.

11. 在 5.5 节讨论了所有点对之间的最短距离问题, 试给出该问题的子问题的定义, 并证明该问题具有最优子结构性质.

12. 试分析算法 5.4 的计算时间复杂度和空间复杂度, 要求给出分析的过程.

13. 给定如图 5.12 所示的赋权有向图 $G=(V,E)$, $V=\{1,2,3,4\}$. 试根据算法 5.4, 计算 $\boldsymbol{D}_0$、$\boldsymbol{D}_1$、$\boldsymbol{D}_2$、$\boldsymbol{D}_3$ 和 $\boldsymbol{D}_4$, 要求给出计算的过程.

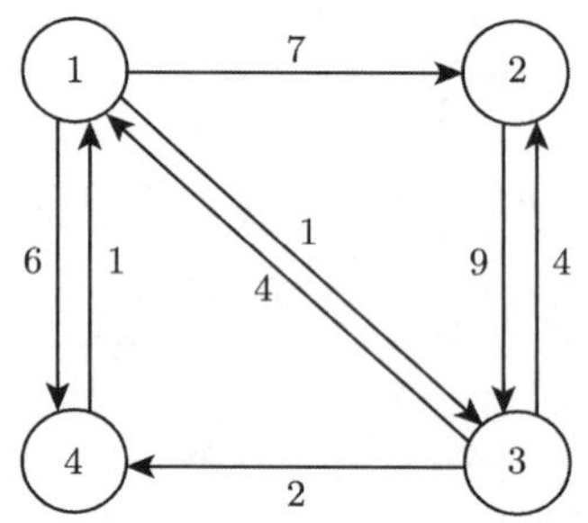

图 5.12　一个包含 4 个顶点的赋权有向图

参 考 文 献

[1] Han J W, Kamber W, Pei J. Data Mining: Concepts and Techniques (3rd Ed). Waltham: Morgan Kaufmann, 2012.

[2] Witten I H, Frank E, Hall M A. Data Mining: Practical Machine Learning Tools and Techniques (3rd Ed). San Francisco: Morgan Kaufmann, 2014.

[3] 张良均, 陈俊德, 刘名军, 等. 数据挖掘实用案例分析. 北京：机械工业出版社, 2013.

[4] 陈文伟. 数据仓库与数据挖掘教程 (2 版). 北京: 清华大学出版社, 2011.

[5] 黄宜华, 苗凯翔. 深入理解大数据——大数据处理与编程实践. 北京：机械工业出版社, 2014.

[6] 刘军. Hadoop 大数据处理. 北京：人民邮电出版社, 2013.

[7] Mitchell T M. 机器学习 (影印版). 北京: 机械工业出版社, 2003.

[8] Wu X D, Kumar V, Quinlan J R, et al. Top 10 algorithms in data mining. Knowledge and Information Systems, 2008, 14(1): 1-37.

[9] Jain A K. Data clustering: 50 years beyond K-means. Pattern Recognition Letters, 2010，31(8): 651-666.

[10] Cha S H. Comprehensive survey on distance/similarity measures between probability density functions. International Journal of Mathematical Models and Methods in Applied Sciences, 2007, 4(1): 300-307.

[11] Joaquín T S, Raúl M, Sergio T, et al. Comprehensive analysis of distance and similarity measures for Wi-Fi fingerprinting indoor positioning systems. Expert Systems with Applications. 2015, 42(23): 9263-9278.

[12] Liu H, Motoda H. Instance Selection and Construction for Data Mining. Massachusetts: Kluwer Acedemic Publishers, 2010.

[13] Agrawal R, Srikant R. Fast algorithms for mining association rules//Proceedings of the 20th Conference on Very Large Databases, 1994: 487-499.

[14] Peter H. 机器学习实战. 李锐, 李鹏, 曲亚东, 等译. 北京: 人民邮电出版社, 2014.

[15] 王晓东. 计算机算法设计与分析 (4 版). 北京: 电子工业出版社, 2013.

[16] Alsuwaiyel M H. 算法设计技巧与分析 (影印版). 北京: 电子工业出版社, 2013.

[17] Levitin A. 算法设计与分析基础 (影印版). 北京: 清华大学出版社, 2013.

[18] Settles S. Active learning literature survey. Computer Sciences Technical Report 1648, University of Wisconsin-Madison, 2010.

[19] Lewis D, Gale W. A sequential algorithm for training text classifiers//Proceedings of the ACM SIGIR Conference on Research and Development in Information Retrieval, 1994: 3-12.

[20] Dagan I, Engelson S. Committee-based sampling for training probabilistic classifiers//Proceedings of the International Conference on Machine Learning, 1995: 150-157.

[21] McCallum A, Nigam K. Employing EM in pool-based active learning for text classification//Proceedings of the International Conference on Machine Learning, 1998: 359-367.

[22] Dasarathy B V. Minimal consistent set (MCS) identification for optimal nearest neighbor decision systems design. IEEE Transactions on Systems, Man, and Cybernetics, 1994, 24(1): 511-517.

[23] Zhai J H, Li T, Wang X Z. A cross-selection instance algorithm. Journal of Intelligent and Fuzzy Systems, 2016, 30(2): 717-728.

[24] Huang G B, Zhu Q Y, Siew C K. Extreme learning machine: theory and applications. Neurocomputing, 2006, 70(1-3): 489-501.

[25] Huang G B, Chen L, Siew C K. Universal approximation using incremental constructive feedforward networks with random hidden nodes. IEEE Transactions on Neural Networks, 2006, 17(4):879-892.

[26] Huang G, Huang G B, Song S J, et al. Trends in extreme learning machines: a review. Neural Networks, 2015, 61: 32-48.

[27] 李国杰, 程学旗. 大数据研究: 未来科技及经济社会发展的重大战略领域——大数据的研究现状与科学思考. 中国科学院院刊, 2012, 27(6): 647-657.

[28] 孟小峰, 慈祥. 大数据管理: 概念、技术与挑战. 计算机研究与发展, 2013, 50(1): 146-169.

[29] Emani C K, Cullot N, Nicolle C. Understandable big data: a survey. Computer Science Review, 2015, 17: 70-81.

[30] Zhou Z H, Chawla N V, Jin Y C, et al. Big data opportunities and challenges: discussions from data analytics perspectives. IEEE Computational Intelligence Magazine, 2014, 9(4): 62-74.

[31] Turkington G. Hadoop 基础教程. 张治起, 译. 北京：人民邮电出版社, 2015.

[32] Holmes A. Hadoop 硬实战. 梁李印, 宁青, 杨卓荦, 译. 北京: 电子工业出版社, 2015.

[33] 陆嘉恒. Hadoop 实战 (2 版). 北京：机械工业出版社, 2014.

[34] Beliakov G, Li G. Improving the speed and stability of the k-nearest neighbors method. Pattern Recognition Letters, 2012, 33(10): 1296-1301.

[35] Hart P E. The condensed nearest neighbor rule. IEEE Transaction on Information Theory, 1968, 14(5): 15-516.

[36] Gates G W. The reduced nearest neighbor rule. IEEE Transactions on Information Theory, 1972, 18(3): 431-433.

[37] Wilson D R, Martinez T R. Reduction techniques for instance-based learning algorithms. Machine Learning, 2000, 38(3): 257-286.

[38] Brighton B, Mellish C. Advances in instance selection for instance-based learning algorithms. Data Mining and Knowledge Discovery, 2002, 6(2): 153-172.

[39] Salvador G, Joaquin D, Jose R C, et al. Prototype selection for nearest neighbor classification: taxonomy and empirical study. IEEE Transactions on Pattern Analysis and

Machine Intelligence, 2012, 34(3): 417-435.

[40] Herranz J, Nin J, Sole M. KD-trees and the real disclosure risks of large statistical databases. Information Fusion, 2012, 13(4): 260-273.

[41] Liu S G, Wei Y W. Fast nearest neighbor searching based on improved VP-tree. Pattern Recognition Letters, 2015, 60-61: 8-15.

[42] 李武军, 周志华. 大数据哈希学习：现状与趋势. 科学通报, 2015, (5): 485-490.

[43] 翟俊海, 王婷婷, 张明阳, 等. 2 种加速 K-近邻方法的实验比较. 河北大学学报 (自然科学版), 2016, 36(6): 650-656.

[44] Zhai J H, Wang X Z. Pang X H. Voting-based instance selection from large data sets with MapReduce and random weight networks. Information Sciences, 2016, 367: 1066-1077.

[45] Zhai J H, Zhang S F, Wang C X. The classification of imbalanced large data sets based on MapReduce and ensemble of ELM classifiers. Journal of Machine Learning and Cybernetics, 2017, 8(3): 1009-1017.

[46] 翟俊海, 王陈希, 刘晓萌, 等. 基于 MapReduce 和上采样的两类非平衡大数据集成分类. 数据采集与处理, 2016, 录用.

[47] He H B, Garcia E A. Learning from imbalanced data. IEEE Transactions on Knowledge and Data Engineering, 2009, 21(9): 1263-1284.

[48] Sun Y M, Wong A K C, Kamel M S. Classification of imbalanced data: a review. International Journal of Pattern Recognition and Artificial Intelligence, 2009, 23(4): 687-719.

[49] Guyon I, Gunn S, Nikravesh M, et al. Feature Extraction, Foundations and Applications. Berlin: Springer, 2006.

[50] Dash M, Liu H. Consistency-based search in feature selection. Artificial Intelligence, 2003, 151 (1-2): 155-176.

[51] Dash M, Liu H. Feature selection for classification. Intelligent Data Analysis, 1997, 1(3): 131-151.

[52] 张学工. 模式识别 (3 版). 北京: 清华大学出版社, 2010.

[53] Almuallim H, Dietterich T G. Learning boolean concepts in the presence of many irrelevant features. Artificial Intelligence, 1994, 69(1-2): 279-305.

[54] 翟俊海，刘博，张素芳. 基于相对分类信息熵的进化特征选择算法. 模式识别与人工智能, 2016, 29(8): 682-690.

[55] Battiti R. Using mutual information for selecting features in supervised neural net learning. IEEE Transactions on Neural Networks, 1994, 5(4): 537-549.

[56] 翟俊海, 万丽艳, 王熙照. 最小相关性最大依赖度属性约简. 计算机科学, 2014, 41(12): 148-154

[57] Cover T M, Thomas J A. The elements of information theory (2nd Ed). New Jersey: Wiley, 2006.

[58] 苗夺谦, 李道国. 粗糙集理论、算法与应用. 北京: 清华大学出版社, 2008.

[59] Quinlan J R. Induction of decision trees. Machine Learning, 1986, 1: 81-106.

[60] 翟俊海, 王熙照, 张沧生. 基于粗糙集技术的决策归纳. 计算机工程与应用, 2009, 45(18): 45-47.

[61] Fayyad U M, Irani K B. On the handling of continuous-valued attributes in decision tree generation. Machine Learning, 1992, 8: 87-102.

[62] 周志华. 机器学习. 北京：清华大学出版社, 2016.

[63] Ham F M, Kostanic I. 神经计算原理 (影印版). 北京: 机械工业出版社, 2003.

[64] Zhai J H, Shao Q Y, Wang X Z. Architecture selection of ELM networks based on sensitivity of hidden nodes. Neural Processing Letters, 2016, 44(2): 471-489.

[65] Zhai J H, Shao Q Y, Wang X Z. Improvements for P-ELM1 and P-ELM2 pruning algorithms in extreme learning machines. International Journal of Uncertainty, Fuzziness and Knowledge-Based Systems, 2016, 24(3): 327-345.

[66] 翟俊海, 哈明光, 邵庆言, 等. 基于结点敏感度的单隐含层前馈神经网络结构选择. 计算机科学, 2014, 41(2): 153-156.

[67] Kwok T Y, Yeung D Y. Constructive algorithms for structure learning in feedforward neural networks for regression problems. IEEE Transactions on Neural Networks, 1997, 8(3): 630-645.

[68] Reed R. Pruning algorithms-a survey. IEEE Transactions on Neural Networks, 1993, 4(5): 740-747.

[69] Yan X, Su X G. Linear Regression Analysis: Theory and Computing. Singapore: World Scientific, 2009.

[70] 何晓群, 刘文卿. 应用回归分析. 北京: 中国人民大学出版社, 2013.

[71] Holland J H. Adaptation in Natural and Artificial Systems. Ann Arbor: University Michigan Press, 1975.

[72] 王宇平. 进化计算的理论和方法. 北京: 科学出版社, 2011.

[73] 卢厚清, 陈亮, 宋以胜, 等. 一种遗传算法交叉算子的改进算法. 解放军理工大学学报 (自然科学版), 2007, 8(3): 250-253.

[74] Zhai J H, Wan B, Wang X Z. Probabilistic tolerance rough set model and its decision risk optimization. Journal of Bioinformatics and Intelligent Control, 2015, 4(2): 137-143.

[75] http://m.blog.csdn.net/article/details?id=4680853[2016-9-6].

[76] Lichman M. UCI machine learning repository. Irvine, CA: University of California, School of Information and Computer Science, 2013.

[77] Kennedy J, Eberhart R. Particle swarm optimization//Proceedings of IEEE International Conference on Neural Networks, 1995: 1942-1948.

[78] Shi B Y, Eberhart R. A modified particle swarm optimizer//Proceedings of IEEE International Conference on Evolutionary Computation, 1998.

[79] Eberhart R C, Shi Y. Particle swarm optimization: development, applications and resources. Proceedings of the 2001 Congress on Evolutionary Computation, 2001, 1:81-86.

[80] Lazinica A. Particle Swarm Optimization. Croatia: In-Tech, 2009.

[81] Clerc M. Particle swarm optimization//International Conference on Biomedical Engineering and Informatics, 2006: 129-132.

[82] Ratnaweera A, Halgamuge S K. Watson H C. Self-organizing hierarchical particle swarm optimizer with time-varying acceleration coefficients. IEEE Transaction on Evolutionary Computation, 2004, 8(3): 240-255.

[83] 秦全德. 粒子群算法研究及应用. 广州: 华南理工大学博士学位论文, 2011.

[84] 纪震, 廖惠连, 吴青华. 粒子群算法及应用. 北京: 科学出版社, 2010.